図説 21世紀日本の地域問題

伊藤喜栄・藤塚吉浩 編

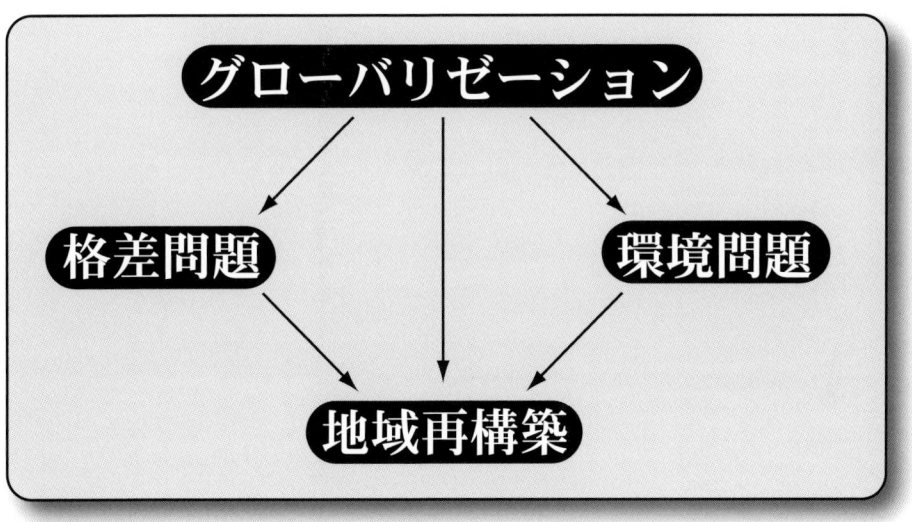

古今書院

まえがき

　第二次世界大戦後、古今書院は、平和国家日本にふさわしい新しい地理教育に対応すべく、1967年発行の『地理学図説』を皮切りとして、数々の図説教科書を刊行してきた。本書もまた、このような「図説地理学」シリーズの一冊である。

　ただし、その刊行の意図は従来のものとは少し異なる。それは21世紀に移行する、まさにその時期に、日本の国民が小泉純一郎を首相に選び、彼の言う「改革なくして成長なし」路線を支持したことと大きく関係している。小泉は、当時気鋭の経済学者と言われた竹中平蔵を起用し、イギリス、アメリカ合衆国から遅れること約20年、日本の経済システムを新自由主義・市場原理主義によって大改造しようとしたわけであるが、まさにそのことが日本に対して様々な経済的・社会的問題を生み出し、地域のあり方、地域の特性に大きな変化を与えたからである。ある意味において、小泉の5年間は20世紀までの地理的知識・認識では理解困難な、新たな地理的現象が日本列島の各地で発生し、日本の各地の特性、あり方、換言すれば「地域システム」に抜本的かつ構造的な変化を与えた時期であったとも言えるのである。

　本書は、このような、21世紀日本が直面する「地域システム」の大変革に触発され、それが生み出す新たな地域特性、新たな地域問題の一端を「図説」の形で集約し、21世紀日本の地域教育に一石を投じようとすることを目的として作成されたものである。この目的を果たすために、編著者伊藤に直接・間接、様々な人間関係によってつながりのある10名の中堅・若手研究者が結集し、数回にわたる合宿研究会を行い、基本構想を策定した。もちろん、この構想によって21世紀日本の地理的諸課題の全てを網羅しているわけではない。この我々の取組の契機として、日本の人文地理学・社会地理学が、超歴史的な人間の原則、社会の原則の学問としてではなく、まさに21世紀日本、換言すれば新自由主義・市場原理主義によって改造された日本列島の実像を説明する学問として、何がしかの体系性を確立し、社会の評価を得ることができればと思う次第である。

　なお、このような、やや冒険的な企画は、古今書院社長橋本寿資氏の理解と支援によって初めて日の目をみることができた。記して執筆者一同の感謝の意を表したい。

2008年7月

執筆者を代表して　伊藤喜栄

目次

まえがき　i

第1章　総論 — 2
1. 本書の課題と構成　2
2. スケールから見た地域問題　4

グローバリゼーション

第2章　世界都市・国際都市 — 6
1. 世界都市の可能性と限界　6
2. 外資系企業の集積と都心の再開発　8
3. 居住・生活空間としての都心の再活性化　10
4. 文化産業と知識の局地的生産　12

第3章　産業空間のネットワーク化 — 14
1. 産業集積の縮小と生産ネットワークの広域化　14
2. エネルギー資源の供給構造　16
3. 食料輸入と安全性　18
4. 観光立国日本の可能性　20

第4章　国際移動・国際交流 — 22
1. エスニックコミュニティ　22
2. 外国人労働者の流入　24
3. 外国人留学生　26
4. NGOの活動　28

格差問題

第5章　地域格差 — 30
1. 日本の地域間所得格差　30
2. 人口構造の地域特性　32
3. 大都市のインナーシティ問題　34
4. 地方都市中心市街地の空洞化　36

第6章　就業構造の地域特性 — 38
1. 産業の空洞化と大都市就業構造の変化　38
2. サービス経済化と都市の就業問題　40
3. 産業立地の変化と農山漁村の就業問題　42
4. 失業の地域特性　44

第7章　ジェンダー ——————————————————— 46
1　ジェンダー　46
2　女性の就業問題　48
3　家族構成の変化と家族問題　50
4　貧困の女性化　52

環境問題

第8章　過疎と農地・森林の荒廃 ——————————— 54
1　限界集落と廃村　54
2　林業の衰退と花粉症　56
3　環境の変化と獣害　58
4　ダムの建設と環境・社会への影響　60

第9章　工業化・都市化と環境の劣化 ——————————— 62
1　大気汚染　62
2　ヒートアイランド　64
3　産業廃棄物　66
4　地下水問題の変化　68

第10章　環境保全活動の展開 ——————————————— 70
1　農林業の多面的機能と棚田の保全　70
2　環境運動の地域的展開　72
3　環境行政と市民参加　74
4　地球温暖化問題への対応　76

地域再構築

第11章　都市圏構造の変化 ————————————————— 78
1　都市圏と生活圏　78
2　東京大都市圏の生活空間　80
3　都市問題と製造業－住工混在問題－　82
4　都市農業と農地問題　84

第12章　都市形態の変容 —————————————————— 86
1　公共交通体系　86
2　都市の変化と水害　88
3　コンパクトシティ　90
4　市町村合併　92

第13章　産業再生 ―――――― 94
1　巨大都市圏の産業集積　94
2　中小都市圏の産業集積　96
3　地域産業政策　98
4　地域ブランド　100

第14章　コミュニティの衰退・再生 ―――――― 102
1　地域社会組織としての町内会　102
2　ニュータウンの高齢化　104
3　コミュニティと防犯　106
4　歴史的町並みの保存　108

第15章　地方分権と地域政策 ―――――― 110
1　地方分権化の進展　110
2　構造改革特区　112
3　地域政策の経緯　114
4　グローバリゼーションの中の地域政策　116

文献一覧　118
索　引　125
英文タイトル一覧　128
あとがき　129
執筆者一覧　130

日本の地域問題の事例

図中の番号は、本書で取り扱った章・節の番号を示している。

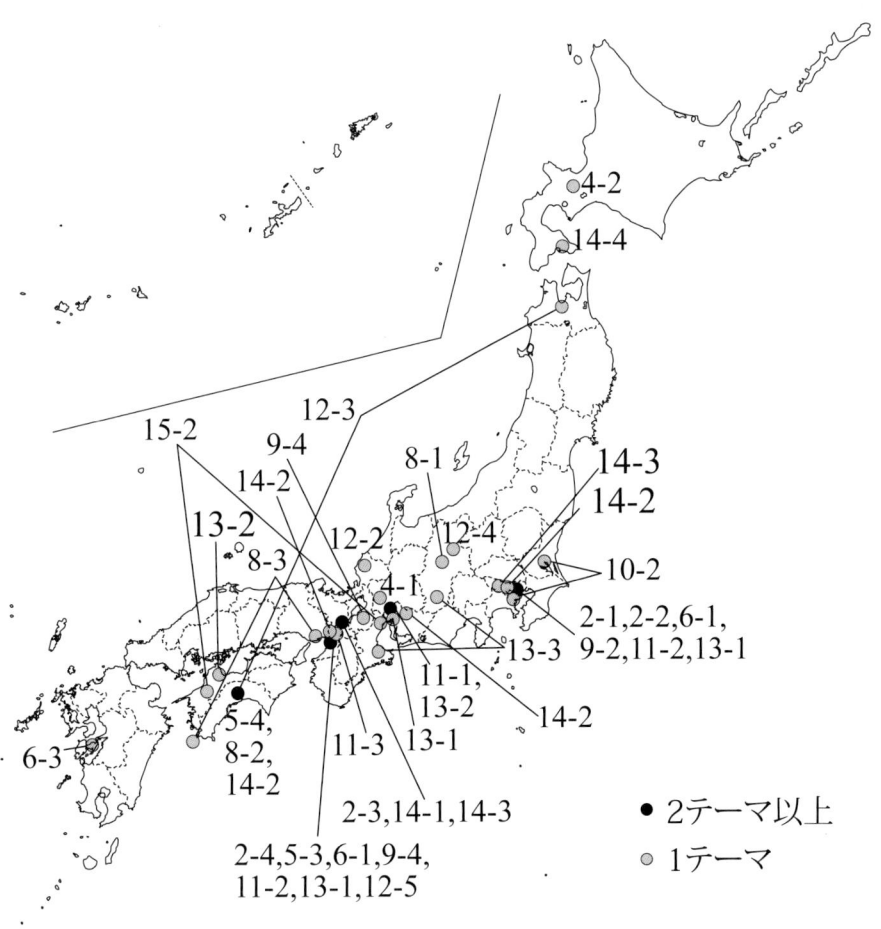

第1章　総論

1．本書の課題と構成

(1) 本書の課題

　「地理学は、自然のなかで語られるのと同程度に、あるいはそれ以上に、歴史とともに語られることによって、はじめてリアリティが保障される。」
　編著者伊藤の約50年の学習の、現段階における到達点である。本書は、必ずしも全面的とはいえないまでも、ある程度までこのような伊藤の地理学観に関心を持ち、その支持・補強、批判・修正を試みようとする、中堅・若手地理学者・地域経済学者による研究会の成果である。具体的には、まさに現代日本の地域を、国土を、どのように改変・再編成しようとしているのか、そしてそのことが究極的には日本人のあり方にどのような影響を及ぼそうとしているのかについて、若干の説明を試みるものである。
　21世紀日本、それは2001年4月、小泉純一郎の首相就任とともに始まった。小泉の施政は、まさに20世紀末頃の世界経済社会の一大潮流とも言うべきグローバリゼーションの積極的受け入れと、それに基づく日本経済社会の大改造であった。その執行官、最近流行の表現で示すならば、COO（最高執行責任者）が竹中平蔵であることは改めて言うまでもない。この意味において、本書で問題とする21世紀日本の地域的諸課題も、この小泉・竹中改革の産物であるといえよう（内橋、2006：榊原、2007）。
　それではこのグローバリゼーションは、現代の歴史・地理のなかではどのように生成し、発展してきたものであろうか（ピオリ／セーブル、1993）。それはニクソンショックと石油ショックに見舞われた1970年代の先進国に端を発する。とりわけ打撃の大きかったイギリス、アメリカ合衆国は、サッチャー、レーガンの新保守主義、経済面では市場原理主義による国民経済の改革によって、この不況を打開しようとした。この改革は、社会主義国家群の退潮にも助けられて、19世紀の再来とも言うべき競争原理を至上とする経済システムを、資本主義国家群にもたらすことになった。そしてその必然的帰結として、かつて19世紀の資本主義経済が、国民経済の秩序維持のために植民地獲得競争に乗り出し、いわゆる帝国主義の時代に突入した歴史と類似して、国家・国民経済の相対的な独立性・閉鎖性が弱まり、世界は資本の力関係によって再編成されはじめたのである。さらにこの流れは、1989年のベルリンの壁の崩壊、すなわち、社会主義国家群経済の事実上の解体によって決定的なものとなった。今や世界の経済は、イギリス、アメリカ合衆国、とりわけアメリカ合衆国を中心とする一元的なシステムとして動いているとみてよい。
　このグローバリゼーションの波は、当然のことながら日本にも押し寄せてくる。1980年代後半の中曽根首相は、いち早くこの波を察知し、国鉄や電電公社等の民営化を手がけることによって市場原理主義による改革を試みたが、この動きは中曽根首相の退陣とともに後退した。日本の場合、1990年代の10年間は、このグローバリゼーションに対して消極的な10年間であったと言える。しかし、小泉内閣の成立により、日本経済のグローバリゼーションは決定的となった。その当否については経済学者の判断に待たなければならないが、われわれ地理学者にとっては、この小泉内閣時代の5年間に、日本経済のこのような構造変化が、日本の国土、日本列島に対してどのような影響を及ぼしたか、そしてその結果として、どのような地域特性と政策的課題を新たに生み出すことになったかということが、当面の関心の的となる。
　その関心は、具体的にはグローバリゼーションの中での日本の産業の果たすべき役割の変化と、産業自体の立地変動である。そしてこれらのこと（産業の役割変化と立地変動）が国土に新たな地域特性を刻印し、その地域特性が、時として新たな地域問題にもつながるという事実に向けられる。
　ここに興味深い図1がある。グローバリゼーショ

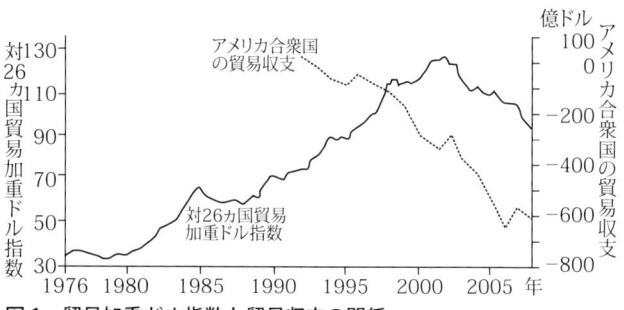

図1　貿易加重ドル指数と貿易収支の関係
春山（2008）により作成。
注）ドル指数は各年3月（左目盛）、貿易赤字は各年1月（右目盛）である。
　　貿易加重ドル指数（算出法省略）は数値が増えれば、ドル価値が上昇する。

| キーワード | グローバリゼーション　地域格差　環境問題　地域再構築　小泉・竹中改革　市場原理主義 |

ンはまさにモノづくりを全世界にアウトソーシング（外注）して、金融によって国富を形成しようとする英米、とりわけアメリカ合衆国の世界戦略であり、それは1980年代以降首尾一貫して続いているのである。図1のドル価値の増量が貿易赤字の増大によってもたらされていることは、この事実を裏付けるものである。

(2) 本書の構成

本書は、前項の課題を受けて、グローバリゼーション、格差問題、環境問題、地域再構築を四本の柱として構成される。

1) グローバリゼーション

この柱に対しては、より具体的には世界都市・国際都市、産業空間のネットワーク、国際移動・交流が取り扱われる。

21世紀日本を前提とした場合、日本の首都東京が世界都市システムの頂点の一つとして機能しているという実態が、主な分析の対象となる。それは、一方において都心の外資系企業の集積と、所得水準の高いホワイトカラー系外国人の居住区の形成ということが中心課題となるが、他方、都心の高次都市機能を支える下層の外国人の集住とコミュニティ形成ということも、同時並行的に進行する。

世界都市東京はまた、日本の首都の段階とは異なり、情報の面でも量・質ともに全く異なった次元のニーズを持っている。これらの情報の処理と流通も、21世紀東京の新しい機能といえる。

2) 格差問題

第二の柱は格差に関係した諸問題が取り扱われる。世界都市東京のホワイトカラー型外国人と、下層の外国人の居住区の特性も地域格差の問題であるが、ここではさらにスケール大きく、日本全体を視野に入れた所得の地域格差、そして、そのことが主たる要因となって発生する人口・雇用の地域特性と人口移動、人口流出地域に特に顕著に見られる地方都市の中心商店街の崩壊等が取り扱われる。

格差問題の中核は就業構造の地域特性である。グローバリゼーションの進展によって、農業を含むモノづくり日本という、世界経済に対する最大の武器が急速に失われつつあるからである。その結果、21世紀の日本は、就業構造に大きな変化が生じ、ニート、フリーター、さらにはホームレス等に象徴される失業問題や不安定就労問題が、さまざまな地域特性を帯びながら深刻化した。

格差問題のもう一つの側面は、ジェンダーにまつわる諸問題である。この問題はとりわけ就業構造の地域特性と強く結びついて、地域格差、地域特性を生み出しており、さらにその背後には、近代化した日本にあって、なおぬぐい去りきれていない伝統社会日本の残りかすが存在している。

3) 環境問題

第三の柱は環境問題である。産業革命以降約250年経過した。アダム・スミスが市場原理主義による諸国民の富の増量・増殖を提唱した18世紀の中葉は、手工業がモノづくりの技術的基礎であった。したがって、商品量を増大しても、それが自然に及ぼす負荷は、産業革命以降に比べ格段に小さかったといえる。しかし、近代科学技術によって商品の大量生産に成功した19世紀以降、市場原理が収奪した自然資源は、量質ともに膨大であり、またその過程で発生する産業廃棄物・生活廃棄物の量も、年々加速度的に増加してきている。

本書では地球規模での環境問題をふまえて、農地・森林の荒廃問題を国土の縁辺部の過疎問題と結びつけて取り上げる。他方国土の中心・中核部において進展の著しい、工業化と都市化がもたらす生活環境の劣悪化についても解説する。そしてさらに、日本における環境問題への取組の現状と問題点を、環境対策（主として公的セクター）と環境運動（主として市民セクター）の両面から考察する。

4) 地域再構築

新保守主義・新自由主義、経済について言えば市場原理主義による世界の再編成、国土の再編成の結果は、資本の競争にとっての好ましい環境開発・環境整備かもしれないが、そのなかで日々生活する人間にとっては、必ずしも快適かつ安心して生涯を過ごすことができる定住社会につながらない。本書ではこの定住社会を念頭において、都市圏の点検とその改善、財源確保のためのモノづくり、つまり産業再生、身近な生活空間としての地域社会（コミュニティ）の復権・復興、そしてそれらを推進する運動と政策のあり方について解説する。

（伊藤喜栄）

2．スケールから見た地域問題

(1) 地域のスケール

地理学にとって、地域のスケールは重要な観点である。このことは、地域問題を考える際にも重要である。ここでいうスケールとは、とらえかたの精粗のことである。浮田（1970）が述べているように、ここでのマクロやミクロとは、地図の縮尺のことではなく、観点の精粗、すなわち、macroscopic（巨視的）、microscopic（微視的）の意味である。また、地域ないし地理的事象をとらえる際には、さまざまのスケールのとらえかたが可能であり、スケールによって観点や問題点が変わってくる。さまざまのスケールでとらえてみて、それらを比較・検討することが重要である（浮田, 2003）。マルティ・スケール・ジオグラフィの観点に立ち、さまざまのスケールで事象にアプローチし、現実に迫ることが地理学研究にとっては重要である。

高橋（1988）は、小都市の研究を例に、小都市の機能は、都市と周辺の農村地域との関係という広域的視点からの考察が必要であること、広域的にその小都市を位置付けるには、全国の都市システムを用いての分析が必要であることなどから、各種のスケールを組み合わせた地理学の重要性を指摘した。

地域問題を認識するにあたっては、地域のスケールへの配慮が重要である。なぜなら、スケールが変わると、認識される事象の異なる場合があるからである。例えば、世界規模のマクロスケールの視点や、大陸規模のメソスケールの視点からは、インナーシティ問題のようなミクロスケールの地域問題は認識されない（漆原ほか，2007）。

表1は、ブリュネによる空間的スケールの分類を紹介して、研究のスケールを例示した高橋（1988）をもとに、地域問題のスケールを示したものである。本書では、日本を対象地域としているため、国境を越えた地域を対象とすることは多くない。本書で主に取り扱っている対象地域のスケールは、IIIa～VIIの階層である。表1で示した地域スケールごとの例示からは、地域問題を考えるに際し、適切なスケールのあることがわかる。

(2) 空間的スケールと時間的スケール

浮田（1970）は、地理学の諸分野のなかで、このスケールの問題に、最もよく留意しているのは気候学であろうと述べている。気候学では、気候はそのスケールにより大気候、中気候、小気候、微気候に分けられる。各スケールの気候は、水平的・垂直的な地域的広がりは異なるが、それぞれに対応する気象（たとえば、大気候ならシベリア高気圧、中気候なら集中豪雨、小気候なら海陸風、微気候なら風の息）の寿命時間に大きな差のあることが指摘されている（吉野, 1961）。大気候に対応する気象は数日ないし3ヵ月、中気候では10数分ないし10数時間、小気候では10数秒ないし2時間、微気候では0.1秒ないし10秒持続するのである。

浮田（2003）は、この気候学における空間的スケールと時間的スケールとの対応が、人文地理学にも応用できると述べている。例として、日本の稲作をとりあげ、5,000分の1のスケールで耕地1筆ごとに土地利用状況を調べる場合には旬単位での精度で時期を示す必要があるが、5万分の1のスケールでは2～3年程度の精度が適正であり、50万分の1のスケールでは数十年程度での違いが問題となると述べている。さらに、500万分の1のスケールになると、

表1　ブリュネの等様式空間のスケールと地域問題

階層	名称	ブリュネの具体例	研究のスケール	本書でとりあげた地域問題の例
I	Zone（地帯）	熱帯, モンスーンアジア	1000万分の1以下	東・東南アジアの大気汚染
II	Domaine（領域）	ライン地域, アルプス	100万分の1～500万分の1	EUにおける1人当たり地域GDP格差
IIIa	Province（地方）	フランスの地中海地域	50万分の1	東四国地域の獣害
IIIb	Région（地域）	シャンパーニュ	20万分の1～10万分の1	東京大都市圏への集中
IV	Pays（地区）	シャンパーニュのブドウ栽培地域	5万分の1～2万分の1	コンパクトシティ
V	Quartier（地区）	市街地	1万分の1～5000分の1	中心市街地の空洞化
VI	Ilot（ブロック）	都市の街区	2000分の1～1000分の1	重要伝統的建造物群保存地区の内外
VII	Parcelle（地所）	建物	500分の1～100分の1	六本木ヒルズへの外国企業の集中

高橋（1988）により作成。

キーワード　地域のスケール　マルティ・スケール・ジオグラフィ　空間的スケール　**2．スケールからみた地域問題**
時間的スケール　主体　「広義の資源」の配分

本州の稲作分布図では、平安時代前期、室町時代後期、江戸時代中期という違いが表現されることになるとした（浮田、2003）。

　地域問題を考える際にも、こうした空間的スケールと時間的スケールとの対応が有効である。たとえば、地球規模の問題では、地球温暖化の問題があるが、これは化石燃料を大量に使い始めた産業革命以降の問題と考えてよい。また、国際化の進展によって先進国と開発途上国との分極化が進んだのは、植民地における支配・被支配の関係以降のことである。日本における地域間格差の拡大が問題となるのは、第二次世界大戦以降、特に高度経済成長期以降のことである。また、花粉症が大きな問題となってきたのは、第二次世界大戦後植林が行われ、その木々が30年以上成長してからである。さらに、東京の一極集中は、特に1980年代以降に顕著であり、東京の世界都市化がその背景にある。これらの例から、マクロにみた地域問題の方が、ミクロにみた地域問題に比べて、時間的経過はより長くなっている。地域問題の深刻化は、その空間的スケールと時間的スケールに大きな関係があるといえる。

(3) 地域問題と主体

　「広義の資源」の配分に格差があっても、問題として提起する主体がなければ、地域問題は顕在化しない（竹内、1998）。将来的に問題の発生が予見される場合も、問題として認識する主体があるため、それも地域問題である。筆者は、共編著において、人間活動に伴う地域問題は、経済格差、文化的な多様性、社会的体制の相違に起因する場合が多いことを指摘した（漆原ほか、2007）。

　本書では、経済資源の空間的配分に関わる問題を最も多くとりあげている。地域格差の5章はもちろん、就業構造の地域特性の6章がこれにあたる。文化的な多様性に関わる問題では、国際移動・国際交流（4章）や、ジェンダー（7章）、コミュニティの衰退・再生（14章）をとりあげている。社会的体制に関わる問題では、地方分権と地域政策（15章）をはじめ、それに起因する多くの問題に言及している。

　では、地域のスケールと問題を提起する主体とは、どのような関係なのだろうか。ここでは、本書でとりあげるテーマを例に考えてみたい。

　地域分権と地域政策の15章では日本全体をマクロにとりあげる一方、コミュニティの衰退・再生の14章では、ミクロに地域問題をみる必要がある。地域格差の5章や就業構造の地域特性の6章では、地域間格差を問題として提起しているため、よりマクロに見る必要がある。また、8〜10章で示される環境問題では、大気汚染に関してはよりマクロに考える必要がある一方、ヒートアイランドでは市街地の中でよりミクロに見ることが必要である。

　本書において県域以内の範囲でミクロにとりあげた事例を示したのが、図1である。ここでは、その事例が特定の地域に集中していることに注目したい。特に東京では6テーマをとりあげており、中部地方から近畿地方にかけて事例が集中している。この背景には、地域問題を派生した工業化の進展は、これらの地方に集中していることがある。

　浮田（1970）が指摘したように、ある山村の人口流出について論じる際に、高度経済成長の歪みといった資本主義の構造的矛盾というマクロな観点のみを強調するのは正しくない。すなわち、現象をとらえる際のスケールとほぼ対応したスケールでその条件を検討しなければならないのである。また同時に、問題をマクロなスケールでどのように位置付けるのかということが重要である。この観点に立ち、本書では、地域問題としてより適切なスケールでテーマを取り上げて、マクロなスケールにおける位置付けに配慮して、地域問題を解明している。

（藤塚吉浩）

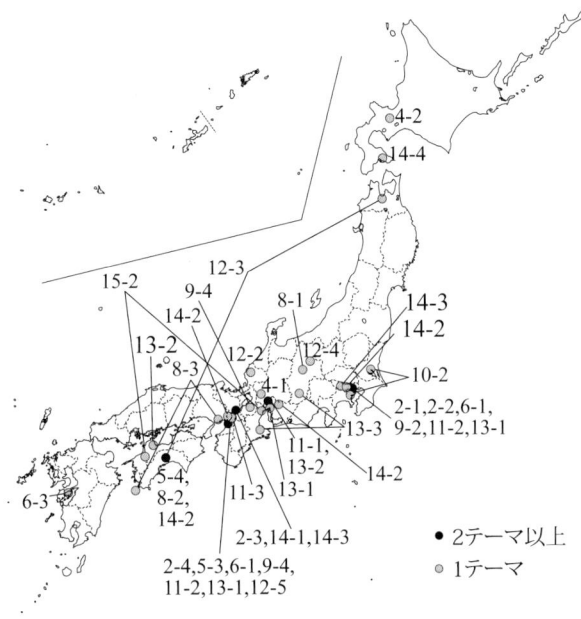

図1　日本の地域問題の事例
注）図中の数字は、本書で取り扱った章-節の番号を示している。

第2章　世界都市・国際都市

1．世界都市の可能性と限界

(1)「世界の都市システム」と「世界都市論」

都市地理学において「世界の都市システム」の名のもとに研究されていたのは、主に国民国家の空間的な基礎である国土を前提とし、そのなかの都市の階層構造の形態と機能についてであった（山口、1985）。しかし、現代の「世界都市」については世界的な規模の関係圏域をもつ都市（浮田編、2003）、すなわち世界の中枢的業務が過度に集中している巨大都市であると定義する方が適切である（表1）。

このような意味での「世界都市」ならば古代ローマ帝国におけるローマや中国の唐の長安等、強力・広大な覇権国家の首都についてもあてはまる。しかし、あらためて「世界都市」が大きな話題となっている背景には、まさに現代における世界システムの変革、具体的にはベルリンの壁崩壊に象徴される社会主義世界の事実上の解体と、アメリカ合衆国を中心としたグローバル経済の深化・実体化という事実が存在する。そしてこの新しい構造は、21世紀を通じて強化されることはあっても、後退することはない。現代の「世界都市」は、まさにその産物である（伊豫谷、1993：ノックス・テイラー、1997：加茂、2005）。

表1　世界都市の概念

パトリック・ゲデス 「進化する都市」 1914年	・産業革命後の巨大都市を世界都市と命名 ・都市の発展過程について生物学の原理を適用
ピーター・ホール "World City" 1966年	・世界都市には、政治権力が集中し、強力な行政府、国際機関も含めた政府関連業務を行う多数の機関が集積する
フェルナン・ブローデル 「物質文明・経済・資本主義，15〜18世紀：日常性の構造2」 1979年	・世界都市は生産諸活動の兵站基地たる都市重心 ・世界都市は世界経済の空間的中心
ジョン・フリードマン 「世界都市仮説」 1986年	・世界都市は国際資本の集中と集積のための重要な拠点 ・世界都市は国内・国外双方、あるいはどちらかの大量の移住者にとっての目的地あるいは到達地
デビッド・マーメン 「世界都市東京の創造」 1989年	・世界都市は国際金融センター、コスモポリタン都市、多様な近隣地区と住民からなるホームタウンのイメージ
サスケア・サッセン "The Global City" 1991	・世界都市はグローバルな管理能力を擁し、膨大な資源の管理が集中

出典：ホール "World city" 1966、マーメン『世界都市東京の創造』1989、市川宏雄『しなやかな都市東京』1994より作成。市川宏雄＋富士総研東京問題研究会（1995）による。

(2) グローバル経済の深化・実体化

産業革命以降約200年の間、世界の経済システムは、国民経済の相対的な自立性、主体性を尊重しつつ、それらの相互の関連、つまり国際経済という形で秩序をつくってきた。このことは、経済自体が世界経済として一元的に作動している現在においても、例えばG5とかG7とかいう形で、世界経済における、いわゆる「市場の失敗」を救済する際に、先進国の経済関係閣僚や中央銀行のトップが協議し、市場原理に政策的な介入をするという事実の中に、名残をとどめている。

しかし、現在新しいタイプの「現代の世界都市」を生み出しているのは、「国際経済」が前提としてきた国家、空間的には国土と国境の壁を低くすることによってはじめて成り立つ、新しい、かつ一元化された世界経済のシステムである。そしてそれは、皮肉なことに国家を強化すべきナショナリズムによってつくり出されたと言っても過言ではない。一つは石油産油国のナショナリズムがもたらした石油ショックであり、他の一つはベトナム戦争の戦費増大に悩まされたアメリカ合衆国の金保有量の減少と、そのことと連動した、世界の基軸通貨ドルの固定相場制の放棄＝変動相場制への移行、いわゆるニクソンショックである。1970年代の初頭に実行に移されたこれら二つの重大な政治的決断は、当時東西の冷戦構造にあった西側、すなわち資本主義経済社会に大きな衝撃を与えた。前者の石油ショックは世界の石油価格の高騰を招き、後者のアメリカ合衆国の権益を守るはずのニクソンショックは急激なドル安をもたらした。いずれにしてもこれらは相互に絡み合って、欧米の先進工業国の工業製品の生産費を急激に押し上げ、結果として購買力の減退を招来し、構造的な不況に陥ることになった。

この事態に対して欧米先進国の採った対策は、一つには旧植民地をはじめ、全世界から外国人の低賃金労働力を導入する方法であり、他の一つは、生産現場を、海外の、低賃金労働力の存在している国や地域に移すことによって、良質な工業製品を国内市場のみならず、世界市場に供給し続ける途を選んだのである。現代のグローバリゼーションは、このような、方向の逆な二つの方法による国境の壁の相対的な圧縮によって達成されたものであり、そしてそ

キーワード　世界の都市システム　市場の失敗　プラザ合意
　　　　　　工業再配置促進法　社会主義　ニクソンショック

のことが、結果において硬直化して資本主義経済社会の構造変化に対応することに失敗した、社会主義経済社会の衰退、崩壊を導いたのである。

　このような1970年代から1980年代の欧米経済がたどった道、すなわちグローバルシフト（ディッケン，2001a，2001b）に対し、日本はかなり異なった経験をしている。一般には日本の産業経済は、欧米と異なって、ロボットの開発・導入等、省力化による合理化が、安価な労働力の海外からの流入や、低賃金労働力賦存国や賦存地域への工場移転を防いだと説明されているが、それ以上に要因として大きいのは、1970年当時なお後発資本主義経済社会の特徴－国内における近代と伝統の二重構造の残存－ではなかったかと考えている。日本の場合、外国人労働力に大きく依存しなくても、また低賃金労働の大量に賦存する後進国に工場立地を求めなくても、九州・東北・北陸等、伝統的な農村の色彩が残る、優秀で低賃金労働力の調達可能な国内後発地域が残されていたのである。政府の1970年代における産業・経済政策も、この二重構造を自覚し、活用する方向で強化された。例えば「工場再配置促進法」（1972年）とか、「中核工業団地の建設」（1978年）等（国土庁監修，1995）である。けれども、1970年問題に対する日本の一国対応主義が、結果として世界経済のグローバリゼーションに主体的に参画する機会を失うことにつながり、東京が世界都市として機能するようになるのは1985年のプラザ合意以降にずれ込む。この合意により、アメリカ合衆国（レーガン）によって超円高政策が押しつけられた結果、日本が戦後一貫して採ってきた貿易立国を続けるためには、欧米先進国と同じく、低賃金の外国人労働者を移入し、かつ、低賃金労働力の豊富な後進国に工場を分散させる道を選択せざるを得なくなってからのことである。

　ニクソンショックと石油ショックがもたらしたグローバリゼーションを第一段階とすれば、第二段階のそれは社会主義経済社会の事実上の崩壊を契機として始まる。資本主義社会において、絶えず労働者階級に対して一定の配慮をしなければならなかった社会主義という対抗軸がなくなったために、資本主義が本来理想・理念とした市場原理主義が、全地球規模で展開する条件が整ったからである。まさにマルクスの「ブルジョア階級は、かれら自身の姿に型どって世界を創造する」（マルクス・エンゲルス，1848）という19世紀前半の状態が、今日再び現実のものとなりつつあると言っても過言ではない。

(3) 世界都市東京の可能性

　東京の世界都市化は、本格的には世界システムの一元化したベルリンの壁の崩壊以降と考えることができる。とはいえ、その資格は必ずしも安定的なものではなく、グローバリゼーションの動向の中できわめて流動的である。表1のパトリック・ゲデスやピーター・ホール、あるいはフェルナン・ブローデルのイメージした、国内の生産活動の発展、充実を前提とし、それらの中枢・管理機能の集積によって形成されるような内発的な世界都市としてではなく、全世界に拡散させた生産機能を金融面から支配・管理するような、まさに現代の世界都市だからである。したがってグローバリゼーションによって一元・一体化しようとするシステムをさらに強めつつあり、世界の金融資本（市場原理主義の司令塔）にとって日本の魅力が減退する、ないしは消滅することになれば、東京は直ちに世界都市としての機能を失うことになる。このような徴候は、21世紀の日本、したがって東京に既に表れている（図1）。中国やインド等、いわゆるBRICs諸国の台頭がその原因として大きいが、日本におけるグローバリゼーションに対応すべきハード・ソフトのインフラストラクチュアの整備の立ち遅れに起因する面もなくはない。小泉・竹中改革は、このようなインフラストラクチュア整備を急速に進めるものであった。しかしその結果、東京の一極集中はさらに加速されたのである。

（伊藤喜栄）

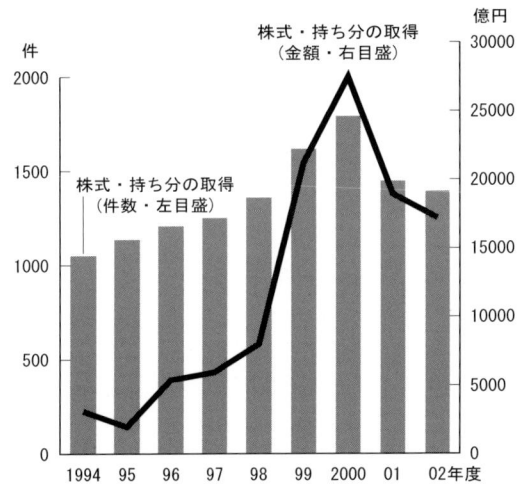

図1　対内直接投資の推移（1994～2002年度）
東洋経済新報社『外資系企業総覧』2004年度版による。

2．外資系企業の集積と都心の再開発

(1) 世界都市東京の成立

　国内のモノづくりを確保するために、日系外国人（主にブラジル人）という制約つきながら、低賃金労働力の導入が画られ、また東南アジア、次いで中国等の半周辺国に、低賃金労働力を求めて工場の海外移転が進められたのも、本格的にはこの1990年代に入ってからのことである。そして、プラザ合意以降の管理金利制度がもたらす国際的な金利差を利用する形で、東京に外資系の金融機関が集中的に進出し、世界の金融センターの一つとして評価され、機能するのも1990年以降のことと考えられる。

　このような環境のもと、日本経済は超円高ドル安によってドルの保有量を増大させるとともに、アメリカ合衆国市場への依存度が高かった自動車・家庭用電器・情報関連機器等の製造業は、アメリカ合衆国での現地生産の比重を増やすことによって、高蓄積の経営体質を強化しようとした。このような1980年代後半の日米経済一体化の進展が、日本のグローバリゼーションの実態であり、この一体化が経済のバブル現象を生んだ原因であったとも考えられる。

　バブルによって過剰に蓄積された資金は適切に運用されなければならない。この運用が適切でなければ金融が破綻し、バブル経済は崩壊することになる。1990年代の日本は、このバブル経済の崩壊の処理に当てられた10年間であった。さらに、この処理の過程で大量の政府資金が投入されたために、その運用をめぐって国際的な金融機関が東京に進出し、東京は急速に世界都市の機能を備えていく（町村、1994：加茂、2005）。

(2) 外資系企業と東京大都市圏

　一般に外資系企業は、政府各機関が所在し大使館や公使館等の外国公館の集まっている首都により多く集積し、そのことが原因ともなって首都が世界都市の機能を有することになるが、これは外資系企業の本社所在地の分布に端的に表れている。表1は、2007年2月の外資系企業の本社所在地の分布を示したものであるが、全国で合計3,310社のうち、実に74.7％までが東京都に本社を置いている。これに神奈川県の8.3％、千葉県の1.6％、埼玉県の1.1％を加えると、東京大都市圏のみで9割近くに達する。東京が世界都市と呼ばれるゆえんである。

　この傾向は時系列的にもあまり変わらない。21世紀初頭の2000年11月をみても、東京都77.4％、神奈川県7.8％、千葉県1.3％、埼玉県0.8％で、9割近くが東京大都市圏に本社を置いている。ただし、東京都の占める割合が年々低下しており、少しずつではあるが東京大都市圏全体に拡散しつつある。

　この拡散傾向は、東京都の内部においても明らかである。千代田・中央・港の都心三区が外資系企業の集積地として有名であるが、図1に明らかなとおり、これらに加えて山の手側に隣接する渋谷区・新宿区・品川区等への立地もかなり多くなっている。

表1　外資系企業本社の所在地（上位10都道府県）

順位	2000年11月			2003年12月			2007年2月		
	総数	3,359	(100.0)		3,383	(100.0)		3,310	(100.0)
1	東京	2,599	(77.4)	東京	2,528	(74.7)	東京	2,474	(74.7)
2	神奈川	263	(7.8)	神奈川	282	(8.3)	神奈川	274	(8.3)
3	大阪	179	(5.3)	大阪	154	(4.6)	大阪	146	(4.4)
4	兵庫	68	(2.0)	兵庫	87	(2.6)	兵庫	82	(2.5)
5	千葉	45	(1.3)	千葉	52	(1.5)	千葉	54	(1.6)
6	愛知	36	(1.1)	愛知	47	(1.4)	埼玉	35	(1.1)
7	埼玉	28	(0.8)	埼玉	32	(0.9)	愛知	32	(1.0)
8	静岡	22	(0.7)	静岡	32	(0.9)	静岡	29	(0.9)
9	福岡	15	(0.3)	福岡	17	(0.5)	福岡	14	(0.4)
10	京都	10	(0.3)	栃木	13	(0.4)	栃木	10	(0.3)
小計		3,265	(96.5)		3,244	(95.9)		3,150	(95.2)

東洋経済新報社『外資系企業総覧』2001、2004、2008年版により作成。

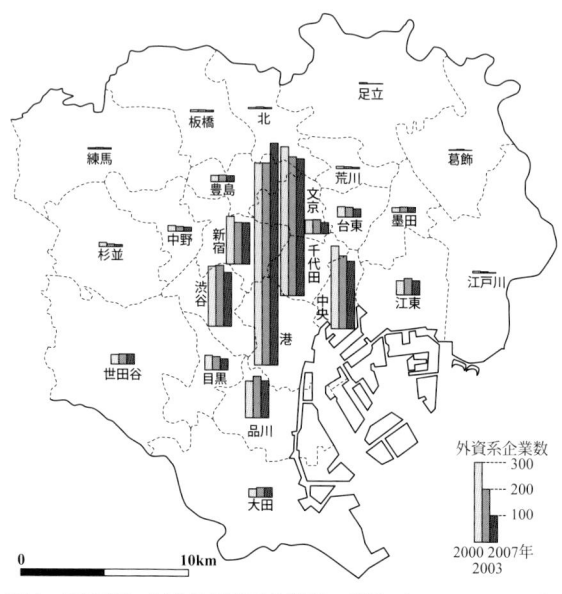

図1　東京都における外資系企業数の推移（2000・2003・2007年）
東洋経済新報社『外資系企業総覧』2001、2004、2008年版により作成。

(3) 外資系企業と大阪大都市圏・名古屋大都市圏

東京大都市圏に次いで外資系企業の多いのは、日本第二の大都市圏である阪神であるが、その格差は著しく大きい。おそらく大阪府・兵庫県等は日本の第二の世界都市実現を目標として、「関西国際空港」や「テクノポート大阪」、さらには「りんくうタウン」等を建設したが、一国民経済に複数の世界都市というのは無理であったようで、外資系企業の阪神への集積は進んでいない。この意味において第三の大都市圏名古屋もまた外資系企業にとっては魅力の乏しい地域のようである。

21世紀に入ってからの日本への外資系企業の進出は、若干の波動はあるものの漸減の傾向にある。小泉内閣が発足し、バブル経済の健全化に着手した21世紀の初頭、外資系企業数は減少に向かったが、その改革が一段落し、日本経済の成長が再び始まった2003年以降、外資系企業の数は増加に転じた。しかし2005年頃から再び減少に向かっており、2007年2月の水準は2000年とほぼ同程度である。経済のグローバリゼーションの動向、とりわけその地域的な構造変化を考慮するならば、今後この数値が大きく増大するという予想は立てにくい。

(4) 東京都都心三区（千代田・中央・港）と外資系企業

このような経済環境にもかかわらず、大都市圏、

写真1　六本木地区の再開発と外国人労働者
六本木ヒルズ前にて 2008年6月撮影。

とりわけ東京圏においては、世界都市の機能充実、機能強化を前提とした再開発が構想され、かなりのものが実現した。例えば臨海部の新（副）都心や六本木の開発・再開発である。東京港臨海部の開発は、1980年代末頃「新（副）都心」として登場し、大規模な「東京国際展示場」（東京ビックサイト）が建設され、世界都市東京の機能の一端を担っている。

しかし、外資系企業の東京集積と東京再開発は、六本木のアークヒルズとそれに続くネオヒルズによって本格的に始まる。1986年完成のアークヒルズは外資系に人気が高く、それらの入居率が高いが、六本木ヒルズでもまた地上54階のオフィス棟を中心に、放送センター、ホテル、商業施設、劇場、住宅棟の4棟が集積する大規模再開発であり、外資系のオフィスが集まってきている。林野庁宿舎跡地区の再開発が六本木ヒルズであるが、この地区にはさらに防衛庁舎跡地の再開発が続く。これらにより、日本の首都としての中枢・管理機能の集積に加えて、新たに世界の中枢・管理機能の集積地六本木が東京に追加されることになったのである。

これは、東京区部の外資系企業の本社所在地を示した図1からも明らかである。全国的にみて外資系企業の東京集中度が著しく高いこと、そして、都心の港・千代田・中央の3区の比率は低下しているが、外資系企業の集中はアークヒルズ・六本木ヒルズを含む港区である。21世紀に入って東京の世界都市としての機能が低下気味（企業数の減少）のなかにあって、集中度の高い港区のみは、さらに集中度を高めつつある。これは、アークヒルズ・六本木ヒルズ等の再開発と無関係ではない（ぴあ，2005）。

（伊藤喜栄）

表2　東京特別区部における業種別外資系企業本社数（2007年）

主要外資系企業	1466
特別区部総数	928
製造業	115
1）化学	82（港26，千代田21，中央10）
2）電気機器部品	37（港18，千代田5，品川4）
3）医薬品	32（港11，千代田10，中央10）
4）機械・同部品	30（港7，中央5，渋谷4）
卸売業	379
1）電気機器部品	63（港12，千代田8，中央8，新宿7）
2）化学品	50（港13，千代田13，中央7，新宿6）
3）機械・同部品	45（品川11，中央7，港5）
4）精密機械・同部品	34（港8，千代田8）
5）医療機器	30（港13，千代田4）
6）食品	22（港8，千代田3，渋谷3）
金融・保険・証券・不動産業	175
1）銀行	59（千代田30，港25，中央3）
2）投信・投資	35（千代田23，港9）
3）証券	32（港15，千代田12）
4）保険	28（千代田11，新宿7）
その他	259
1）ソフトウエア	57（港13，千代田10，渋谷10，品川6，新宿6）
2）運輸・通信	41（港19，千代田10，中央3，品川3）
3）情報・サービス	38（港12，千代田8，渋谷8，中央4）
4）サービス	37（港10，千代田8，中央7）
5）コンサルティング	28（港12，千代田11）

東洋経済新報社『外資系企業総覧』2008年版による。

3. 居住・生活空間としての都心の再活性化

(1) 1980年代の都心の空洞化

1980年代に日本の大都市は、都心において地価が高騰し、大きく変容した。その結果、中心市街地の人口は1980年代に急減した。若年者が減少し、高齢者の比率が増大するなど、人口の社会的構成は大きく変化した。

京都市の場合、下京区と中京区に位置する都心部では第二次世界大戦の戦災を被らなかったため、戦前に建てられた伝統的な町家が多数存在している。この地区では1980年代には、非居住機能のオフィスビル建設のために、多くの伝統的町家が取り壊された（藤塚, 1990）。図1では全域的に人口が減少しているが、特に都心部では人口が大きく減少した。

一方、上京区の北西に位置する西陣地区では、人口増加がみられた（図1）。1980年代初期から中期にかけて、織物工場のあったところに多くの共同住宅が建設された。それらは、都心から近く、比較的安価で近隣に魅力的な歴史的町並みがあり、新たな来住者を呼び込んだ。共同住宅の建設に際して、地域住民の立ち退きが起こるなど、ジェントリフィケーションの兆候があらわれた（藤塚, 1992）。

(2) 2000年代の都心部における人口増加

2000年代前半には、都心部に大規模な人口増加がみられた。人口増加率は10%以上であった（図2）。人口の社会的構成については、専門・技術職就業者が都心部で増加した点に特徴がある。

都心部に建てられた共同住宅は、1980年代の西陣地区の場合と比較すると、より大規模であった。これは、1990年代後半に地価が低下し、駐車場とされていた敷地や、都心部特有の路地に面した住宅の敷地を統合して再開発することによって、より大規模なものになったためである。

伝統的な京都の町家は低層であるため、近隣に高層の共同住宅が建設されると、通風や採光の点において、町家の環境を大きく阻害することになる（Fujitsuka, 2005）。これは、歴史的な大都市としての環境を大きく損ない、伝統的なコミュニティをも破壊し、京都の特性を喪失する危険がある。

(3) 新たな都心再生の動向

伝統的な町家とその環境が、京都の独特な住宅様式であるだけでなく、貴重な建築遺産として認識されるようになってきた。京都の伝統的な町家とは、瓦葺きの低層の木造住宅であり、店舗併用であることが多い。敷地の形状は奥深く、建物の前面には格子を備えているのが一般的である。

京都市は、都心部のうち主要街路によって囲まれる内側の地域を職住共存地域として指定した。個人と公共双方による新たな町家様式の住宅や、町家型集合住宅（写真1）の建設が奨励された（巽ほか, 1999）。京都市では、都心部の歴史的町並みを保全

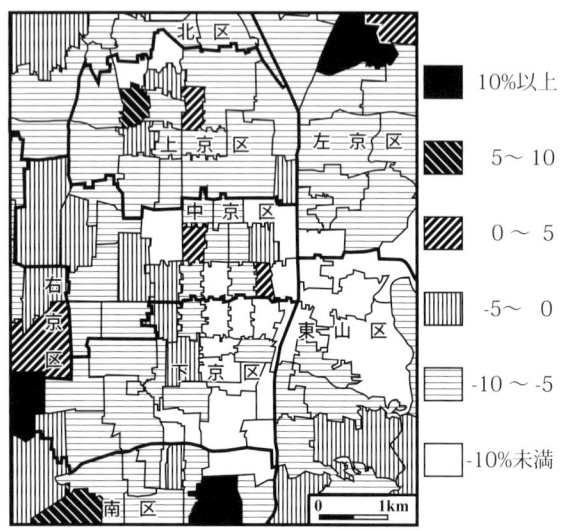

図1　京都市中心市街地における人口増減（1980〜1985年）
国勢調査により作成。

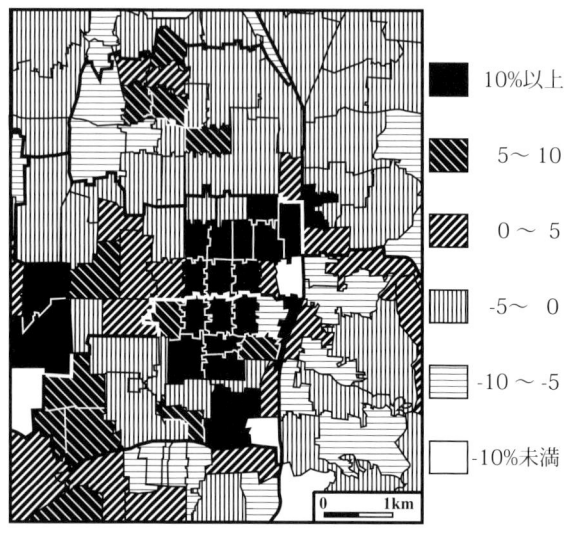

図2　京都市中心市街地における人口増減（2000〜2005年）
国勢調査により作成。

キーワード　都心部　職住共存　町家　町家型集合住宅　　　3．居住・生活空間としての都心の再活性化
　　　　　　ジェントリフィケーション　外国人観光客

写真1　建物の前面に配慮のある町家型集合住宅
上京区上七軒にて2001年3月撮影。

する方策について検討し（青山編，2002）、都心部において、総合設計制度により緩和されていた高さ規制を厳しくするために、美観地区指定を行った。

(4) 国際的観光地としての都心部

　都心部に残る町家を改装し、レストランとして再利用する事例が多くなっている（写真2）。観光客にとっては、町家の景観のある都心部をめぐり歩くことが、新たな魅力となっている。海外からの観光客も、寺社仏閣だけでなく、このような都心部の町家の店舗を利用する機会は増えている。
　京都を訪問し宿泊する外国人旅行客は、2000年代に入り増加している（図3）。この動向について国籍別にみると、アメリカ合衆国からの観光客の増加が顕著である（図4）。2000年代前半のアメリカ合衆国の好況とドル高が、その要因の一つである。
　なお、2003年以降は、台湾や韓国、中国といった近隣諸国からの観光客も増加している。辰巳

写真2　町家を再生利用したカフェレストラン
中京区東洞院通にて2005年8月撮影。

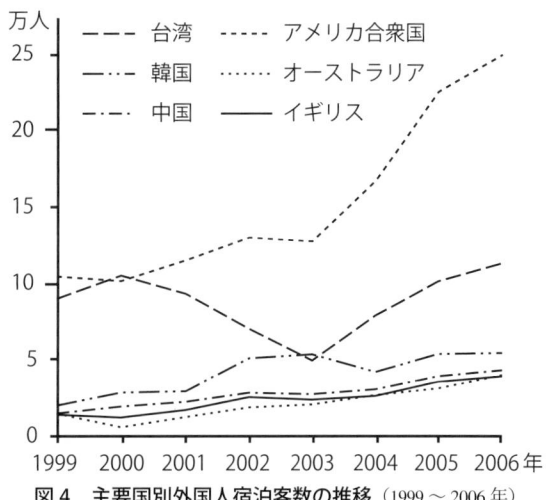

図4　主要国別外国人宿泊客数の推移（1999〜2006年）
『京都市観光調査年報』により作成。

(2007)は、アジアからの観光客が京都に立ち寄らないことについて、物価の高さや、英語以外の案内がないことなどを挙げ、アジアからの訪問客の多くは、京料理のような和食が口に合わないため、韓国料理店や中華料理店で食事をすることを指摘している。しかし、町家を再生利用した店舗のなかには、中華料理店やアジアの料理を出すところもあり、外国人観光客にとって、京都特有の雰囲気の中で食事ができるという選択肢は増えている。
　以上のように、町家の再生される事例は多くなっているが、京都特有の居住空間としての都心の特性は大きく変容した。今後、店舗として利用された、暮らしを伴わない町家の多くなることが、居住空間、生活空間としての都心の特性の維持に、どのように寄与しうるのか、注意深く見守る必要がある。

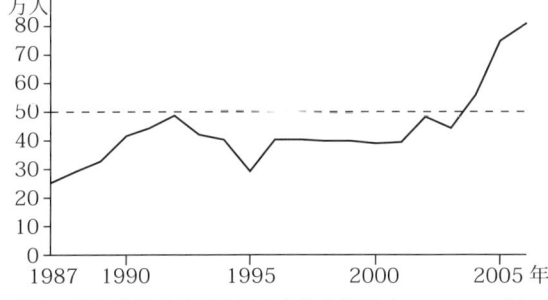

図3　宿泊施設の外国人利用客数の推移（1987〜2006年）
『京都市観光調査年報』により作成。

（藤塚吉浩）

4. 文化産業と知識の局地的生産

(1) 文化産業

知識資本主義という言葉が使用されるようになってから久しい。バイオ産業やIT産業などの高度知識・技術に基づく産業だけではなく、文化産業もまた、財やサービスに込められる知識が付加価値の源泉となる代表的な分野の一つである。

スロスビー（2002）によると、文化産業とは、「生産物に創造性を含んでいて、いくらかの知的所有権を具体化し、象徴的な意味を伝える」文化的な財・サービスを生産する産業である。こうした特徴から、それは「創造産業」や「著作権産業」とも密接な関連を持ち、場合によっては同一視されうるとされる。Scott（2000）は、文化的製品が有する象徴的な側面を重視しながら、具体的な製品をいくつか列挙している。たとえば、そこには衣服・装飾品・化粧品、絹織物、帽子、絨毯、食、娯楽、アニメ、映画、音楽といった、人々の個性を形成するような製品が含まれる。

こうした文化的製品の生産は文化活動に依存すると同時に、文化的製品が（消費）文化そのものを形成する側面を有する（Scott, 2000）。文化産業の理解には、経済と文化を統一的に捉える視点が求められている。

文化産業もしくは創造産業は、近年日本でもその重要性が認識されつつあるが、既存統計のカテゴリーでは把握するのが難しい。一例として、映像、音楽・音声、ゲーム、図書・新聞・画像・テキストといったコンテンツ産業を取り上げるならば、表1のようになっている。市場規模については、日本はアメリカ合衆国に次ぐ世界第二位の位置にあるが、海外への輸出力は依然として強くはない。国内市場規模に対する輸出額の割合をみると、日本が1.9％に過ぎないのに対し、アメリカ合衆国は17.8％である。

写真1　大阪・堀江（オレンジ・ストリート）
立見・川口（2007）による。

(2) ファッション産業と知識生産

文化的製品における知識生産はいかなるものであるのか。衣服、アクセサリー、化粧品の生産を含むファッション産業を例に考えてみよう（立見・川口, 2007）。ファッションの知識生産については、従来、次のような見解が広く受け入れられてきた。すなわち、ファッション（流行）は、パリコレクションやミラノコレクションに参加する著名デザイナー・批評家・メディアによって創造され、消費者は作られた流行に踊らされているにすぎない、という見解である。「プラダを着た悪魔」（2006年）という映画はこの世界を題材にしたもので、雑誌メディアによって流行が作られる様が描かれている。

しかしながら、近年では、ファッションの知識は、一部の「ファッション・グループ」だけではなく、一般の消費者からも発せられるように変化しつつある。たとえば、東京の渋谷や原宿、大阪であれば堀江（写真1）など、若者たちが多く集まる街

表1　日本と世界のコンテンツ産業の市場規模（2004年）

	コンテンツ規模	GDP	コンテンツ／GDP	海外売上／コンテンツ
日本	0.1兆ドル	4.6兆ドル	2.2％	1.9％
アメリカ合衆国	0.6兆ドル	11.7兆ドル	5.1％	17.8％
世界	1.3兆ドル	40.9兆ドル	3.2％	

経済産業省（2007）による。

キーワード　知識資本主義　創造産業　著作権産業
コンテンツ産業　ファッション産業　ローカル・バズ

4．文化産業と知識の局地的生産

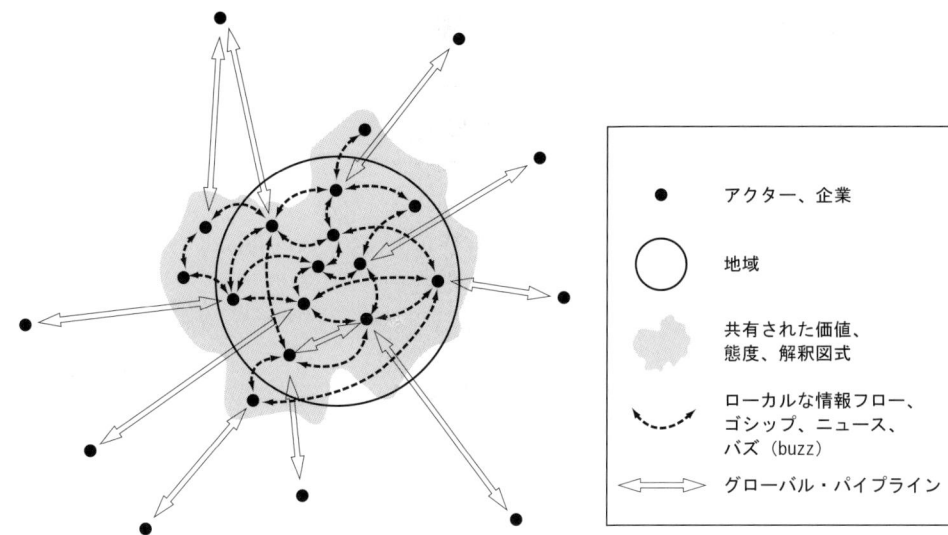

図1　ローカル・バズとグローバル・パイプライン
Bathelt et al. (2004) により作成。

のストリート・ファッションが企業の製品開発にも強い影響力を及ぼすようになってきた (Kawamura, 2006)。デザイナー、メディア、生産者、消費者、その他の文化的動向などが、関連しあってファッションの知識は生み出されるといえる。

(3) 集積論から見たファッション知識の局地的生産

新たなファッションの知識が生み出される仕組みについて、産業集積論の視点から論じることができる。ローカル・バズ（local buzz）という考え方は (Bathelt et al., 2004)、ストリート・ファッションの理解にも適用可能である（図1）。

バズとは、もともとの意味にある「ブンブン」という虫の羽音のような、噂話やゴシップ、ニュースなどの情報のことである。これはある場所や経験を共有することによって、はじめて得られる類の情報で空間的な粘着性をもつ。そして同じ場所に継続的に身を浸すことで、バズとして行き交う情報を有意味なものとして理解することができるようになる。時間とともに情報の解釈図式や共通言語といった、その場所に固有の共通の知識基盤が発達するためである。もちろん、バズのようなローカルな相互作用のみでは生まれてこない知識も当然ありえる。それについては、（グローバル・）パイプラインと呼ばれる、バズの境界を越えた企業間ネットワーク等を通じて獲得されることになる。

ストリート・ファッションに話を戻せば、スト
リート空間に継続的にアクセスすることで、共通の知識背景（文化）が身につき、羽音のように行き交う情報や、他人のファッションの意味を理解することが可能になる。ただし、ファッションの知識・情報は必ずしも言葉で伝えられるものではなく、衣服やアクセサリーなどのモノを介して伝えられることが多いことに留意する必要がある。

こうしたファッションの知識生産において、ローカルな相互作用が果たす役割は大きいが、それは地域内（ストリート）で自己完結するものではない。グローバル、リージョナル、ローカルレベルの各種メディアが果たす役割に加えて、必ずしもファッション分野に限られない人と人との広域的ネットワークや企業間のパイプラインによって、地域外から多様な知識・情報がもたらされるためである。

アパレル企業のような文化的製品の生産者にとって、ストリート・ファッションは重要な企画開発の資源となりうるが、その動向を予測するのは容易ではない。それが多様な都市文化との関わり合いの中で、訪れる人の偶然的な出会いと相互作用によって生まれ、どこに向かって動いているのか予測が非常に難しいためである。

全国でも有数のアパレル産地である岡山県児島地区のカジュアル・ジーンズメーカーが、東京や大阪のファッション・ストリート付近に直営店や営業拠点を構えるのも（立見，2004）、この点と無縁ではない。カジュアル・ジーンズメーカーは、ストリートとの地理的な近接性を確保することで、ファッションに固有の企画開発の不確実性を削減するとともに、他企業との差別化を可能にするようなファッションの知識を入手しているものと考えられるのである。

（立見淳哉）

第3章　産業空間のネットワーク化

1．産業集積の縮小と生産ネットワークの広域化

(1) 産業集積への注目

　1970年代から1980年代にかけて、高度成長を牽引したフォーディズムに変わる新たな時代（ポスト・フォーディズム）が模索される中で、産業集積が世界的に高い関心を集めるようになった。

　フォーディズムとは、アメリカ合衆国の自動車王ヘンリー・フォードの名前に由来する、大量生産・大量消費を基調とした経済社会システムのことである。この用語の普及には、フランスの官庁エコノミストたちが生み出した、レギュラシオン理論と呼ばれる政治経済学の一派が寄与してきた。フォーディズムは、労使間の対立など資本主義が抱える矛盾を調整し発展の動力に変えてしまうような仕組み（制度）の存在によって支えられていたといわれる。しかしながら、フォーディズムによる成長は1970年代前半頃には行き詰まりを見せはじめる。

　こうした時代状況の中で、依然として成長を続ける「勝利する地域」が人々の関心を引いた。アメリカ合衆国の西海岸にある「シリコンバレー」、イタリア北東部から中部にかけての「第三のイタリア」、ドイツのバーデン・ビュルテンベルグ州といった地域である。産業集積への注目は、1984年に出版されたピオリ・セーブルの『第二の産業分水嶺』を一つの重要な契機として、1980年代に一気に高まっていく。

　日本でも－背景はやや異なるのだが－同様に、1980年代後半から1990年代にかけて産業集積への関心が高まりをみせる。日本の産業立地政策は1980年代まで、国土開発法（1950年）の精神をふまえて、終始地方分散を目指してきたが、1990年代に入ると産業集積の形成の方を支援するようになる。たとえば、1997年に制定・施行された「地域産業集積活性化法」は、産地だけではなく、都市部の産業集積地域を対象とした点で画期的であった。2007年からは、同法に代わり、企業誘致に力点をおいた「企業立地促進法」が新たに施行されたことは記憶に新しい。産業集積をめぐる一連の政策のなかでも、経済産業省による産業クラスター政策（2001年～）のインパクトは、ことさら大きい。

　クラスターとは、あたかも葡萄の房のように関連産業が地理的に集中していることをいう。クラスター概念は、経営学者・マイケルポーターが始めて提起し、その後広く一般的に普及したものである。ただし、この概念は、政策的議論と学術的議論、あるいは論者によっても使用法が若干異なるなど、必ずしも厳密に使用されているわけではない。なお、経済産業省のクラスター計画では、「地域の中堅中小企業・ベンチャー企業等が大学、研究機関等のシーズを活用して、IT、バイオ、環境、ものづくり等の産業クラスター（新事業が次々と生み出されるような事業環境を整備することにより、競争優位をもつ産業が核となって広域的な産業集積が進む状態）を形成し、国の競争力向上を図ること」が目的であり（経済産業省Webページ）、企業間の競争とイノベーションの創出が目指されている。近年では、クラスターに加えて、地域イノベーションシステムという考え方も普及してきた。これは欧州を中心に発展してきた概念であり、地域企業にイノベーションを継起させる諸制度の編成を問題にするものであるといえる。

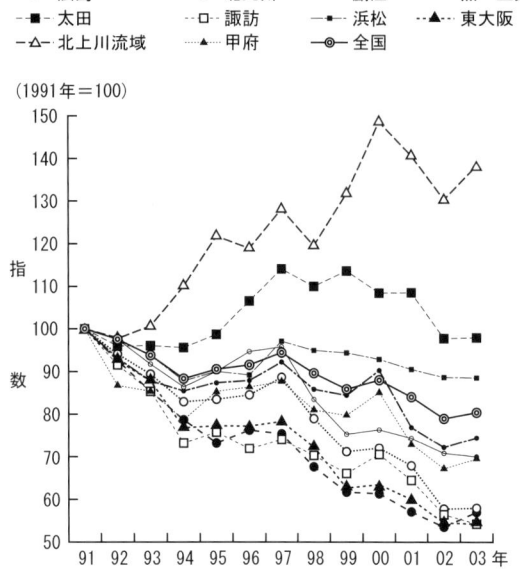

資料：経済産業省「工業統計表」を再編加工

図1　産業集積の縮小傾向（製造品出荷額）
中小企業庁（2006）による。

(2) 産業集積の縮小と生産ネットワークの広域化

　日本における産業集積の実態に目を転じると、実は、産業集積の明らかな縮小が起こっている。図1

キーワード	フォーディズム	第三のイタリア	産地型集積
	第二の産業分水嶺	産業クラスター	集積利益

1. 産業集積の縮小と生産ネットワークの広域化

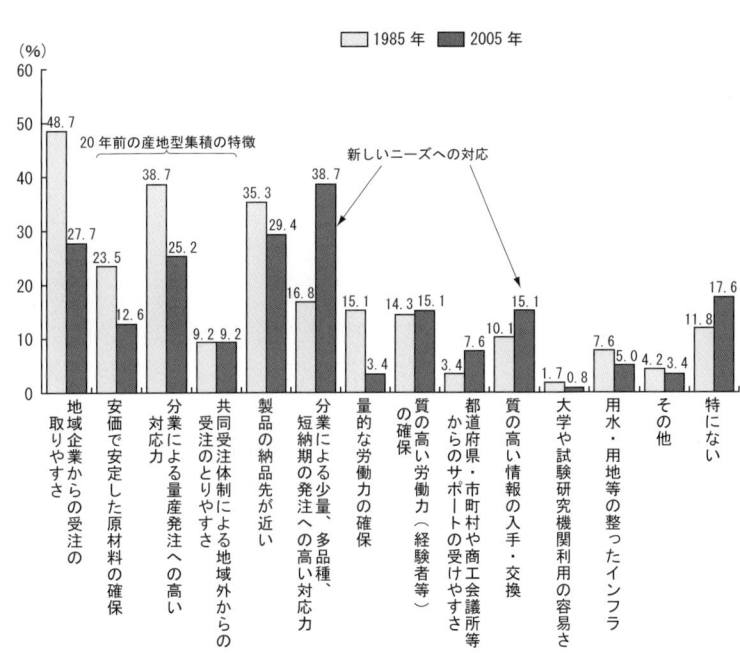

図2 産地型集積におけるメリットの変化
中小企業庁（2006）による。

は、全国10地域を例に、1990年代以降の製造品出荷額等の推移を示したものである。ここには多様なタイプの集積が含まれているが、ほとんどの地域で右肩下がりが続く。誘致型集積である北上川流域地域（岩手県北上市・花巻市・旧江刺市・金ヶ崎町）は、増加傾向にあるが、全体から見れば、むしろ例外的な存在である。

ところで、中小企業庁（2006）で述べられているように、産業集積の機能はここ20年ほどで大きく変化してきた（図2）。例えば、地方の地場産業地域では、その変化は明白である。20年前は、受注の取りやすさ、安価で安定した原材料の確保、分業による量産発注への対応力、納品先の近さ、といったメリットが存在していた。少数の企業から仕事を受注し、量産品の生産に特化してきた日本の多くの近代化した地場産業地域では、消費者ニーズの多様化・高度化、海外製品との競合の中で、従来のようなモノづくりの仕組みが成り立たなくなってきている。これに伴い、産業集積の役割も量産に適するという利益を大幅に低下させ、構造的な変化を迫られているといえる。

かつて、産業集積に立地する企業の取引関係は地域的に完結する傾向が強かった。これに対し、近年では取引関係の広域化が生じており、産業集積の役割そのものを改めて考えなくてはいけないような状況になってきた。

図3は、産業集積のタイプ別に、同一集積地域内の企業に販売する比率の変化を示したものである。ほとんどのタイプの地域で、域内企業への販売は低下している。再び産地型集積を例に取ると、1985年に比べて、53.3％から42.8％に低下していることがわかる。もちろん、これらのことで集積利益がなくなったとは言えない。しかし、従来当然のものとして享受してきた利益が自明視できなくなってきたことは事実である。今後、産業集積の機能を経済環境の変化－個別地域によって具体的な形態は異なるであろうが－にあわせて作り直していく必要と、産業集積の機能を維持しうるような社会環境整備の努力が求められているといえよう。

（立見淳哉）

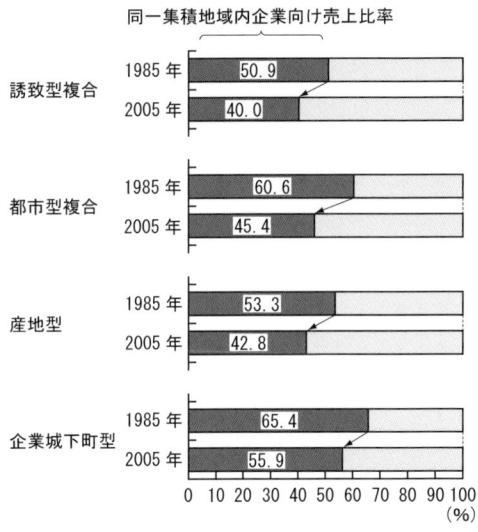

図3 取引関係の広域化
中小企業庁（2006）による。

2. エネルギー資源の供給構造

(1) 海外に依存する日本の一次エネルギー

日本のエネルギー消費は、経済成長による経済規模の拡大とともに、飛躍的に伸びてきた。今では、その消費量は、世界の約5％を占めるに及んでおり、アメリカ合衆国、中国、ロシアに次ぐエネルギー消費大国となっている。ことに、1970年代の2度にわたる石油ショックを契機に産業部門での省エネルギー化が進み、エネルギー需要をある程度抑制してきた。しかし、1980年代の後半からは、石油価格の低下に加えて、快適さ・利便性を求めるライフスタイルは再びエネルギー需要を増加させており、地球の温暖化に象徴される環境問題の深刻化も加わって、エネルギー消費の抑制が強く望まれている。

この需要を賄うための一次エネルギーの供給（図1）は、1950年代後半以降、それまでの石炭、水力を中心としたエネルギー政策から石炭を石油に転換させる政策転換のもとで、1960年代から1970年代前半にかけて、飛躍的に石油への依存を拡大させた。1973年には、石油が一次エネルギーの77.4％を占めていた。その供給源は、8割までが中東の産油国であった。しかし、中東戦争により原油価格が急騰した1973年の第一次オイルショックを機に、エネルギー供給を安定化させるため、石油輸入先の中東以外への多様化を推進した。また、石油の一次エネルギーに占める割合を軽減する目的で、他の一次エネルギーへの転換もはかられてきた。その結果、

2007年度には石油依存度は44％にまで減少する一方、代わって石炭（22％）、天然ガス（17％）、原子力（10％）などの割合が増加している。なお、この間、水力は全エネルギー供給に占める割合を低下させたものの、量的には安定した供給状態を保ってきた。その割合は2007年には2.8％となっている。

このようにエネルギー源の分散化が進められたとはいえ、他の主要先進国に比べて、石油への依存度は依然として高い。しかも、石油はもとより、分散化によって一次エネルギーの中で割合が増加した石炭、天然ガスなどのエネルギー資源は、供給量のほぼ全量を海外に依存している。その輸入量は、原油が年間約2億3,800万kℓ（2007年）と世界第2位の石油輸入国であり、石炭が輸入国の第1位、天然ガスに至っては世界の取引量の40％を占めている。その結果、一次エネルギー全体に占める国内自給率は、きわめて低く、4％まで低下している。

これに加えて、これら一次エネルギーの輸入先を見ると、石油の場合（図2）、先にも触れたように、1973年以降、中東以外への輸入先の多様化が進められた。当初、インドネシア、中国、メキシコなどに分散が図られ、1987年には中東への依存を68％まで下げた。しかし、その後、韓国や中国などアジア地域内での消費量の増加とともに、アジア以外からの輸入が増加し、2007年には中東からの輸入が約87％にのぼる。この数字はオイルショック以前を上回る。また、石炭の場合、オーストラリアからの輸入が圧倒的に多く、全輸入量の61.3％を占めている（2007年）。

なお、一次エネルギーの海外依存と関連して、これらを原料とする二次エネルギーの中心である電力生産における火力発電所の立地は、図3に示すように、東京、大阪、名古屋の三大都市圏の臨海部を中心に、太平洋ベルト地帯に展開している。

このような一次エネルギーの供給における石油を中心とした海外資源への依存は、経済のグローバリゼーションの下で、安定した供給を目的とした海外での自主開発にあたっての権益をめぐっての資源ナショナリズムや価格の高騰などの影響を受けやすく、また、地球環境問題の要因の一つともなっている。そのため、その解決策として、国内資源の開発、とりわけ原子力発電や再生可能エネルギーの開発・

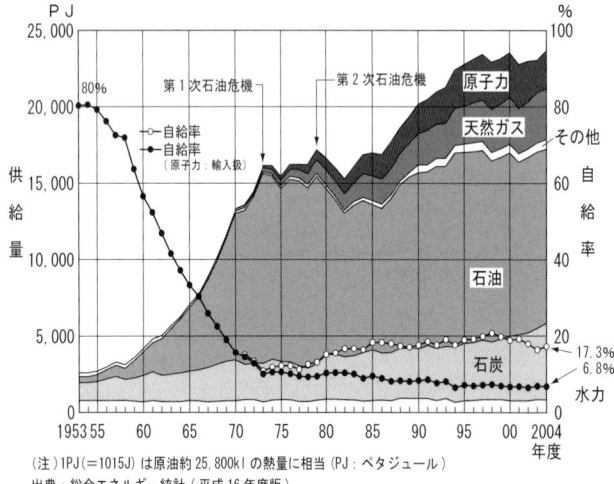

(注) 1PJ（=10¹⁵J）は原油約25,800kℓの熱量に相当（PJ：ペタジュール）
出典：総合エネルギー統計（平成16年度版）
資源エネルギー庁「2004（平成16）年度におけるエネルギー需給実績について」

図1 日本の一次エネルギー供給実績
(財) 日本原子力文化振興財団「原子力・エネルギー」図面集2007年版による。

キーワード　エネルギー消費　国内自給率　資源ナショナリズム
基幹電源　核燃料サイクル　原子力発電

2．エネルギー資源の供給構造

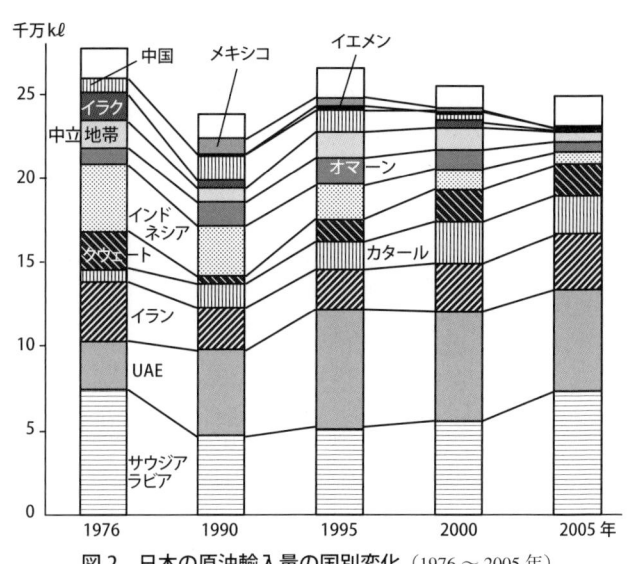

図2　日本の原油輸入量の国別変化（1976〜2005年）
資源・エネルギー統計年報により作成。

推進に向けた動きが注目される。

（2）原子力発電とその課題

　日本の原子力発電は、エネルギー資源に乏しいことから技術で獲得できる事実上の国産エネルギーとして、1954年に原子力予算が計上されてはじまった。以来、1966年の東海発電所の出力を皮切りに、原子力発電所は、1986年のチェルノブイリ原発事故による世界的な逆風の中でも、相次いで建設され、2007年度末では、20地点、55基、4,947万kWの商業用原子力発電所が運転されている。その規模は、アメリカ合衆国、フランスに次ぐものとなっている。その結果、2007年度の原子力発電電力量は、国内の総発電量（一般電気事業用）の25.6％を占めるに及んでいる。その立地地点は、先の火力発電所の立地と異なって、若狭地方、茨城県北部、福島県浜通りが「原発銀座」といわれるように、大都市圏から離れた、比較的工業化の遅れた地域の海岸部に展開している。

　その背景には、大量の冷却水を海水に依存することや立地の推進を目的とした電源三法に基づく国から受入れ地域に多額の補助金が支払われ、地域の雇用や自治体財政を潤すことなどの要因が働いたとされている。しかも、政府は原子力発電を供給安定性と地球温暖化対策に資する基幹電源と位置付けている。2006年の「新・国家エネルギー戦略」では、2030年以降の目標を「電力の30〜40％程度以上」とし、推進していくことを計画している。この目標を達成するため、その方法として核燃料サイクル政策を推進することを国の基本的考え方としている。この核燃料サイクルは、原子力発電所から出る使用済燃料を再処理し、有用資源を回収して再び燃料として利用するものであり、供給安定性に優れているという原子力発電の特性を一層改善したものである。

　しかし、原子力発電の立地をめぐっては、この間、発電所の老朽化も手伝って生じた事故とそれに対する事業者による事故隠しなどの発覚や、地震における耐震性の問題など、地元住民の不信を招く結果となっている。したがって、高レベル放射性廃棄物の最終処分施設の候補地や老朽化に伴う再立地の困難さも予測され、原子力発電の今後については多くの課題が残されているといえる。

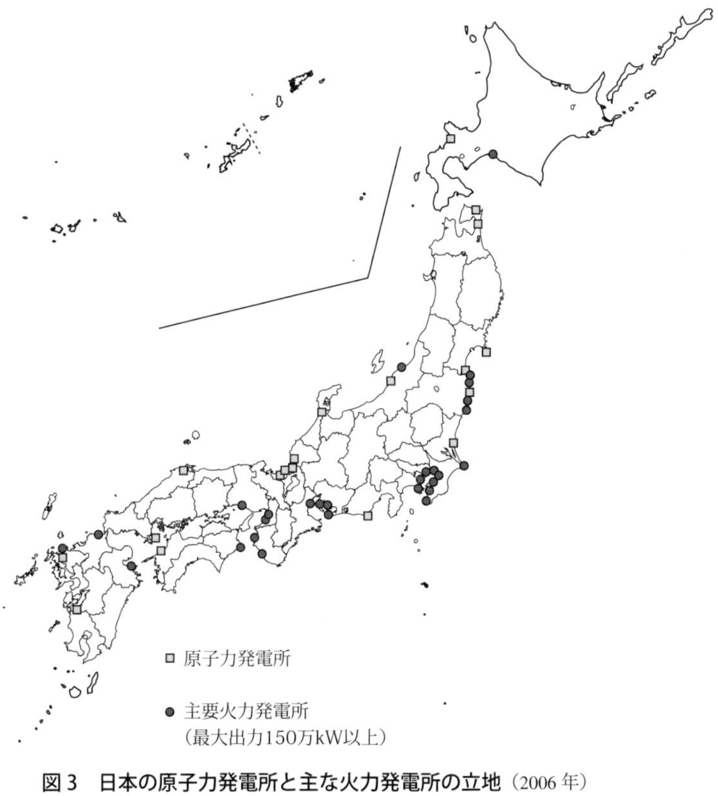

図3　日本の原子力発電所と主な火力発電所の立地（2006年）
電気事業連合会統計委員会（2006）と日本原子力産業協会の資料により作成。

（森川　滋）

3. 食料輸入と安全性

(1) 日本の食料自給率の低下

　近年の日本の食料自給率（カロリーベース）は40％前後で推移している。欧米諸国と比べてみると、「世界のパンかご」とよばれるアメリカ合衆国やヨーロッパの穀倉であるフランスはもちろん、平野の少ないスイスよりも日本は低い水準である。金額的にみても、食料貿易の入超額は世界一多い。1960年代以降、イギリスをはじめ、多くのヨーロッパ諸国では、食料自給率の向上がみられたが、日本は高度経済成長期以降、ほぼ一貫して低下している（図1）。

　日本の食料自給率が低下した原因はいくつかのことがあげられる。第1に、日本は経済政策として、製造業を重視して工業製品を輸出、代わりに農産物（特に、米以外の穀物）を輸入するという戦略をとったことである。生産性の高い製造業に特化し、国際分業を行うことによって、日本は経済成長をいっそう高めることが可能となった。さらに、経済成長によって賃金水準が上昇して国際的に高くなり、日本は「農産物を自分で作るよりも買ったほうが安い」という状況になった。

　第2に、工業製品の大量輸出によって、貿易黒字を重ねた結果、円高が進行したことである。円の価値が上昇することで、輸入品を低価格で購入できるようになった。単純にいえば、1ドル＝360円の固定相場制の時代からみれば、輸入品は約4分の1の価格で販売されるようになったのであり、国産農産物の多くは、価格競争力を失うことになった。

　第3に、日本の農業の場合、近年まで、規模拡大が進まなかったり、株式会社による農地取得が認められないなどの規制が強く、労働生産性の向上に限界がみられたことである。もちろん、機械化や化学化によって、投下労働時間は大きく減少した。稲作を例にとると、1952年の10a当たり192時間から、2004年現在では31時間へと、6分の1に低下した。一方、収量は年によって変動があるが、1950～1960年代の400kgほどから1980年ごろまで増加し、その後は500kg前後で推移している（図2）。このように労働生産性は大きく改善したようにみえるが、欧米諸国と比べると大きな差がみられ、依然として労働集約的な農業を行っている。アメリカ合衆国のカリフォルニアや北イタリアのポー川流域の水稲作では、10a当たりの投下労働時間は1～2時間程度である。日本では、大規模農家（作付面積15a以上）でさえ、15.7時間も必要としており、育苗・田植・管理などに多くの時間を割いている。

　第4に、日本人の食生活が洋風化・多様化したことである。昔の米の量の単位に「石」というのがある。1石は約180ℓで、一人当たりの年間消費量に相当していた。重量に換算すると約150kgである。1960年でも米の消費量（統計上は純供給量）は115kgであったが、2008年現在では59kgまで大きく減少した。日本人は、主食である米を半世紀前と比べると半分程度しか食べなくなったのである。では、どうして米の消費量は減少したのであろうか。朝食にご飯を食べている人は41％、昼食でも69％にとどまっている。代わりに、パン、ラーメン、パスタなどを食べるようになった。ただし、食料自給率の低下は、小麦を多く輸入するようになったこともあるが、日本人が炭水化物（穀物）でエネルギーをま

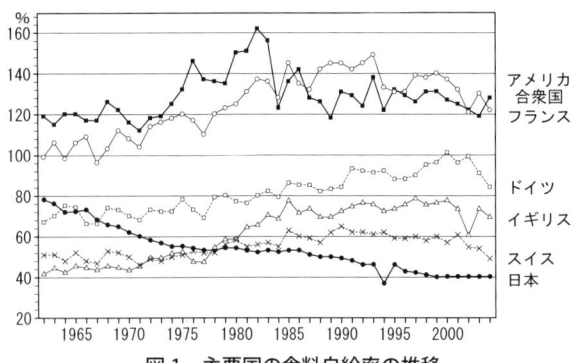

図1　主要国の食料自給率の推移
『食料需給表』により作成。

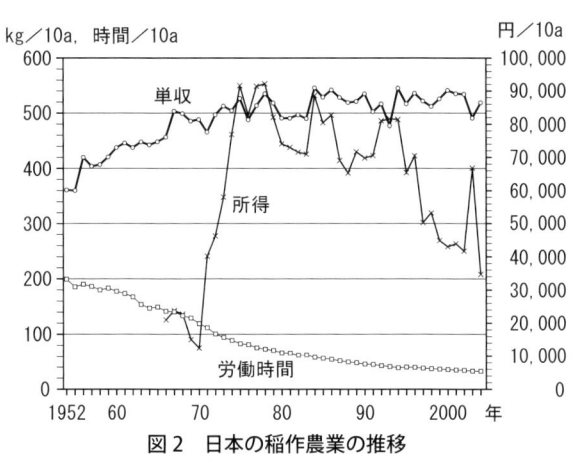

図2　日本の稲作農業の推移
『米及び麦類の生産費』により作成。

キーワード	食料自給率　規模拡大　グローバリゼーション	**3．食料輸入と安全性**
	BSE　マクドナルド化　トレーサビリティシステム	

かなうという食生活から、たんぱく質や脂質を多く摂取するという形態への変化の方がより重要な要因である。肉や油の消費量が大幅に増加したのである。ところが、日本はこうしたものの生産にあまり適さない。特に、食肉の生産には膨大な飼料の生産が必要である。飼料を低価格で生産するためには、粗放的農業を行う必要があるが、そのための広大な農地や牧草地を国内で確保することはきわめて難しい。

(2) グローバリゼーションと食の安全・安心

21世紀に入り、世界はグローバリゼーションを強めている。グローバリゼーションとは、地球的規模での「制度」の一体化と捉えることができる。この「制度」とは、狭い意味での国際的な条約やルールのことだけではない。食の問題で考えると、フード・システムの各側面に現れてくる統一化をも含むものである。例えば、種子や農薬などの面で投入部門における生産方法が地球的な規模で統一化されようとしているし、マクドナルド化に代表されるように消費部門における食の画一化も、グローバリゼーションの一つの側面である（高柳，2006）。

食料供給の面では、グローバリゼーションによって、日本の農家は経営に大きな打撃を被ってきている。一方、食料消費の面でも、グローバリゼーションによって、安全性が脅かされるような不安感が増してきた。最も大きな問題として露呈したのが、BSE（牛海綿状脳症）である（図3）。

1986年にイギリスで最初に確認され、さらに不治の病である変異型クロイツフェルト・ヤコブ病として、人間にも感染の可能性があることがわかると、大きな問題となった（中村，2001）。現在まで、イギリスでは18万頭以上の牛が感染したとされている。次いで、イギリスとの距離が近いアイルランドやヨーロッパ各国でBSEが発生した。日本でも、2001年9月にBSE感染牛が確認され、アメリカ合衆国でも発生した。BSEの発生が拡大した原因については、羊や牛の肉骨粉を飼料として与えたことであるとされる。低価格で生産効率の高い肉骨粉が国際的に流通し、BSEが世界的に広まっていった。

2008年現在、日本では35頭もBSE感染が確認されている。最近では、新たに発生しても報道されなくなった。国産牛肉に対する安心感が広まっている証左である。この安心感は、全頭検査を実施したり、トレーサビリティ（追跡可能性）システムを整えたりしたことによる。しかし、アメリカ合衆国産輸入牛肉の月齢条件が緩和されようとし、それに合わせるように、国内の牛の全頭検査の見直しが検討されている。このように、食の安全性を確保するための基準は、低いほうに合わせられることが行われる。残留農薬、食品添加物、遺伝子組み換え食品などの規制についても、国際的な貿易を促進するために、国内基準を国際基準に合わせていくハーモナイゼーションがWTO（世界貿易機関）のルールで求められる。グローバリゼーションの中で食の安全性に関する基準の引下げが行われつつある。

(3) 農産物にとっての産地の重要性

外国産の農産物や食品を国産品と偽って販売される事件が後を絶たない。国産品と輸入品の圧倒的な価格差が、産地偽装の背景にある。また、生鮮品の場合、天候条件により予定していた産地からの入荷ができない場合にも、実需者の要望に応えるために、偽装が行われてきた。工業製品の場合、OEM（相手先ブランド製造）やPB（プライベート・ブランド）として、生産者や産地が消費者に明示されないことも多い。農産物の場合、品種・生産環境・蓄積された技術等が地域によって異なっており、生産者も多数いるため、どこで作られたのかという情報は、消費者にとって品質を見極める重要な指標なのである。

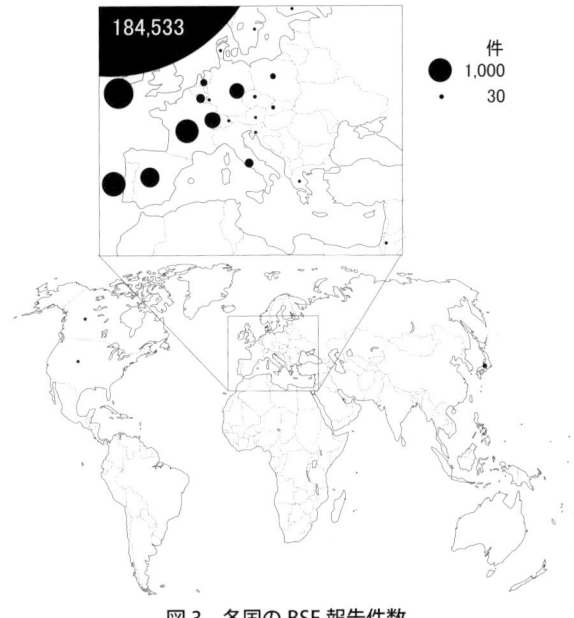

図3　各国のBSE報告件数
OIEの資料により作成。

（高柳長直）

4. 観光立国日本の可能性

(1) 観光産業の経済効果

1980年代半ばより日本の産業は、製造業からサービス業中心への構造転換を果たした。このいわゆる脱工業化社会において、観光産業は急成長をとげ、基幹産業の位置を占めつつある。国土交通省（2006）によれば、2005年度の日本国内での観光消費額は24兆4,300億円と推計され、これによる間接的な生産波及効果は55.3兆円と見積もられている（国土交通省, 2007）。影響を受ける産業は、運輸業（6兆3,600億円）・宿泊業（4兆2,600億円）のほか、食品店業(3兆8,800億円)・飲食産業(3兆700億円)・農林水産業（1兆2,800億円）と幅広い。また、観光消費がもたらす間接効果として、4,692,000人の雇用が創出されたと推計されており、これは2004年度の全産業の雇用の7.4％にあたる（国土交通省, 2007）。さらに、この観光消費による税収効果は5兆円で、2005年度の税収見込総額の5.8％を占めた。

観光は、現在の日本経済への影響力が大きいというだけでなく、さらなる成長が見込まれる産業として政府・民間から期待が寄せられている。そして、今後の観光産業の牽引力として注目されているのが国際観光客である。

(2) 国際観光の拡大と訪日旅行者

UNWTO（世界観光機関）の統計によれば、2006年の世界全体の国際観光客数は8億4,200万人であり、1950年以降2001～2003年の一時期を除き、上昇している（図1）。なお、UNWTOの定義する国際観光客 International Tourist とは、「訪問の主な目的が訪問国内で報酬を得るための活動を行わない人で、1泊以上12ヵ月を越えない期間、居住国以外の国で通常の生活環境を離れて旅行する人」であり、出稼ぎ以外の商用目的の渡航者も含まれる。そして、これに伴い国際観光収入の総計も伸びてきた（図1）。ところが、日本においては海外旅行者数が訪日旅行者数を大幅に上回り（図2）、2006年の国際観光収支についても、支出268億7,600万ドルに対し収入84億7,100万ドルと、184億500万ドルの赤字である（JNTO, 2007）。

こうした状況を改善するため、日本政府は数々の新しい政策を打ち出している。その軸となるのが、2003年に始まるビジット・ジャパン・キャンペーンおよび2006年に成立した「観光立国推進基本法」である。ビジット・ジャパン・キャンペーンにおける目標は、2010年までに訪日旅行者数を1,000万人にすることで、国土交通省は、関連省庁や民間団体・企業とともに、外国人旅行者の誘致に努めてきた。たとえば、韓国・台湾・中国からの短期滞在者に対する訪日査証の免除措置や、国内外の人気芸能人を「観光親善大使」に任命した海外での広報活動が行われている。また、国土交通省は「観光立国推進基本法」の施行に先がけて2005年に「観光ルネッサンス補助制度」を開始し、地域主体の国際観光開発を支援している（国土交通省, 2007）。

上記のような政府による国際観光客受入れに向けた制度の整備や宣伝もあり、2000年代に入ってからの訪日旅行者数の増加はめざましく、2006年には過去最高の7,334,077人（同年の日本から海外への旅行者数は17,534,565人）を記録した（図2）。このうち観光目的の旅行者（4,981,035人）を送り出し地域別にみると、アジアが最も多く（75.4％）、2位が北アメリカ（12.6％）、続いてヨーロッパ

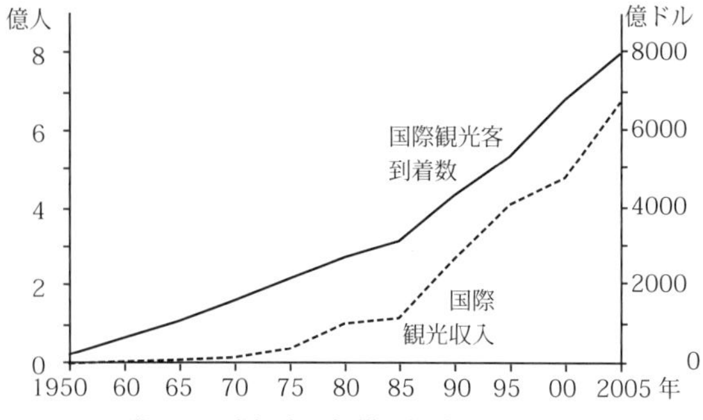

図1 世界の国際観光の規模の推移（1950～2005年）
JNTO（2007）により作成。

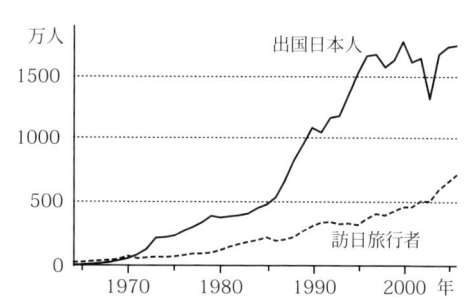

図2 訪日旅行者数と出国日本人数の推移（1964～2006年）
JNTO（2007）により作成。

キーワード　観光産業　観光立国推進基本法　国際観光客　　　　　　　　　　　　4．観光立国日本の可能性
　　　　　　国際観光収入　ビジット・ジャパン・キャンペーン　訪日旅行者

(8.2％)、オセアニア（3.3％）、アフリカ・南アメリカを含むその他（0.5％）となる（JNTO, 2007）。訪日旅行者の訪問先を都道府県別にみると（図3）、最も訪問率が高いのは東京（58.5％）で、以下2位大阪（22.6％）、3位京都（19.1％）、4位神奈川（18.9％）、5位千葉（15.4％）となっている。訪問先は東京を中心とする関東と、大阪・京都を中心とする関西の大都市圏に集中しているが（図3）、自然景観や保養、スポーツを目的にその他の地方に向かう国際観光客も増えている。

(3) 国際観光客増加による地域への影響

　国際観光客が及ぼす地域への影響は、現在様々なかたちで現れている。東京など大都市商業地域では、電気製品を買い求めるアジアからの観光客の増加により、大型電気店が進出した。また、銀座への時計をはじめとする高級ブランド品の直営店の相次ぐ出店は、中国系観光客を視野に入れた経営戦略であり、この地の店舗はアジア地域全体に向けた情報発信基地（旗艦店）の役割を担わされている（朝日新聞, 2007年11月27日）。

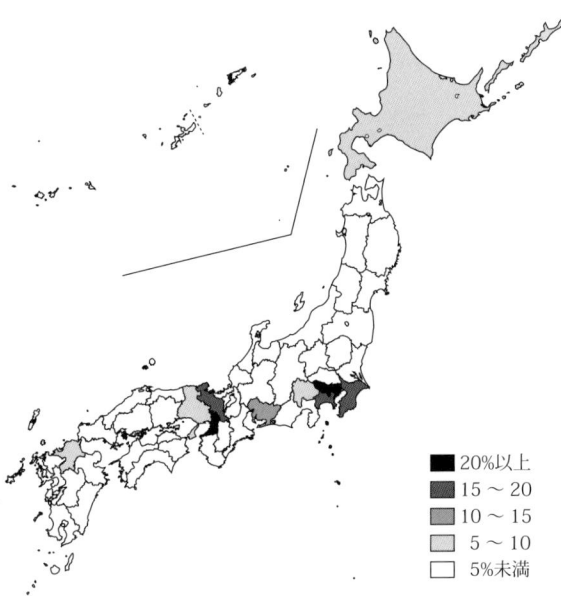

図3　訪日外国人の都道府県別訪問率（2005・2006年）
JNTO（2006）により作成。
注）JNTO が2005年7～8月および10月、2006年1～2月において、7空港1海港（新千歳、成田、中部、関西、福岡、那覇、羽田、博多港）で行ったアンケート調査の結果で、総数は12,232人（複数回答）、延べ訪問率は220.7％である。

　一方、地方では、大分県別府温泉や愛媛県道後温泉など衰退傾向にある温泉保養地の宿泊施設が、温泉文化になじんだ韓国人を中心とするアジアからの団体旅行客を積極的に受け入れて、国内観光客の減少を埋め合わせようとしている。道後温泉では、2005年現在の観光客数が1999年のしまなみ海道開通によってもたらされた最盛期の6割に落ち込んでいるが、国際観光客の誘致に努めた旅館では宿泊者数の大幅減少を回避できているという報告もある（鈴木・奥村編, 2007）。

　また、山間部のリゾート地が国際観光客の間で人気を博し、開発が進んだ地域もある。その一つが、北海道西南部のスキーリゾート・ニセコ地域である。当該地域に位置する倶知安町ではオーストラリア人観光客が急増し、2002年には657人だったのが（北海道経済部観光振興課, 2003）、2006年には9,418人となった（北海道経済部観光のくにづくり推進課, 2007）。これを受けて、倶知安町では飲食店が約50店舗増加し（日本貿易振興機構 北海道貿易情報センター, 2006）、オーストラリア人向けの分譲マンション（コンドミニアム）の建設が続いている（日本貿易振興機構 北海道貿易情報センター, 2006）。不動産開発の影響で地価も上昇し、国土交通省の発表によれば2006年の倶知安町ひらふ地区の地価上昇率は全国1位となった。また、ニセコ地域を訪れる観光客を他地域にも引き付けようと、ニセコと千歳、札幌、小樽、洞爺湖を高速道路で結ぶ周遊観光コースの整備も進んでいる（北海道通信日刊建設版, 2007年12月25日）。

　このようにみてくると、国際観光客が受入れ地域にもたらすのは個人消費による利潤だけではない。観光客の個人消費は新たな資本を呼び込み、より大きな経済振興や開発の原動力となりうる。変化は経済面にとどまらない。国際観光客を引き寄せるためには、対象となる観光客の出身地域の地理的条件や文化に由来する独特の行動様式や要請、好みに地域全体で対応していかなければならない。観光客の受入れによって地域は経済・文化・社会的変容を迫られるのである。日本の観光立国としての可能性は、国際観光客の行き先となる地域およびその住民が、この変容を受け入れられるかどうかにかかっているのではないだろうか。

（吉田道代）

第4章　国際移動・国際交流

1．エスニックコミュニティ

(1) 産業構造の変化と外国人労働者

　異なる文化背景をもつ外国人が形成したコミュニティを、エスニックコミュニティという。例えば、横浜の中華街や神戸の南京町のほか、大阪市生野区・東京都新宿区にあるコリアンタウンなどが典型的な例である。近年では、日系ブラジル人の集住地区にもエスニックコミュニティが形成されている。

　法務省入国管理局（2007）によると、日本に在留している外国人の数は2,084,919人である。国籍別外国人登録者数を主な国について、都道府県別に示すならば図1となる。日本にいる外国人は、植民地時代に朝鮮半島・台湾などから渡日した人々とその子孫からなるオールドカマーと、1980年代前後から急増したアジア系・南米系を中心とするニューカマーに分けられる（福本，2002）。

　ニューカマーの潮流には日本の産業構造が大きく関係している。1990年の入国管理法改正により、日系3世までが「定住者」としての在留資格を認められ、彼らの就労職種に対する制限がなくなった。それを受けて製造業を中心に慢性的な労働力不足が

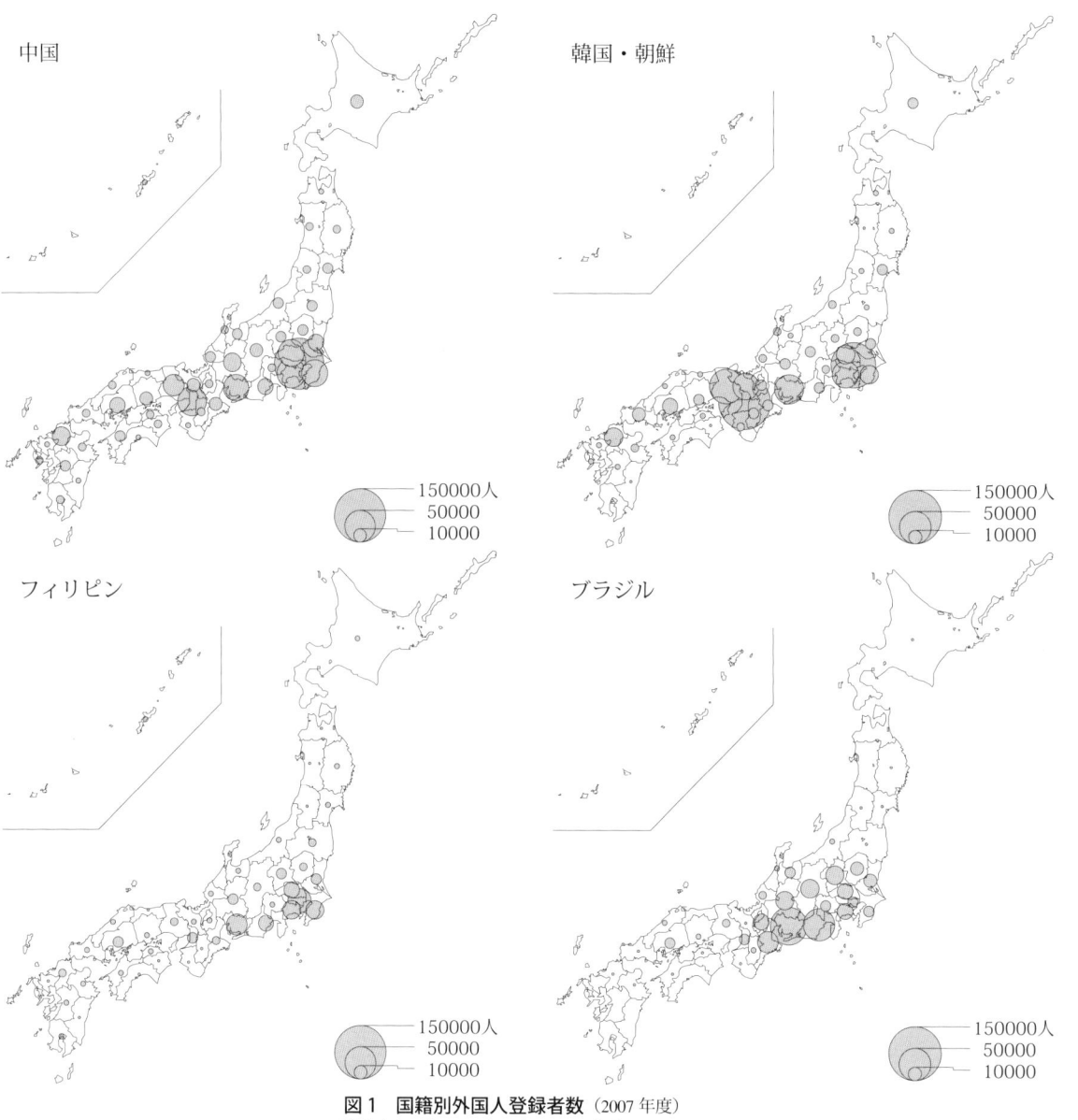

図1　国籍別外国人登録者数（2007年度）
法務省入国管理局（2007）により作成。

キーワード　外国人労働者　オールドカマー　ニューカマー
日系ブラジル人　産業構造の変化　労働力不足

1．エスニックコミュニティ

生じていた日本の中小企業の労働力需要を満たしたのが、日系人であった。その需要は現在も増加傾向にある。

以下、ニューカマーの急増する地域の事例として岐阜県大垣市を取り上げる。

（2）大垣市の産業と日系ブラジル人の流入

岐阜県大垣市は、2005年度の総人口166,925人、そのうち外国籍の人口が7,089人であった。23.5人に1人が外国人であり、国内でも外国人の割合が非常に高い都市である。特にブラジル国籍者が多く、国内のブラジル国籍者302,080人のうち大垣市には4,620人（1.5％）が在住している。

大垣市の産業の変化を見ると、1980年代後半に繊維産業が衰退し、代わって豊富な水資源と電力を基礎にしたIT分野の製造業が発展した。製造業の下請け部門には一般に日本人労働者が好まない「きつい、汚い、危険な」3K労働への労働力需要が発生し、そこへ供給されたのが大量の日系ブラジル人であった（図2）。

企業の日系ブラジル人の雇用が増加するに伴って、日系ブラジル人の居住する地域ではエスニックコミュニティが形成される傾向にある。現在の大垣市内には、ブラジル人向けの日用品店や、中古車販売センターなどがあり、街中でポルトガル語を目にする機会が非常に多い。

（3）開かれた日本社会へ

日本社会の直面している外国人問題は、もはや姉妹都市や留学生交流といった華やかな国際交流ではない。大垣国際交流協会の会長Iさんは「外ばかり見ていてどうする。もっと足元を見てください」と話す。日本社会が外国人を身近な隣人として受け入れていくためには、以下に挙げるような、より現実的な問題に目を向けていかなければならない。

日本に滞在する日系ブラジル人には、出稼ぎを目的とする一時滞在者と、定住を視野に入れた長期滞在者がいる。出稼ぎを目的とする者は、ブラジルへの帰国意識があり、また同郷者間のネットワークが非常に強く、より良い労働条件を求めて日本全国を移動する傾向にある。そのため、各地域での滞在は一時的という考えが強い。しかし実際のところは滞在を延長し、長期滞在となるパターンが多い。彼らは意識の中の出稼ぎ、事実上の定住という状況に陥っており（江成, 2002）、地域住民との間でコミュニケーションがとれないまま定住し、様々な問題を招いている。

深刻な問題の一つが、日系ブラジル人児童の教育問題である。帰国意識のある日系ブラジル人の親は、日本の公立学校を教育の場として重要視しない傾向が強く、そのような親をもつ子どもは不就学となる場合が多い。また日本の公立学校側も、十分な人数のポルトガル語教師を雇うことができないなど、外国人児童に対して対応できていない。

一方、大垣市内には「HIRO学園」と「ポルト・セグーロ」というブラジル人学校がある。HIRO学園は2005年に学校法人との認定を受けたが、ブラジル人学校は学校法人と認定されない場合も多く、「私塾」扱いとされた場合、行政からの財政的援助や備品等の支給を受けられない。そのため、財政的に困難な状況に陥っており、入学希望者が増加する一方で、それを制限せざるを得ない状況にある。

教育問題のほかに、日常生活における問題も深刻である。例えば医療現場では日本語が理解できないことにより、適切な治療が受けられない、また災害緊急時の情報通達が遅れるなど、生命に関わる問題が生じている。

言語だけではなく、日本人にとって当たり前とされる前提が必ずしも外国人に通じるとは限らない。だからこそ、意識しなければ見過ごされてしまう問題が多数潜在しているのであり、より外国人の視点から日本社会を捉えなおす必要があるだろう。

（清水沙耶香）

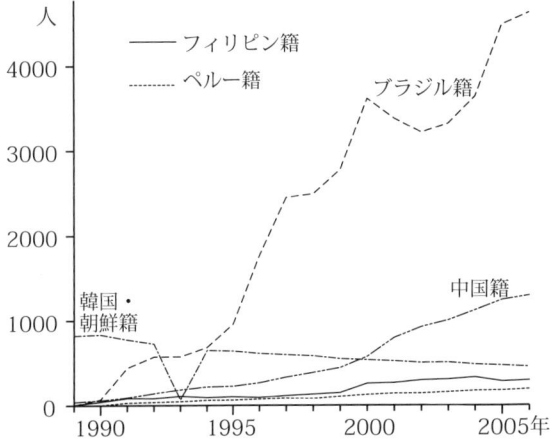

図2　大垣市の主な国籍別外国人人口の推移（1989～2006年）
1989～2000年は大垣市国際交流協会資料、2001～2006年は大垣市（2005、2007）により作成。

2. 外国人労働者の流入

(1) 外国人労働者の増加

世界における労働力の国際移動は、1945年以降特に1980年代半ばから著しく規模が拡大している（Castles and Miller, 2003）。日本では、第二次世界大戦後、外国人の就労可能な分野は法律により専門知識・技術を要する職種に限られ、未熟練職種での雇用は法的に厳しく制限されていた。1950～1960年代の高度経済成長期においても、多くの西欧諸国が行ったような外国人労働者の受入れは実施せず、国内で労働力を供給してきた。しかし、1980年代半ばに入ると、景気拡大で労働力不足が深刻化したのをきっかけに、日本は世界の国際労働力移動の潮流の中に入ることになる。労働力不足が最も逼迫していた未熟練職種での外国人の雇用は、法的な規制が解除されないまま、なし崩しに拡がっていった。

2006年現在、就労目的で合法的に日本に滞在する外国人の数は、178,781人である（入管協会, 2007）。しかし、日本の外国人労働者の多くは、就労以外の在留資格で滞在している。さらに超過滞在の外国人が2006年現在で193,745人おり（入管協会, 2007）、その多くが労働に従事していると考えられる。こうした就労目的の資格以外の在留者も含めた外国人労働者は、日本でどのような仕事に就いているのだろうか。

(2) 外国人労働者の職種の二極化

現在国境を越える労働者は、多くの移動先の国で二極化した職種に従事している。一方の極は高度な専門性あるいは技術を要する専門職種であり、他方は特別な技能や経験を必要としない未熟練労働分野である。

日本ではグローバルシフトした経済の拠点の一つとして、東京に情報経済の中枢機能が集中し（Sassen, 2001）、国際化する業務に対応する戦略として経営管理業務や専門知識・技術職への外国人の雇用が進んだ。同時に、情報経済を末端で支える業務および管理・専門職の人々へ向けたサービスを提供する未熟練職種が増加し（Sassen, 2001）、この分野においても外国人労働者が雇用されるようになった。一方、大都市圏外では、生産工程部門の地方分散を受けた地域での工場や、農業・漁業の作業現場で労働力が不足し、外国人労働力の利用が一般化しつつある。

(3) 職種別にみる外国人労働者

次に、日本で就業する外国人について職種別に特徴をみてみよう。経営管理業務・専門技術職に関する在留資格のうち人数が多いのは、「人文知識・国際業務」（57,323人）、「技術」（35,135人）、「技能」（17,868人）、「企業内転勤」（14,014人）である（入管協会, 2007）。「技術」と「技能」の違いは、前者が理系・工学系の専門技術・知識を要する業務（IT関連の技術職を含む）を指すのに対し、後者は熟練した技能を要する業務で、料理人や外国に特有の土木・建築に関わる者、パイロット、ワインソムリエなど幅広い職業を含む。図1に上記四つの在留資格の出身国別割合（上位6ヵ国）を示した。

これら四つの在留資格いずれにおいても中国出身者の割合が最も高く、韓国・朝鮮が2位または3位である。それ以外の出身構成国は在留資格によって大きく異なっている。「人文知識・国際業務」

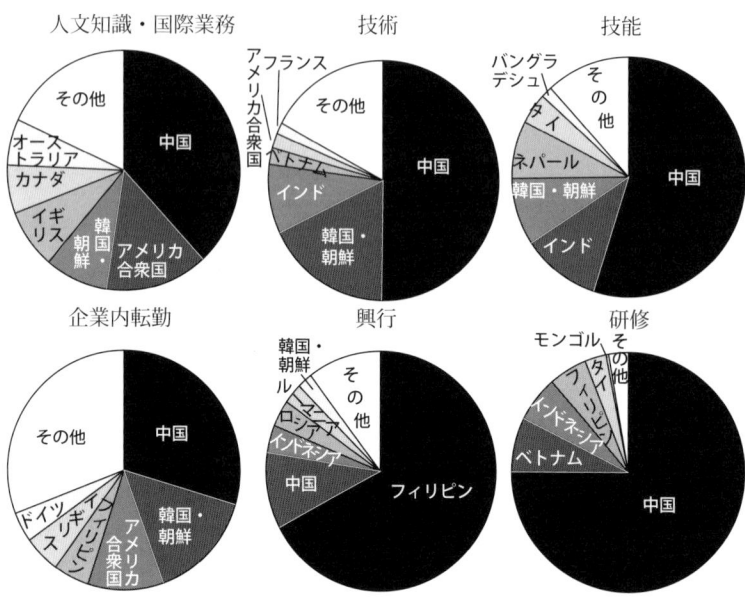

図1 在留資格別出身国別（上位6ヵ国）外国人登録者割合（2006年）
法務省入国管理局（2007）により作成。

キーワード　労働力の国際移動　二極化した職種　研修生　性産業　経済連携協定　ケアワーク

では、現在英語がビジネスにおける国際言語の地位にあることを反映し、中国と韓国・朝鮮以外では英語圏の国が上位に登場する。「技術」においてインドが3位に位置しているのは、インド系IT技術者が多く雇用されたためである（澤, 2008）。「技能」においては、東南アジア・南アジアの国々の出身者が多い。「企業内転勤」の外国人については、アメリカ、イギリス、ドイツなどの欧米諸国出身者は、主に日本の外資系企業の本国から送られた人々で、アジア諸国の出身者は海外の日系企業から派遣された人々が中心である。

未熟練職種についてみると、この分野における就労のための在留資格はなく、就労以外の在留資格で滞在する外国人の労働力が使われている。例えば、都市のサービス産業とりわけ飲食店の給仕・皿洗い・清掃に多いのが、アジアからの留学生・就学生である。1984年に留学生に週20時間までの就労（アルバイト）が許可されて以来、こうした職種でのアジア系留学生の労働が顕著となった。

生産工程部門の主な外国人労働者は、「定住」や「永住」、「日本人の配偶者」の在留資格で滞在するブラジル人をはじめとする南米出身の日系人、そして、研修生（在留資格は「研修」）・技能実習生（在留資格は「特定活動（その他）」）として滞在する中国・東南アジア諸国出身者（図1）である。2006年現在、「研修」の在留資格を持つ外国人の数は70,519人になり（入管協会, 2007）、工場労働のほか、建設労働、農業および漁業の作業労働にも従事している（国際研修協力機構編, 2006）。これらの研修生・技能実習生の日本滞在の名目は、就労ではなく研修・実習であることから、報酬は極端に低く抑えられる。「研修手当て」として支払われる平均額は1ヵ月65,979円（2005年現在）であり（国際研修協力機構編, 2006）、このように低い人件費が、日本の労働の現場で研修生・実習生への需要を高める結果となった。

性産業もまた外国人労働者への依存の度合いを高めている分野である。従来からフィリピンやタイなどの東南アジア、韓国・中国などの東アジア出身の女性が中心であったが、1990年代後半からはロシア・東欧諸国の出身者も増えてきた。性産業への外国人労働者の受入れ経路の一つとされる「興行」（21,062人）の上位6ヵ国も、東アジア、東南アジア、ロシア・東欧で構成されている（図1）。性産業の分野では、斡旋業者によって手配された「日本人の配偶者」の資格で入国したり、観光など一時滞在の資格で入国し、超過滞在で働いたりする女性も多い。人身売買を通じて連れて来られる外国人女性も多数含まれ、こうした女性の救出や人身売買そのものの根絶が急務の課題となっている。

(4) 今後の外国人労働者の受入れ

以上みてきたように、日本の労働市場における外国人労働者は、もはや景気動向の緩衝材ではない。高度な専門知識・技術の必要な職種と未熟練職種、いずれも国内の労働力で需要を満たすことは困難となっており、外国人労働者なしでは、日本の経済・社会が成り立たないところまできている。

今後は、経済の自由化の推進により、外国人労働者の雇用は規模・範囲ともにさらに拡大するだろう。日本政府は、関税撤廃を含めた経済分野の自由な交流・協力を強化する経済連携協定の交渉を開始し、2008年6月現在までに5ヵ国と協定締結、他の3ヵ国・ASEAN諸国とは署名を交わした（表1）。この経済連携協定に基づき日本政府は、2006年にフィリピン、2008年にはインドネシアとの間で看護師・介護福祉士候補者の受入れを取り決めて署名している。これは、ケアワークへの外国人労働者の導入であり、超高齢社会に向かう日本の高齢者介護における人材確保への布石といえる。

インドネシア人に関しては、日本の国際厚生事業団を通じて2008年5月に受入れ機関が募集され（国際厚生事業団, 2008）、看護・介護への外国人労働者の導入はいよいよ現実のものとなった。日本社会の外国人労働者への依存は範囲を拡げつつ着実に進展しているのである。

（吉田道代）

表1　経済連携協定の進展状況（2008年6月現在）

締結済み	署名済み	交渉段階
シンガポール	フィリピン	ベトナム
メキシコ	ブルネイ	GCC（湾岸協力理事会）構成国**
マレーシア	インドネシア	韓国
チリ	ASEAN（東南アジア諸国連合）構成国*	インド
タイ		オーストラリア
		スイス

*　インドネシア，シンガポール，タイ，フィリピン，マレーシア，ブルネイ，ベトナム，ミャンマー，ラオス，カンボジア
**サウジアラビア，アラブ首長国連邦，クウェート，バーレーン，オマーン，カタール
外務省（2008）により作成。

3．外国人留学生

(1) 日本の留学生政策と留学生数の増加

　日本では、留学生の受入れは「知的国際貢献」と位置付けられ（留学政策懇談会，1999）、留学生数増加を目指して様々な政策が実施されてきた。なお、文部科学省の定義によれば、「留学生」は、外国から来て日本の大学や各種専門学校に入学・在籍する学生に限定される。日本語学校の学生は、以前は「その他」の在留資格枠を付与され、1990年からは「出入国管理及び難民認定法」の改定で新設された「就学」の在留資格枠に含まれるようになった。

　留学生増加政策の土台となったのは、1983年に中曽根首相が提唱した「留学生10万人計画」である。日本の留学生数は、1970年代まで伸び悩んでいたが、受入れ10万人という具体的な目標数値を掲げた方針により、留学生数拡大に向けた本格的な取り組みが始まった。この計画が発表された翌1984年、法務省は、民間の日本語学校入学者について、ビザ取得手続きを大幅に簡素化し、週20時間までの就労を認可した。これ以降、留学生および就学生数は大幅に増加してきた（図1）。

　1980年代の留学生数増加を支えたのは、主に中国（大陸）とマレーシアの出身者である。当時の中国では、改革開放政策がとられ、海外渡航制限の緩和が進められていた。一方、マレーシアでは、マハティール首相が「ルックイースト」政策を提唱し、西欧重視を見直して、極東（日本や韓国など）に外交の重点を置く政策が展開されていた。また、「留学生10万人計画」に基づく施策が引き金となって、国内の日本語学校は1984年から1988年までの間に49校から309校となり、その間就学生数も4,140人から35,107人に増加した（栖原，2002）。1980年代半ばに急増した就学生は、その60～70％が日本語学校修了後に日本の大学や専門学校へ進学し、留学生数増加を加速させた（栖原，2002）。

　日本語学校については、1989年、文部科学省が認定制度を開始し、設立運営に関する規制を設けた（栖原，2002）。しかし、留学生受入れ拡大の方針は、その後も維持された。1996年には留学生の入国・在留の保証人制度を廃し、1999年には留学生・就学生の入国審査書類を大幅に簡素化した（栖原，2002）。また、2000・2001年度には、私費留学生（学費・生活費を原則自己負担する留学生）全員

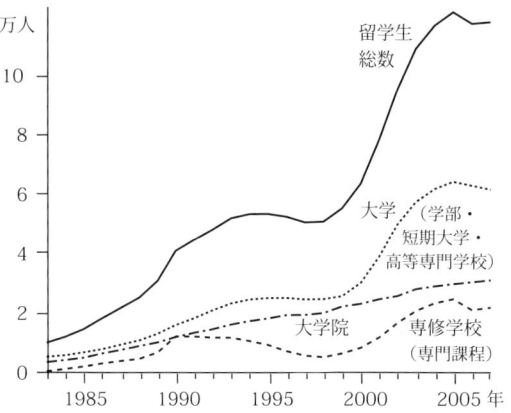

図1　学校種別にみた留学生数の推移（1983～2007年）
日本学生支援機構（2007）により作成。

へ一時金15万円を支給し、毎月の学習奨励費（学部生5万円、大学院生7万円）の支給対象者数を拡大した。このような留学生受入れ推進政策を受けて、1990年代後半に減少していた留学生数は、大学ほか各種高等教育機関で増加に転じた（図1）。

(2) 留学生の属性

　次に、日本学生支援機構（2007）のデータに基づき、2007年5月1日現在の留学生（118,498人）の特徴を概観したうえで、日本の外国人留学生の中核をなす中国人留学生について説明したい。

　まず、日本では私費留学生の割合が高く、留学生全体のうち89.7％を占める。他は、文部科学省から学費・生活費が支給される国費留学生が8.5％、外国政府派遣留学生が1.8％である。在籍機関別では、私立が72.7％と多数を占め、国公立の割合は27.3％にとどまる。留学生の分布を都道府県別にみると（図2）、東京の40,316人（34.0％）が最も多く、千葉、埼玉、神奈川をあわせると首都圏が46.6％を占める。その他の地域では、福岡が大阪に次いで3位になっている点が注目される。これは九州大学が留学生を多く受け入れていることと、当該県の大学数が他県に比べて多いことが原因と考えられる。留学生の出身国（地域）はアジア中心で、なかでも中国が全体の約6割を占めている（表1）。

　日本に在籍する留学生の中心が中国からの私費留学生であることは、1980年代から続く傾向であるが、1990年代後半からこれらの中国人留学生の出身地域や家族の階層に変化が起きている。浅野

キーワード　　留学生10万人計画　　就学生　　私費留学生　　　　　　　　　　　　　　　**3．外国人留学生**

日本語学校　　留学生誘致　　アジア出身留学生

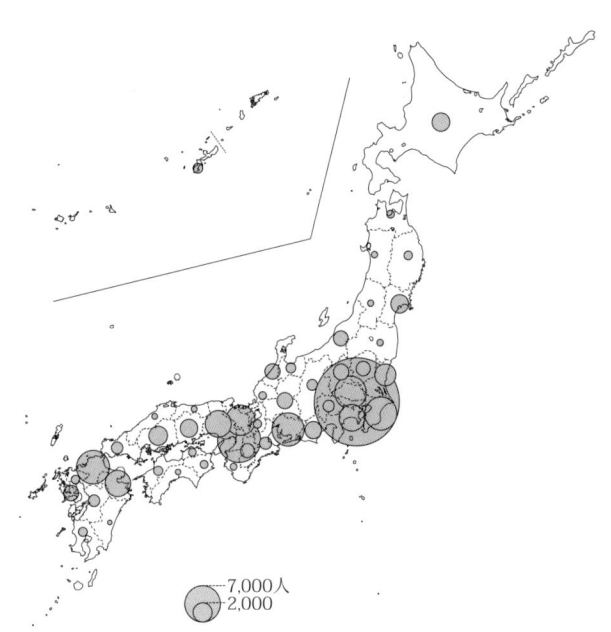

図2　留学生の都道府県別分布（2007年5月1日現在）
日本学生支援機構（2007）により作成。

(2004)の研究では、次のような点が明らかになった。1990年代前半までの中国からの私費留学生は、上海や北京など沿海部大都市の出身者が多く、大卒で専門職・管理職についており、大学院入学をめざしていた。しかし、2004年現在では、中国東北地方の地方都市および農村の出身で地元の高校・専門学校を卒業した労働者が中心となっている。この変化の原因は、中国沿海部の経済発展とグローバリゼーションにより、同地域の高学歴者の間で留学先として英語圏の人気が高まり、日本の人気が相対的に下がったことにある。また、中国国内他地域の大卒者も日本へ留学するより沿岸部での就職をめざすようになった。一方、中国東北部の高卒・専門学校卒業生の間で、留学先としての日本の人気は比較的高い。その理由は、日本は英語圏に比べると留学費用が安く、日本政府からの学習奨励費もあり、滞在期間中は就労（アルバイト）により学費や生活費を稼げるからである。また、留学後は、日本で就職できなかったとしても、中国東北部に多く進出している日系企業への就職が見込める。しかし、これらの中国人留学生の誘致をめぐっては、次のような問題も浮上してきている。

（3）地方大学における留学生受入れの問題

山形県酒田市の私立酒田短期大学（2002年廃校）は、2000年4月の入学者激減を受けて、中国人留学生の受入れに踏み切った。2001年春には学生352人中339人が中国人留学生となり、2001年10月にはさらに256人を中国から迎え入れる予定であった。その後、留学生200人が大学を離れて首都圏で生活していることが明らかとなり（朝日新聞，2001年12月6日）、これらの留学生の大学への呼び戻しに失敗した結果、同大学の経営は破綻した。

酒田短期大学の留学生の多くが首都圏へ移動したのは、同大学近辺で雇用を見つけられなかったからである。それなのに、現在もなお定員割れした大学の多くが、中国人をはじめとするアジア出身留学生の受入れを学生獲得の切り札としている。しかしながら、大都市から離れているゆえに国内の学生で定員を満たせない大学が就労を前提とする私費留学生を大規模に受け入れれば、酒田短期大学と同じ轍を踏む可能性は高い。立命館太平洋大学のように、都市部の外に位置しながら国費留学生を中心とした留学生の受入れで成功した事例もあるが、国費留学生の受入れ先として国の認定を受けられる大学は限られている。

2003年に日本は、目標としていた留学生受入れ10万人を達成した。そして、2008年には新たな方針として2025年までに留学生を30万人まで増加させると発表している（中央教育審議会大学分科会留学生特別委員会，2008）。しかしながら、真の「知的国際貢献」を実現するためには、留学生数の拡大よりも、ともすれば大学の経営危機の救済策に留学生を利用するような現在の受入れ体制を再検討すべき時期にきているのではないだろうか。

（吉田道代）

表1　出身国（地域別）**留学生数**（2007年5月1日現在）

出身国（地域）	人数	割合（％）
中国	71,277	60.2
韓国	17,274	14.6
台湾	4,686	4.0
ベトナム	2,582	1.8
マレーシア	2,146	1.8
タイ	2,090	1.8
アメリカ合衆国	1,805	1.5
インドネシア	1,596	1.3
バングラデシュ	1,508	1.3
ネパール	1,309	1.1
その他	12,225	10.3
合計	118,498	100.0

日本学生支援機構（2007）により作成。

4．NGOの活動

(1) NGOとは

NGOはnongovernmental organizationの略称であり非政府組織という訳が使われる。似た名称としてNPO＝nonprofit organizationがあり、こちらは非営利組織あるいは民間非営利組織と訳されている。どちらも政府関係機関からの独立性を強く意味している点で共通性がある（山内，2004）。両者を区別するならば、NGOは営利を追求しないことや利潤を分配しないことよりも、政府からの独立を強調する傾向があり、国境を越えて活動する民間国際援助団体のことを意味することが多い。日本でNGOの団体を示す場合には後者がイメージされやすい。

NGOが注目されるようになった背景には、グローバリゼーションによって経済・文化・政治の諸現象が地球規模へと広がるとともに、多国籍企業や国家だけでなく、新たな主体としての民間組織が登場してきたことがある。そこでは国境を越えた活動を踏まえたうえで、政府以外の立場からの国際協力や社会的貢献が期待されている。地球規模で拡大する環境問題をはじめとして、人権・人口・開発・女性などの課題にNGOが多大な影響力を発揮する場面は増えてきている。こうしたことからNGOの活動に注目し、その活動実態を理解することは、21世紀の地理的現象を把握する上で必要不可欠なテーマとなる。

(2) 日本のNGO

日本では1980年代からマスコミなどでNGOという言葉が頻繁に紹介されるようになった。日本における国際協力NGOの誕生は1960年代前半とさ れており、1979年に始まったインドシナ難民の大量流出問題が大きな転機となって、難民救援の団体が相次いで設立された（特定非営利活動法人　国際協力NGOセンター，2004）。

1980年代に入ると国際協力NGOの数は飛躍的に増加し、欧米に本部を持つNGOが日本に支部や関連団体を置くようにもなった。さらに1980年代後半には日本各地でネットワーク型のNGOが結成され、地球環境問題や在日外国人の支援に目が向けられている。社会的関心の高まりや経済と情報のグローバリゼーションによって、1990年代には世界全体でNGOのネットワーク化が広まり、阪神・淡路大震災の被災地における救援活動にもNGOが活躍している。資金難や組織基盤の問題も抱えながら、NGOは次第に日本の社会に定着しつつある。

(3) NGOの立地分布

NGOは活動内容を反映して国際的な舞台で活躍してきている。図1からは国際的なNGOが世界でどのように分布しているのかの一端を理解することができる。NGOを国・地域別に表示していることもあり、西欧と北米諸国に多く分布している。また中南米やアフリカ、アジア太平洋地域に至るまで幅広く分布していることもわかる。

このように国際的なNGOは世界各地で活動しており、人口や経済活動あるいは環境・資源の分布とは異なる主題図が描けることがわかる。政府や企業による取組に加えて、国境を越えたグローバルな民間組織の活動が補完的な役割を果たしていることの

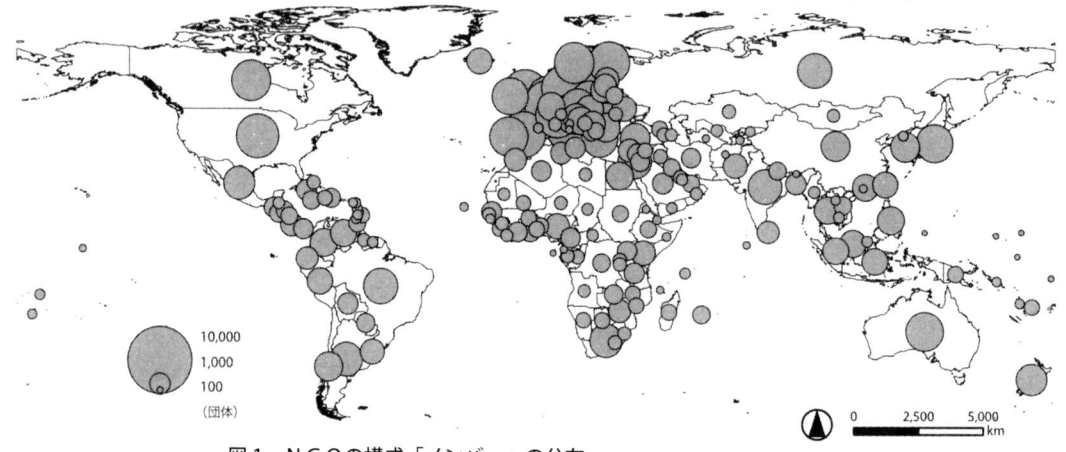

図1　NGOの構成「メンバー」の分布
Yearbook of International Organization 2002/2003により作成した。埴淵（2005）による。

キーワード　　国際協力　　社会的貢献　　環境問題
　　　　　　　国際拠点　　活動対象地域　　非営利組織

4．NGOの活動

表1　NGOの都市別「事務局」数

順位	都市名（国）	「事務局」数
1	ブリュッセル（ベルギー）	883
2	ロンドン（イギリス）	442
3	パリ（フランス）	417
4	ジュネーブ（スイス）	160
5	ニューヨーク（アメリカ合衆国）	131
6	ワシントンD.C.（アメリカ合衆国）	126
7	ローマ（イタリア）	108
8	ウィーン（オーストリア）	103
9	アムステルダム（オランダ）	97
10	ブエノスアイレス（アルゼンチン）	87
10	ストックホルム（スウェーデン）	87
12	東京（日本）	79
13	コペンハーゲン（デンマーク）	72
13	マドリード（スペイン）	72
15	ナイロビ（ケニア）	68
16	ベルリン（ドイツ）	63
17	ハーグ（オランダ）	58
18	ユトレヒト（オランダ）	56
19	オスロ（ノルウェー）	54
19	チューリッヒ（スイス）	54
	総数	9747

埴淵（2005）による。

例証とも言えるだろう。

　さて、国際的なNGOを支える基盤となる拠点はどのように分布しているのだろうか。国際拠点としての事務局の立地を集計した表1をみると、活動の分布とはやや異なる空間的傾向が読み取れる。都市名と国名を見ればわかるように、ベルギー、イギリス、フランス、スイス、アメリカ合衆国と上位の国に多くの事務局が立地する都市は集中している。都市別ではブリュッセルが突出している。西欧・北米以外ではブエノスアイレスや東京、ナイロビが上位20都市に入っており、北欧の諸都市も見られる。多国籍企業の拠点分布とはやや異なる傾向を示すことからも、NGO独自の「リージョナル・オフィス」としての立地分布（埴淵, 2005）が見られるとともに、国際拠点としての偏在性が認められる。

（4）NGOと地域

　NGOを地理的観点からとらえるためにもう一つの空間要素として、NGOを支える地域との関わりの点からも紹介したい。日本では人口や企業本社の分布に代表されるように、NGOにも東京への一極集中がみられる。一方で本来の非政府組織としての役割やグローバリゼーションやナショナルという視点に対してローカルに注目するのであれば、各地方圏におけるNGOの活動も考慮すべきである。

　地方圏におけるNGOには、地域固有の資源を活用する場合と、一般的な遍在する資源を活用する場合がある（埴淵, 2007）。日本の場合、平和構築活動に関しては、広島県や沖縄県などに歴史的背景ゆえの独自性がみられる。しかし平和の構築は国際的なNGO活動において共通する課題であり、他県においても同様の団体が存在するという事実もある。一般的な活動としては開発・医療・環境・教育など幅広い分野において地方圏のNGOが関わっている。

　NGOと地域の関係として触れる必要があるのは、NGOの活動対象地域である。従来、開発や環境において途上国が活動対象であった。これは大都市のNGOと地方圏のNGOで共通した傾向を持ち、アジア・アフリカ諸国をはじめ、東欧や南米まで活動対象が広がっている。さらには都市規模の格差を超えた、国際的な地域間協力の可能性も秘めている。

（5）代表的NGOの活動

　日本の国際協力NGOは開発・環境・人権・平和の4分野に大きく分かれる。活動内容では教育・子ども、保健医療、職業訓練、ジェンダー・女性、植林が盛んであり、世界各地で弱者の基本的ニーズに応え、自立を促す支援に取り組んでいる。このように国際協力の現場での活動が実践されてきている。

　日本の国際協力NGOが活動対象とする国は、アジアが最も多く、それに次いでアフリカ、中南米、旧ソ連・東欧、オセアニアの順になっている。アジアの中でもフィリピン、タイ、カンボジア、ネパール、インドで活動する団体が多い。2005年のODA（外務省, 2006）において二国間援助の供与上位国がイラク、インドネシア、中国、ベトナムの順であったのと関係性はみられない。

　NGOが活動するためには資金が必要となる。そのために財源として寄付金、会費、事業収入に加え、民間財団からの助成金や政府からの補助金および委託金を受ける場合もある。大規模なNGOは豊富な資金源を持っているが、多くのNGOは限られた資金で活動することを余儀なくされている。

　NGOの存在が広く知られるようになって、スタッフとして就職する若者も増えてきた。就業としては不安定な立場が続くかもしれないが、今後、国際的に活躍する人々が育っていくだろう。

（香川雄一）

第5章　地域格差

1．日本の地域間所得格差

(1) 地域間所得格差の概念

地域問題は、川島・鴨澤編（1988）によれば「不平等や格差がある水準を越えるとき」、地域間格差は現実の地域問題に転化する。この格差の中には、所得だけではなく、失業、成長率なども含まれる。しかし経済主体間の所得格差の、いわば空間的投影である地域間格差という場合、測定が容易な地域間所得格差が用いられる。

ここで地域問題は、地域間所得格差と関連づけられる。所得の地域間格差は、財政政策、経済政策、産業政策などを通じて、一定程度改善することが可能である。しかし、地域問題としての地域間所得格差を根源的に解決するためには、地域政策が必要となるのである。

にもかかわらず近年では、経済格差の一環として地域間所得格差を捉える傾向が出てきている。地域格差の存在は、(3) で説明するように客観的に計測し、説明することができる。その格差を地域問題とするかどうかは、政治的な判断による。その判断により、地域政策に対する取組の姿勢が変わってくることに注目する必要がある。

(2) 地域間所得格差の理論

地域間所得格差に関する理論として、新古典派地域経済モデル、累積的因果関係モデル、逆U字型モデルの三つがある。

第一に新古典派地域経済モデルでは、資本・労働といった生産要素の自由な移動により地域間所得格差が縮小すると考える。

第二にミュルダール（1959）が提起した累積的因果関係モデルでは、資本移動、貿易等を、それを通じて累積過程が地域により上方または下方に進展する媒介として逆流効果と呼び、先進地域では低開発地域からの移住、資本移動等により、すなわち市場諸力の働きで地域間の不平等は、拡大する。

第三に逆U字型モデルでは、初期段階では生産要素の移動に逆流効果が作用するため地域間格差は拡大するが、ある点を越えると外部不経済などの影響により、平等化へ移行すると考える。

ただし近年の議論では、グローバリゼーションなどの影響により、平等化しつつあった局面が反転し、再び格差が拡大するという理論的考察も出されている。

(3) 地域間所得格差の測定法

地域間所得格差を測定するには、いくつかの手法がある。地理学では統計学的には異なった集団の間の散らばりの程度を相対的に比較する変動係数を主に用い、経済学では所得格差を示すのに有効なジニ係数を用いることが多い。また経済地理学では、非類似指数という手法が提起されている。ここでは、ジニ係数を用いた地域間所得格差の測定と表現方法を検討していく。

ジニ係数は次式によって求められる。

$$G（ジニ係数） = 1 - \Sigma (X_i - X_{i-1})(Y_i + Y_{i-1})$$

ただし、
X_i：累積地域比率
Y_i：累積所得比率
$i = 0, 1, \cdots, n$

まず累積地域比率を求めるために、1を地域（都道府県）数である47で割り、一地域当たりの地域比率を求める。ここでは、0.0213となり、これを47地域に分けて加えていき、沖縄県で1となるようにする。

次に累積所得比率を計算する。ここでは2005年の一人当たり県民所得を用いることとする。最初に県民所得の47都道府県分を合計したものを算出し、

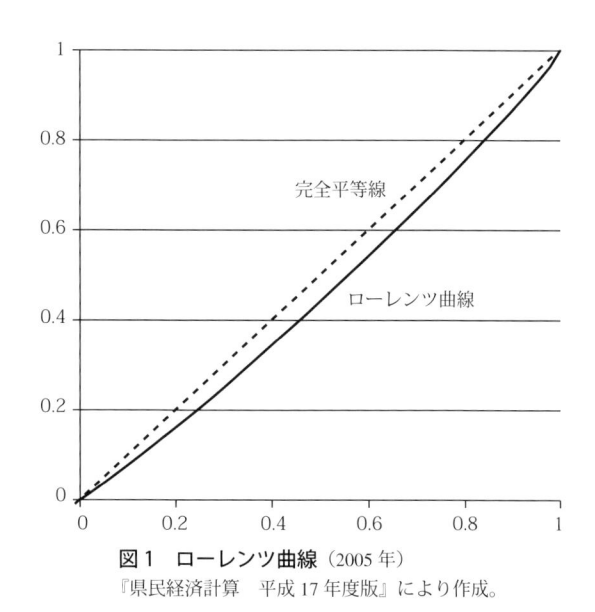

図1　ローレンツ曲線（2005年）
『県民経済計算　平成17年度版』により作成。

キーワード　　地域問題　　ジニ係数　　ローレンツ曲線　　変動係数　　公共投資

1．日本の地域間所得格差

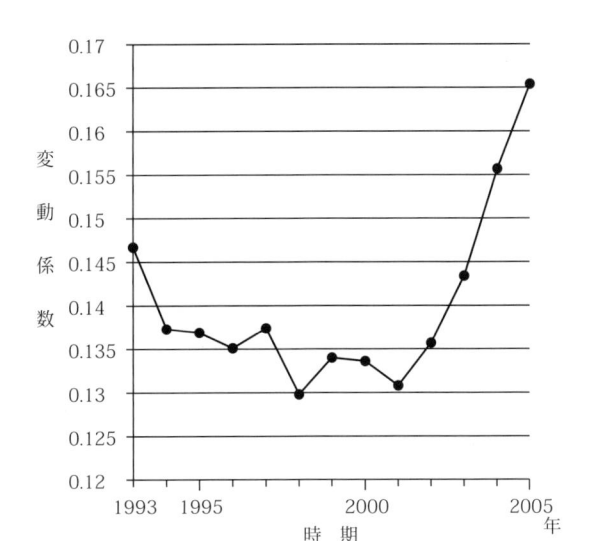

図2　近年における地域間所得間格差の動向（変動係数）
各年度『県民経済統計年報』と関連新聞記事により作成。

その和で各都道府県の一人当たり県民所得を割る。求められた商が累積所得比率となる。

これらの解を先の式に代入し、計算すると、ジニ係数は 0.0828 であることが明らかになる。これを格差の状況を図示する手法であるローレンツ曲線に記すと図1となる。

以上の計算、及びローレンツ曲線の形状からジニ係数は、それほど大きくないように見ることができる。しかし、小泉構造改革の前である 1999 年のジニ係数は、0.0717 であり、格差は拡大している。21世紀に入って、どのように地域間格差が広がったのかを確認したい。そこで近年の変動係数による地域間所得格差の動向を見てみよう。

なお、変動係数は、次式によって求めることができる。

$$CV（変動係数）＝ 標準偏差／算術平均$$

この式に基づいて 1993 年から 2005 年までの地域間所得格差を変動係数から算出し、図2に示した。ここから明らかなように、小泉内閣以降、急速に日本の地域間格差が拡大していることが分かる。

(4) 戦後日本の地域間所得格差

戦後日本の地域政策は、国土の均衡ある発展を目標として、地域間所得格差の是正に努めてきた。高度経済成長期の日本の地域間格差は大きく、1961年に格差は最大となった。その後、5回にわたる全国総合開発計画の実施と経済・産業政策の効果によって、地域間所得格差は縮小してきた。地域間所得格差が拡大する要因の一つとして、大都市への人口や産業の集積がある。

1960 年代、日本は所得倍増計画などの経済成長政策を矢継ぎ早に展開し、三大都市圏及び四大工業地帯への産業集積を実現し、集積の利益による国民経済の成長を実現した。他方で、周辺地域の農山漁村ではまだ伝統的な地域経済が残存しており、都市と周辺の間に経済・社会の二重構造が存在していた。

このような経済・社会構造の空間的不均衡が地域間格差であり、構造不況となりつつあった農林水産業などを基盤産業とする地域では、都市への労働力の供給基地となり、基盤産業の衰退が顕著になり始めた。そこで地方交付税や国庫補助金などの財政トランスファーを通じて、地域間格差の解決を図ろうとした。その結果、地域間所得格差の縮小が生じた。その後一時的とはいえ、地域間格差の拡大が再び生じた。

(5) 近年の地域間所得格差

1990 年代以降、地域間所得格差は縮小を続けた。その背景にはバブル経済の崩壊に伴う景気後退に対して、莫大な公共投資が行われ、その結果、地方圏の経済が一時的に浮揚したことが考えられる。

しかし、2000 年代に入ると、小泉内閣が誕生し、経済の構造改革を政策として指向するようになった。その結果、変動係数で見ると 2001 年をターニングポイントとして、地域間所得格差は拡大傾向に転じた。この格差拡大は、構造改革による弊害として、格差社会という形で個人間の所得格差がクローズアップされたが、セミマクロな視点からは、縮小してきた地域間所得格差の拡大、という問題を内包するようになった点を看過することはできない。

もちろんその格差は、かつての地域間所得格差に比べればはるかに小さい。それでも国が地域政策を放棄したに等しく、かつ地域間競争を通じた地域振興を目指している以上、今後、地域間所得格差が拡大する要素を内包している。

21 世紀の地域問題として、地域間所得格差を評価するためには、歴史的な視点から考える必要があるだろう。しかし、当面の課題として、地域間所得格差を把握することは、格差社会が議論される中で、地域政策の有効性を考えていく上で重要である。

（山本匡毅）

2. 人口構造の地域特性

(1) 人口減少社会の到来

日本の人口は、1974年以降、合計特殊出生率がほぼ一貫して低下し、長期的に人口を維持できる水準（人口置換水準）の2.07を下回り続けてきた。ことに1989年には1.57と、戦後最低であった「ひのえうま」(1.58, 1966年) を下回った。21世紀に入ってもこの傾向は止まるどころか、むしろ強まってきており、2000年以降の出生率は1.3前後を推移してきている。その結果、2000年以降の出生数は年間110万人台で推移している。出生数から死亡者数を差し引いた自然増加数も、2000年の23万人から2003年には10万人台となり、2005年には、ついに自然増加数がはじめてマイナスを記録するにいたった。人口減少社会が現実の問題となってきたのである（図1）。

こうした少子化に加えて、平均寿命の伸びは、年齢別人口構成にも影響する。全人口に占める生産年齢人口（満15歳以上満64歳以下）の割合は、1995年の69.4％を頂点に減少し、2005年には65.8％と、4ポイントも減じている。年少人口（満15歳未満）と老年人口（満65歳以上）との差は、1995年には、年少人口が1.4ポイントと、わずかではあるが、老年人口を上回っていた。しかし、2005年には、逆に老年人口が年少人口を6.4ポイントも上回るに至っている。

2000年以降の人口における、上述したような動きは、今後の経済規模の維持や経済成長のあり方、外国人労働者の受入れ問題、高齢者の増大に伴う年金、医療、介護問題など多方面にわたり、現行制度に対する問題点を浮上させている。したがって、それらの問題の解決に向けた政策の是非が問われる状況となっているのである。

(2) 大都市圏・大都市に集中する人口

日本の人口は、1960年以降、地域的には大都市部への集中化傾向をたどってきた。しかも、1990年代以降になると、上述した少子化による人口増加数の減少や、経済のグローバリゼーションによる産業構造の変化も加わって、大都市圏といわゆる地方圏での人口動向に大きな格差が生じた。大都市圏では依然として人口が増加する一方、地方圏では人口減少が生じているのである。表1は、1980年以降の5年間ごとの大都市圏と地方ブロックの住民基本台帳による人口の増減を示したものである。大都市圏の中でも東京圏（1都3県）は、1980年代以降全国水準の増加を大幅に上回る高い伸びで増加し続けてきており、人口の東京一極集中は明らかである（表1）。また、名古屋圏の場合、1980年代の全国水準並の増加から、1990年代以降は、トヨタに代表される自動車産業の成長によって、全国水準を上回る増加を続けてきている。これら両大都市圏に比べて、大阪圏の場合、1980年代前半までは名古屋圏を上回る増加をみたが、その後は、人口増加は見られる

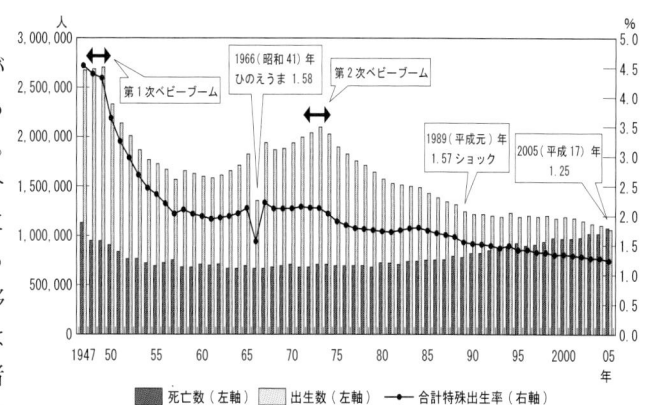

図1　出生数・死亡数・合計特殊出生率（1947～2005年）
厚生労働省 (2007) による。

表1　地域ブロック別人口増減の動向（1980～2005年）
（単位：千人）

年	80～85	85～90	90～95	95～00	00～05
北海道	79	-24	41	-10	-45
東北	139	26	86	-39	-214
関東	179	248	154	70	-1
東京圏	1,612	1,393	718	851	959
山梨・長野・静岡	182	137	103	52	8
北陸	58	19	20	4	-22
名古屋圏	311	303	229	191	165
近畿	64	66	65	41	-4
大阪圏	485	212	158	177	59
中国	119	14	17	-26	-58
四国	38	-17	-15	-30	-60
九州	273	35	120	41	-55
沖縄	71	42	46	47	43
合計	3,712	2,436	1,757	1,371	770

注）東北＝青森、岩手、宮城、秋田、山形、福島、新潟
　　関東＝茨城、栃木、群馬、　東京圏＝東京、埼玉、千葉、神奈川
　　北陸＝富山、石川、福井、　名古屋圏＝愛知、岐阜、三重
　　近畿＝滋賀、和歌山、　大阪圏＝大阪、京都、兵庫、奈良
　　中国＝岡山、広島、鳥取、島根、山口
　　四国＝徳島、香川、愛媛、高知
　　九州＝福岡、佐賀、長崎、熊本、大分、宮崎、鹿児島
住民基本台帳人口要覧により作成。

キーワード　人口置換水準　人口高齢化　高齢者世帯　　　　　　　　　　　　　　2．人口構造の地域特性
　　　　　　合計特殊出生率　生産年齢人口

ものの、増加率は名古屋圏を下回っている。

　他方、地方圏の多くの地域では、四国が1980年代の後半に他の地域に先駆けて人口減少が始まったのを皮切りに、1990年代の後半からは、北海道、東北、中国が減少へと転じ、さらに2000年代前半には、沖縄、北陸を除く地方圏の全地域で減少をみるに至っている。

　20世紀末をはさんでの上述した動きは、これらの地域の人口10万人以上の主要都市の人口動向にもみられた。2000～2005年の主要都市の人口の増減についてみると、東京圏とその周辺域である関東ブロックおよび名古屋圏の主要都市では、そのほとんどで人口の増加がみられた。これに対し、大阪圏の主要都市では、守口、門真、豊中、尼崎など大阪市に隣接する諸都市、および松原、東大阪、寝屋川などの衛星都市で著しい人口減少が生じた。これら主要都市は、かつての大阪経済、ひいては日本経済を機械・金属製品を中心にモノづくりで支えてきた中小企業を中心に成立・存立してきた都市であり、グローバリゼーションの進展による産業構造の転換の影響を直接的に受けたことを物語るものである。さらには奈良、和歌山、京都などの府県都でも人口の減少がみられ、大都市圏間、およびその主要都市間での盛衰が生じていることを示している。

　また、こうした現象は、地方圏でも生じている。多くの県が、県の中心とも言うべき県庁所在地都市（＝県都）での人口増加がみられ、県内での人口格差が進んだ。しかし、青森、秋田、盛岡、松江、徳島、佐賀、長崎などの各市は、県都でありながら人口が減少している。これら諸都市は、国土の縁辺地域にあって、社会的諸条件が不利であり、経済活力の源泉である人口の減少は、地域の活性化にあたって大きな障害となっていることが推察される。

　このような人口の増減は、大都市圏と地方圏との年齢構成にも反映している。2005年の生産年齢人口比率では3大都市圏が平均68.0％を占め、地方圏の平均63.8％を4ポイント上回っている。しかし、老年人口については、沖縄を除く地方圏の場合、先に見た人口の減少とも関連して比率を高めており、その数値は20％を超えている。人口高齢化の進展は顕著である（図2）。ことに、秋田、山形、島根、山口、高知の諸県では、老年人口率が25％以上と、県総人口の4分の1が、65歳以上の高齢者で占められており、高齢者問題がとりわけ重要な課題となっている。

　しかも、この高齢者問題は、老年人口比率の比較的低い大都市圏でも、5年後には老年人口が増加することも予測され、新たな格差問題を顕在化させる可能性を抱えている。2001年から2006年の間に、年齢別構成比で65歳以上の人口構成比は全国平均で2.6ポイント増え、全国平均を上回る地域は14道府県を数えた。このうち、3ポイント以上増加した8道府県の中で、埼玉、千葉、神奈川、大阪、奈良の5府県が大都市圏内に位置するものであった。

　この高齢者の増加と関連して、一人暮らし高齢者世帯も、2000年の303万世帯から、2005年には386万世帯と増加している。しかも、地域的には、高齢者比率の高い地域だけでなく、東京、京都、大阪、兵庫など大都市圏に位置する都府県でも、全世帯に対して高い割合を占めている。

　上述したような、21世紀に入ってからの人口の地域的動向は、従来の全国一律の政策、あるいは大都市圏と地方圏といった二分法で問題の解決に当たることを困難にしている。たとえば、従来の政策が志向してきた、大都市圏から地方圏へのIターン、Jターンといった人口移動による人口再配置政策は、今後より一層の高齢者の増大とそれらの人々の移動の困難性を考えると、その実現にあたっては、例えば負担の強化を前提とした福祉の充実等、これまでより多くの困難が伴うことが考えられる。

（森川　滋）

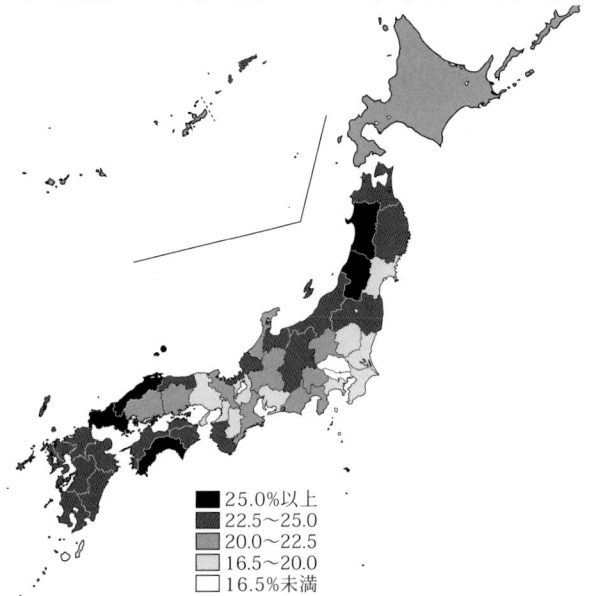

図2　都道府県別65歳以上人口率（2005年度）
日本政策投資銀行地域振興部（2007）により作成。

凡例：
- 25.0％以上
- 22.5～25.0
- 20.0～22.5
- 16.5～20.0
- 16.5％未満

3．大都市のインナーシティ問題

(1) インナーシティ問題

インナーシティ問題は、ニューヨークや東京、大阪など先進資本主義国の多くの大都市でみられるが、最も早くに認識されたのは、1970年代にロンドンをはじめとするイギリスの大都市の都心周辺部においてであった。背景には、人口と産業活動をニュータウン等へ移転させて大都市の過密を解消した政策の実施があった。

イギリス環境省は、インナーシティ問題として、工場等の経済活動が失われる経済的衰退（economic decline）、住宅や諸施設が老朽化する物的衰微（physical decay）、貧困者が集中する社会的不利益の集積（social disadvantage）を示した。また、インナーシティにおいては、エスニックマイノリティ（ethnic minorities）の問題もあるが、都市によっては郊外においてもみられる（成田，1987）。

(2) 日本の大都市のインナーシティ問題

日本の大都市のインナーシティの状況が英米ほどに深刻でないのは、成田（1979）によると、大都市を中心とする政治、経済、文化の諸分野にわたるきわめて集権的な機構の成立、高度成長を維持するための大都市優先政策の持続による集積利益の大きさ、社会・経済的な住民の均等性の強さなどによるためである。東京では、東京への一極集中の要因が特に強く作用し、インナーシティ問題顕在化の抑止要因となっている（成田，1987）。

高橋編（1992）によると、東京一極集中は都市成長の過程と都市衰退の過程を内包し、東京にも台東、墨田、荒川を中心とする城東地域や大田、品川を中心とする城南地域にインナーシティ問題が存在している。成田（2005）は、上記の抑止要因が弱まれば東京のインナーシティ問題がさらに顕在化するおそれのあることを指摘した。具体的には集権制に対する反省と分権の主張の台頭、高度成長の破綻と集積利益の低下、外国人の流入を含む住民構成の多様化等である。東京に比べて抑止要因の弱い大阪や神戸では、英米の大都市に近似したインナーシティ問題の発現が憂慮されているのである。

(3) 大阪市のインナーシティ問題

1970年代前半は、イギリスでインナーシティ問題の顕在化した時期であり、同時期に大阪市では、人口が増加したのは、周辺部の平野区、東淀川区、鶴見区だけである。都心部や都心周辺部では10%以上人口が減少した（図1）。2000年代前半になると、都心部と都心周辺部の一部では、人口は増加した。しかし、都心の成長がそのままインナーシティの再生・成長を意味するわけではない。その他の区では、人口は減少しているものの、1970年代前半に比べて減少率は5%以下と低減した。

人口減少により問題となるのは、年齢構成の偏りによる地域の社会的活力の喪失である。図2は、老年化指数（老年人口を年少人口で除し100をかけたもの）を示しており、これは人口高齢化の程度を敏感に示す指標である。2005年の大阪市の老年化指数は168である。人口が増加した中央区や浪速区では、年齢構成の偏りは是正される可能性もあるが、西成区では人口が減少しており、高齢化の進展が大きな問題である。

経済的状況の指標として、完全失業率について図3に示した。2005年の大阪市の完全失業率は12%である。完全失業率の最も高いのは、西成区の

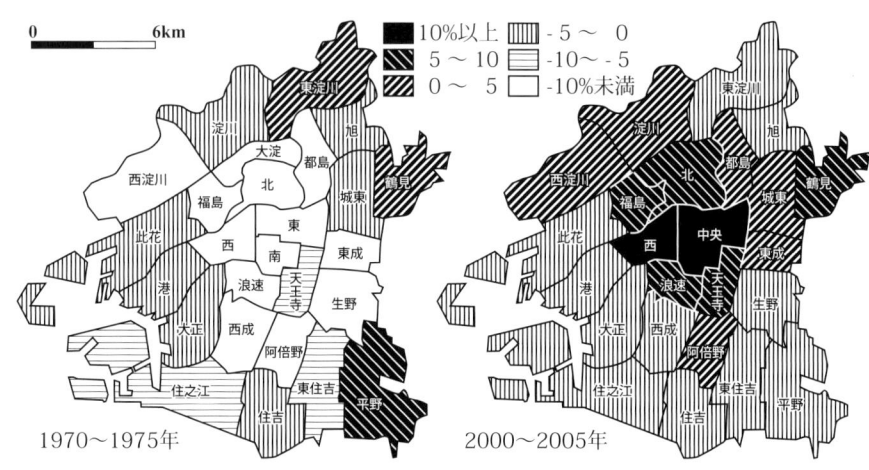

図1 大阪市における人口増減率（1970～1975，2000～2005年）
国勢調査により作成。

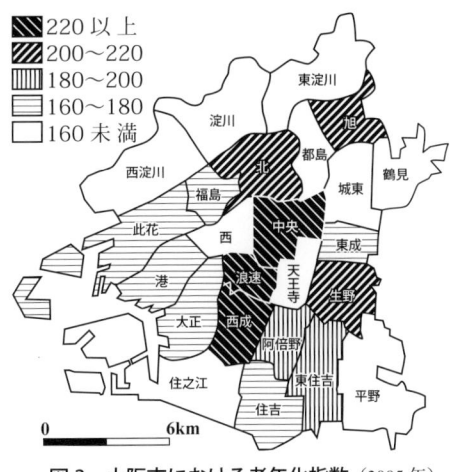

キーワード　インナーシティ　経済的衰退　物的衰微
　　　　　　社会的不利益　エスニックコミュニティ　セグリゲーション

3．大都市のインナーシティ問題

図2　大阪市における老年化指数（2005年）
国勢調査により作成。

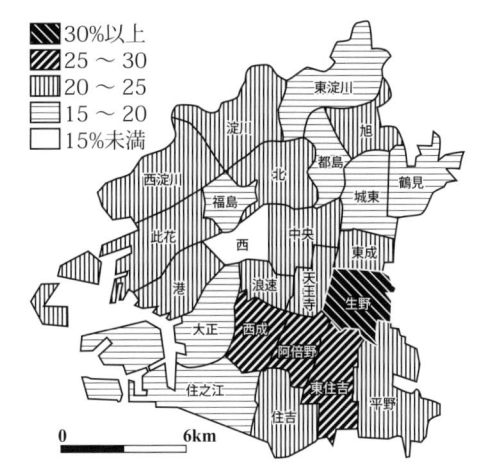

図4　大阪市における空き家率（2003年）
住宅・土地統計調査により作成。

22％である。このように数値が高いのは、水内編（2004）が示したように、日雇い労働者の集住地区があり、彼らの不安定な就業状況が影響している。

　物的状況の指標として、空き家の比率を図4に示した。空き家率は、生野区で31％と最も高くなっている。生野区には、図5に示されるように、韓国・朝鮮籍の人たちのコミュニティが存在する。成田（2005）は、生野区の御幸通商店街の事例を調査し、ゲートの建設などの自発的になしとげられた事業について、インナーシティを活性化させたまちづくりのモデルケースとして提示した。彼らが工場経営など、たくましいエネルギーを発揮して、自らの生活とコミュニティの向上に努めていること、それが結果としてインナーシティの活力保持に寄与していることを、成田（2005）は高く評価した。

　図5では、2000年から2005年にかけての韓国・

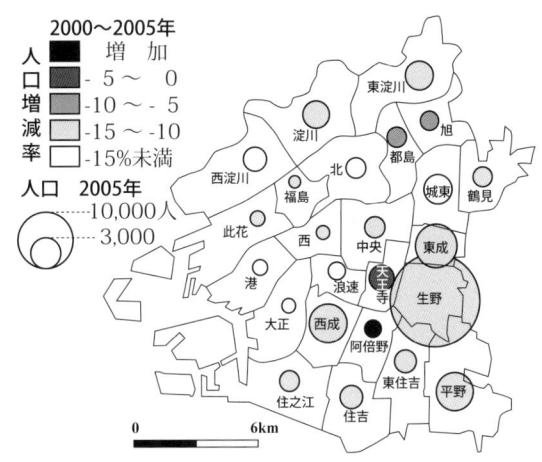

図5　大阪市における韓国・朝鮮籍人口の変化（2000～2005年）
国勢調査により作成。

朝鮮籍の人口増減率について示しており、最も人口の多い生野区では14％減少した。ここでは、成田（2005）のエスニックコミュニティの集中と分散についての論述に注目して考えたい。先述の御幸通商店街はコリアンタウンとして集客力があり賑わいをみせている一方、ビジネスの場としてのエスニックタウンはあっても、その住民が居住の場として満足していない点が問題であると成田（2005）は指摘した。そして結論では、真のコスモポリスと言われるためには、住民に形式的にも実質的にも居住地選択の自由が保障され、セグリゲーションが解消されているような都市でなければならないと述べている（成田，2005）。エスニックコミュニティにおけるこのような人口減少が、真のセグリゲーションの解消を意味するものであってもらいたい。

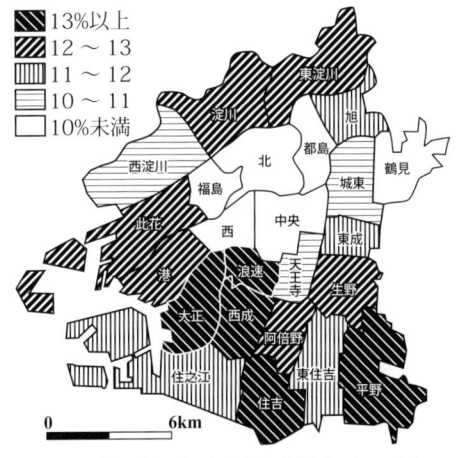

図3　大阪市における完全失業率（2005年）
国勢調査により作成。

（藤塚吉浩）

4．地方都市中心市街地の空洞化

(1) 中心市街地の空洞化

中心市街地には、中心商店街だけでなく、中心業務地区や住宅地域も含まれる。各都市で策定された中心市街地再活性化計画の対象とされた区域があるが、その区域は政策的に設定されており、14章4の函館市の事例のように、その対象区域だけが中心市街地とは限らない。

地方都市においては、まちづくり三法（中心市街地活性化法、改正都市計画法、大規模小売店舗立地法）の整備（1998～2000年）以降も、中心市街地の衰退傾向は続いている（矢作・瀬田編，2006）。中心市街地から大学や病院などの公共施設の移転、周辺市街地に開発された住宅地、さらには主要街路沿いに大規模な駐車場を備えた大型店の進出が、中心市街地に大きな影響を与えたのである。特に大型店は、自動車利用客だけを前提にすれば、広くて土地代が安い都市の周辺部や郊外であれば、駐車場も安価に大量に建設できる。また、上下移動の少ない広い店舗の方が、容積率の高いビル型店舗よりも建設費が低く抑えられる。そのため、商業地域から離れたところに建設されることが多く、それが中心市街地に大きな影響を与えたのである。

まちづくり三法の改正により、大型店（床面積10,000m²超）の進出が認められるのは、市街化区域の近隣商業地域と商業地域、準工業地域となった。これは、既存の商店街などへ大型店の立地を誘導するためであるが、工場跡地の開発を求める場合を想定して、準工業地域も認められた。

公共公益施設は、公益的視点に立って適切な立地を自ら選択できる主体であるとされ、規制的手続きを除外されていたため、市街化調整区域への移動が可能であったが、地方都市では中心市街地からの公共公益施設の移転の影響はきわめて大きい。法改正により、医療施設、社会福祉施設、学校、市役所など国や都道府県等が行う開発行為についても、開発許可を必要とするように改められた。

(2) 高知市中心市街地の空洞化

地方都市においては、病院や図書館などの公共施設が周辺部へ移転すると、中心市街地における雇用の減少など大きな影響がある。高知市では、周辺部の池地区へ高知女子大学の新キャンパスが建設され（1998年）、中心市街地にあった高知市立市民病院や高知県立中央病院の統合新病院が建設され（2005年）、中心市街地の昼間人口は大きく減少した。高知市中心市街地では、周辺市街地と県外への人口移動により、人口が減少するとともに、高齢化が進行している（藤塚，2000）。

高知市では、中心市街地を含むインナーシティの衰退が問題とされ（高知大学地域共同研究センター，1998）、その対策として高知市は中心市街地活性化計画を策定した（1999年）。2000年には、高知TMO（高知商工会議所）が認定された。商店街環境の整備として、はりまや橋商店街に木造アーケードの設置（1998年）、中の橋商店街の歩道拡幅とアーケードの更新（1999年）、帯屋町1丁目商店街のアーケードをつなぐ可動式アーケードの設置（2001年）、帯屋町1丁目と2丁目のアーケードをつなぐ大屋根の設置（2003年）などが行われた。また、空き店舗を利用して、おびさんロードへの託児所の設置（2002年）、大橋通商店街におけるまちの駅の開設（2006年）が行われた。さらに、中心市街地への交通手段の確保として、中心商店街による電車・バス代の補助サービスの開始（1999年）と運賃100円の循環バスの運行（2001年）、他にも高知女子大生の案内ボランティアの活動の開始（2001年）、空き店舗活用によるチャレンジショップの開設（2003～2006年）など、様々な施策が展開された。

2000年には市街地北部の紡績工場跡地に、商業施設面積54,190 m²のショッピングセンターが開業した。この店舗は複合映画館の併設を計画したが、用途地域が工業地域であり、映画館を建設できない

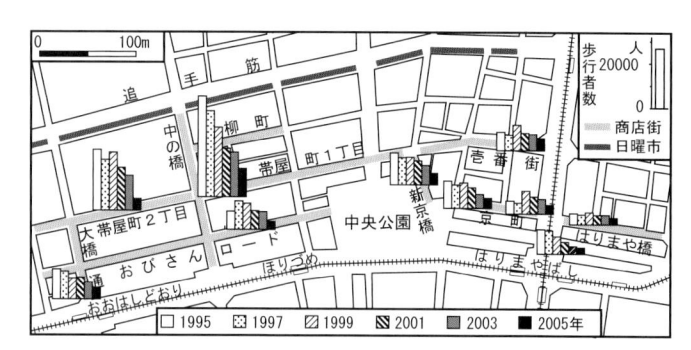

図1　高知市中心商店街における休日歩行者通行量の推移
高知市歩行者通行量調査により作成。

キーワード　用途地域　大型店　買回品
　　　　　　中心商店街　社会的排除　フードデザート問題

4．地方都市中心市街地の空洞化

写真1　高知市中心商店街の商店構成（2007年2月撮影）

という、建築基準法による建築物の用途制限があった。中心市街地活性化方針を掲げる高知市は、当初建築を許可しなかった。その後、近隣商業地域への用途地域の変更もあり、結果的には複合映画館の建築が許可され、2004年に開設された。高知市中心部に一般映画館は3館あったが、複合映画館開設の影響は大きく、2006年には3館とも閉館した。

図1は、高知市中心商店街の歩行者通行量の推移を示している。中心市街地の環境整備が進められた1999年には、歩行者通行量の増加したところもあったが、2000年以降特に帯屋町商店街の通行量の減少が大きい。

中心商店街では、買回品を扱う店舗が存在し、広域的な集客が可能であった。2006年現在では、最高路線価地点付近の商店街には、コンビニエンスストア、100円ショップと携帯電話店が軒を連ねている（写真1）。このような業種の商店に広域的な集客効果はなく、中心商店街としての機能が低下しつつあることがわかる。

（3）フードデザート問題

イギリスの都市では、1980年代以降社会的・空間的分極化が進み、社会的弱者に不便を強いる社会的排除が問題となっている。社会的排除の問題のなかには、近隣での食料品の購入が社会的弱者に保証されないというフードデザート（food desert）問題がある（伊東，2004）。これは、郊外のスーパーストアに通えない都心に暮らす低所得者層が、生鮮食料品の揃えが悪い雑貨店で買い物を強いられるもので、荒木ほか（2007）が東京都心部の事例で紹介しているように、日本の都市においても起こりつつある問題である。

図2は、高知市中心部における1996年以降の食料品を扱うスーパーマーケット（百貨店も含む）の立地変化を示している。久万川と鏡川の間の中心部では12店が閉鎖されたが、このなかには2006年に廃業した地元資本の複数の店舗が含まれている。中心部に存在した全国系列の百貨店は2002年に、全国系列のスーパーマーケットは2005年に閉店したため、住民の買い物行動には大きな影響があった。

中心市街地には高齢者が多く、自家用車を運転して買い物に行く者は少ない。高齢者にとって、買い物先がなくなると、商店街のなかの商店を利用するようになる。商店街では、かつてのスーパーマーケット進出の影響により閉店した店舗も多く、商店の業種も変わったため、様々な商品を買い揃えることができなくなっている。

買い物先の店舗を失った高齢者は、コンビニエンスストアを利用する機会も増えるが、そこで購入できるのは主に弁当やインスタント食品などであり、様々な生鮮食料品を買い揃えることができない。結果的に高齢者の健康状態に悪影響を与えることになり、これはフードデザート問題と同様の現象である。自家用車利用への依存度の高い地方都市では、このような社会的排除をなくすための方策を急ぎ検討する必要がある。

図2　高知市中心部におけるスーパーマーケットの立地変化（1996～2006年）
住宅地図により作成。

（藤塚吉浩）

第6章　就業構造の地域特性

1. 産業の空洞化と大都市就業構造の変化

(1) 都市型工業の地方分散とグローバリゼーション

1980年代、日本は現在の中国に似て、「世界の工場」への途を一直線に走っていた。この日本の急激な工業発展は、まさに「日本列島総工業化」現象をもたらし、近代工業がこぞって三大都市圏から、いわゆる「地方圏」に分散立地した。この工業の地方分散が全国各地に工業に対する雇用機会を創出し、そのことに関連して、各種の事業所サービス型第三次産業の発展を誘発した。

この傾向は、経済のバブルが破綻した1990年代の初頭以降もしばらく続いたが、バブルの処理が進行した1990年代後半以降、日本の工業は、経営合理化の一環として、こぞって東南アジア・東アジア、とりわけ中国に生産の現場を移していった。その結果として、日本のいわゆる「地方圏」は大幅に雇用の機会を喪失し、失業問題を顕在化させたのである（小林，2003）。

(2) 製造業就業者数の変化

図1は、1995～2000年、2000～2005年における各都道府県の製造業就業者の減少数と、1995年、2000年、2005年における労働人口に対する製造業就業者数の割合を示したものである。1990年代初頭のバブル経済の破綻を受けて、1990年代の後半も既に製造業就業者数の減少は始まっており、その傾向は府県の主力産業が繊維・雑貨に特化している北陸の各県や大阪府において著しい。しかし、全日本的に製造業就業者の大量減少が始まったのは小泉・竹中改革が執行された2000年以降のことである。とりわけ埼玉・千葉・東京・神奈川等の東京大都市圏での製造業就業者の減少数は、東京都の約25万（2000～2005年）をはじめとして、神奈川の約13万、埼玉の約12万、千葉の約8万等、その量は日本の他の地方に比べ格段に多い。今や長年呼び慣れてきた京浜工業地帯は、その実体を失いつつあると言っても過言ではない。

(3) 就労機会の地域格差と大都市圏の就業構造

この結果、各都道府県の労働人口に占める製造業就業者の比率も、2000年以降急速に低下しており、その低減率は、北海道・北東北・東京大都市圏のほか大阪都市圏、西日本、とりわけ九州において大きい。2000年以降のグローバリゼーションに対応するための産業構造の調整は、これらの地域のモノづくりの空洞化をもたらしたのである。東京大都市圏の場合には13章1において触れるとおり、モノづ

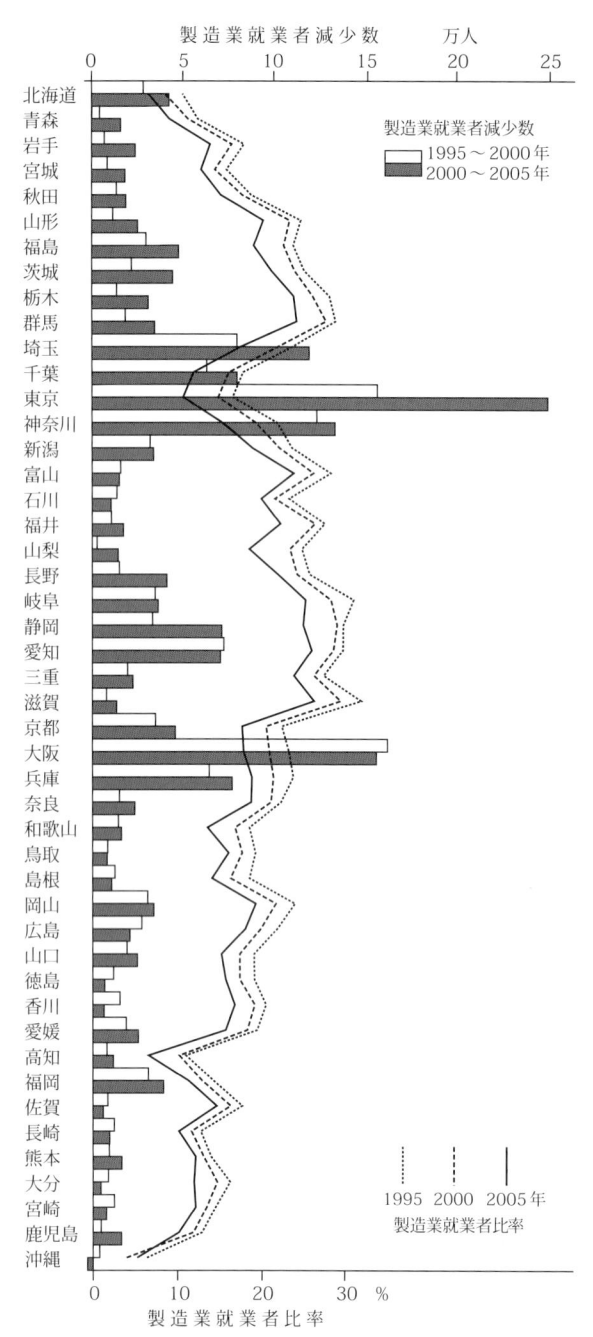

図1　製造業就業者減少数と製造業就業者比率（対全就業者数）の変化（1995～2005年）
国勢調査（東洋経済新報社『地域経済総覧』1999・2008年版所収）により作成。

キーワード　高次都市機能　地方分散　モノづくりの空洞化
　　　　　　世界の工場　ニューサービス産業　局地的な失業問題

1．産業の空洞化と大都市就業構造の変化

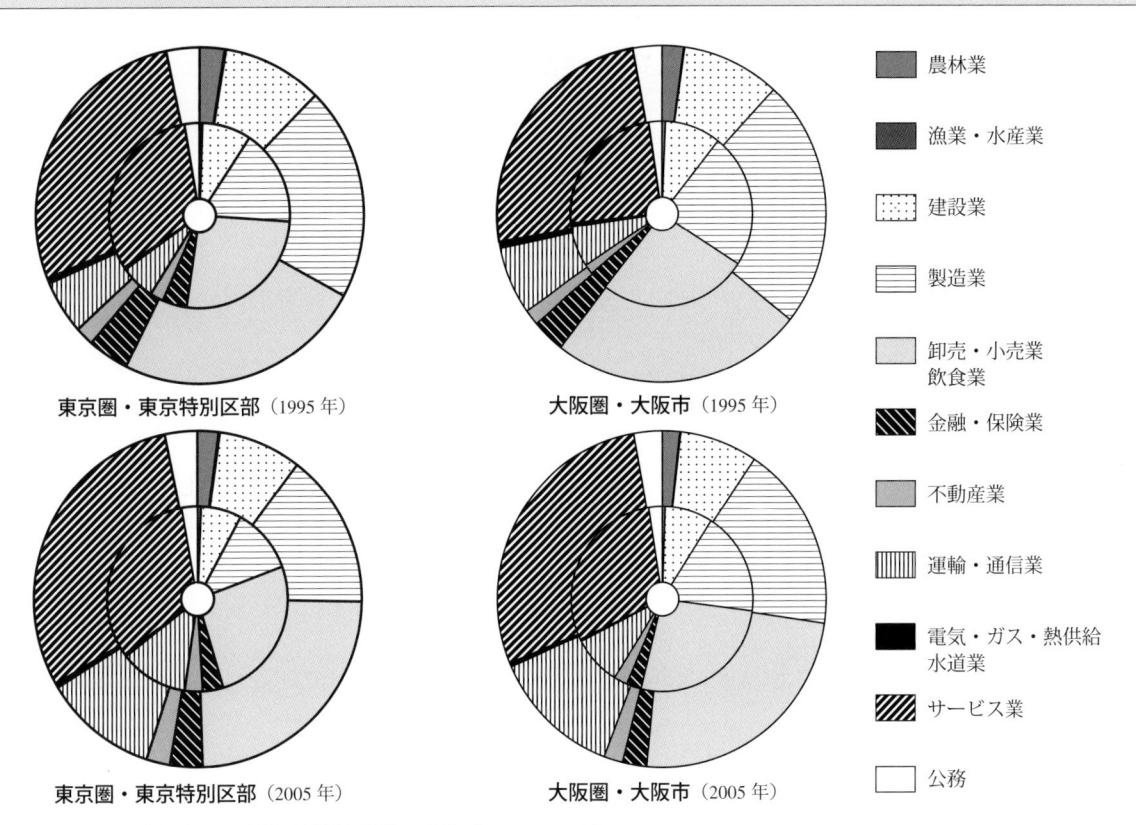

図2　巨大大都市圏の産業別就業者構造の変化（1995・2005年）
注）中の円は東京都区部および大阪市、外の円は東京圏（東京都・神奈川県・埼玉県・千葉県）および大阪圏（大阪府・京都府・滋賀県・奈良県・兵庫県）を示している。
国勢調査（東洋経済新報社『地域経済総覧』1999・2008年版所収）により作成。

くりに代わる各種ニューサービス産業の集積が、その内容については種々問題があるとしても、ともかくも代替的な就労機会を創出し、これらが失業問題の顕在化を防いでいるが、北海道や北東北・大阪大都市圏を含む西日本、九州等においては、モノづくりの喪失が、即、局地的な失業問題を顕在化させることになる。

図2は三大都市圏の就業者の構成を産業別に表したものであるが、これによれば、東京圏においては運輸・通信業、サービス業（職業別では専門・技術従事者、事務従事者、サービス従事者、保安職業作業者）の比率が上昇しており、反面建設業、製造業、金融・保険業（管理的職業従事者、技能工・採掘・製造作業者）の比率が低下している。全体としてモノづくり機能が劣化しているのは予想どおりであるが、かつて世界都市東京論とともに語られた高次都市機能、例えば金融・保険業の充実とか、管理的職業従事者の増加という就業構造の改革、変化は幻想に過ぎなかったようである。むしろ21世紀日本が直面しているのは、IT関連領域や物流関連を含む広義のサービス産業の肥大化であり、このことがニートやフリーター等非正規雇用の増大の要因と考えられる。

このような傾向は大阪圏においてもほぼ同様であり、全体として活力低下の傾向にあって、サービス関係、運輸・通信関係のみが比重を増している。小泉・竹中改革は、第二次世界大戦後約半世紀の間に築き上げてきたモノづくり中心の産業構造・就業構造を、日本の中心である東京圏・大阪圏において、まず崩壊させることに成功したといえる。

この東京圏・大阪圏に対して、名古屋圏のみは若干異なった動きを見せている。サービス業あるいはサービス従事者の比率が増大している点では他の二大都市圏と共通しているが、その比率も比率上昇の程度も他の二大都市圏に比べて小さい。名古屋圏が「産業首都」と言われ、なおモノづくり日本の最大の拠点として、その機能を保持している点は評価されてよい。

（伊藤喜栄）

2．サービス経済化と都市の就業問題

(1) 増加する人口と減少する就業者

21世紀の日本においては、少子高齢化が大きな人口問題として顕在化してきている昨今ではあるが、世紀末から世紀初めにかけての10年間、総人口は増加を続けている（図1）。

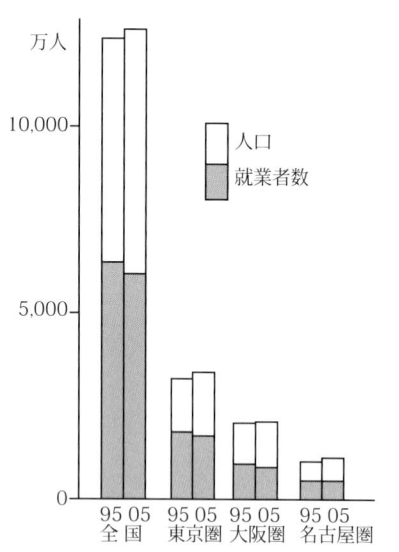

図1　大都市圏の人口と就業者数の変化（1995・2005年）
国勢調査（東洋経済新報社『地域経済総覧』1999年版・2008年版所収）により作成。

にもかかわらず、就業者数の減少は著しいものがあり、産業の空洞化、モノづくりの喪失が、即、局地的な失業問題を顕在化させることになる（38頁図1、44頁図1）。このことは、人口と就業者数の動向を示した図1からも明らかである。1995年と2005年とを比較した場合、日本の総人口はこの10年間に1.8％増加しているのに対し、就業者の方は逆に4.1％減少しているのである。そしてこれら両者の乖離は、例えば東京圏の場合、人口がプラス5.8％に対し就業者はマイナス4.0％、大阪圏の場合、プラス1.3％に対しマイナス5.3％、名古屋圏の場合、プラス3.9％に対しマイナス0.3％であり、名古屋圏を除いて、いずれも全国の数値を上回っている。

このように都市・都市圏の就業構造には、人口増加に逆行する雇用減、そしてその結果としての失業者や無業者の増加という、まさに21世紀日本の雇用構造の特徴が端的に表れているのである。

(2) 地方都市の就業構造

21世紀日本の、市場原理を最優先する、いわゆる「日本列島改造」は、20世紀日本を支えてきたモノづくり日本の放棄政策であったとも言えるわけであるが、そのことが結果としていわゆる地域経済に対して、モノづくりに依存しない形での活性化、再構築を強いることになる。既に述べた3章4の観光立国や、4章3の外国人留学生の問題等は、このような21世紀日本の産業構造の変質、換言すれば、第二次産業から第三次産業への力点のシフトと無関係ではない。

このような産業構造の変質の実態について、前節では主として大都市圏について詳述した。しかし、この変質は、単に大都市圏にとどまるものではない。大都市圏の場合、人口増・就業者数減・第三次産業就業者比率増というパターンをとるのに対し、地方都市・地方都市圏の場合、往々にして人口減・就業者数減・第三次産業就業者比率増という形をとる。それだけに、問題は深刻である。地方都市の産業構造、したがって就業構造の変化過程は、いわゆる「地

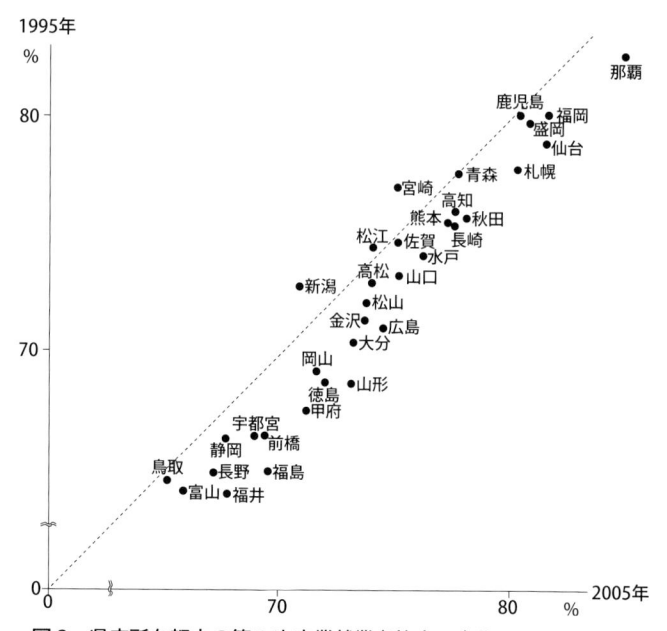

図2　県庁所在都市の第3次産業就業者比率の変化（1995・2005年）
国勢調査（東洋経済新報社『地域経済総覧』1999年版・2008年版所収）により作成。

キーワード	非正規雇用　サービス産業
	中心商店街　地域再生　大型商業施設

2．サービス経済化と都市の就業問題

方圏」の県庁所在都市について示した図2から明らかである。若干の例外（新潟、松江、宮崎）はあるものの大部分の県庁所在地は1995年から2005年にかけての10年間で第三次産業就業者の比率を高めており、とりわけ山形・福島・福井・甲府・岐阜・宇都宮・前橋等、県庁所在地としては工業の比重が高かった都市において第三次産業就業者の構成比率が高くなっている。しかもこの第三次産業への移行が高次都市機能の拡充という結果と結びついたものであれば評価に値しようが、実態はその逆で、ほとんどが都市雑業とも言うべき各種のサービス産業領域であり、契約・派遣業における不安定・非正規雇用の比率が高いと思われる。

　従来県庁所在地等、有力地方都市の主力であった小売商業は、図3のとおり、店舗数で見る限り、この10年間でいずれも大幅に減少しており、このことが中心商店街の崩壊として一般によく知られる現象である。そして、現代の地域政策として経済産業省が取り組んでいる「地域再生」・「地域活性化」の目標の多くが中心商店街対策であることも、よく知られた事実である。しかし、図3から読み取ることのできるもう一つの事実は、これら有力地方都市の労働市場においてなお重きを占めているのは小売商業である。中心商店街の崩壊に代わる大型商業施設（そしてそれらの多くは「マイカー時代日本」と結びついた郊外型が圧倒的に多い）が、働く場を提供していることにも注目したい。そしてそれらがパート、アルバイト等非正規雇用を大量に利用することによって「薄利多売」型の経営戦略により、伝統的な中心商店街の崩壊を導いたといえるのである。

(3) 中心商店街とアーケード

　前近代の後半、いわゆる近世以来、まち（町）の中心はまさに商人が集住し、商いをする商店街であった。この商店街は近代、産業革命以降もまち（町）及び周辺のむら（村）に対して生産財、生活財を供給するセンターとしての役割を保持してきた。しかし、国内市場が拡大し、充実するとともに、このような商店街の中小商店では、大量生産される工業製品・農産物を大量販売する装置としては、十分機能しなくなったのである。

　工業が巨大投資によって中小工業から大工業に移行したように、商業においても巨大投資する大量販売のための装置が必要となってきたと考えられる。それは、19世紀末のデパートの出現によって始まるが、本格的にはマイカー時代の到来とともに発展する。欧米の場合、それは第二次世界大戦後と考えてよいが、日本の場合、1970年代の構造不況、ニクソンショックとオイルショックを乗り切っての経済成長によって先進国のメンバーとなった、1980年以降のことといってよい。

　中小商店街近代化のシンボルであったアーケードとシャッターは、今や21世紀の中心商店街にとっては、日光を遮る無用の長物となりつつあるのである（矢作，1997）。

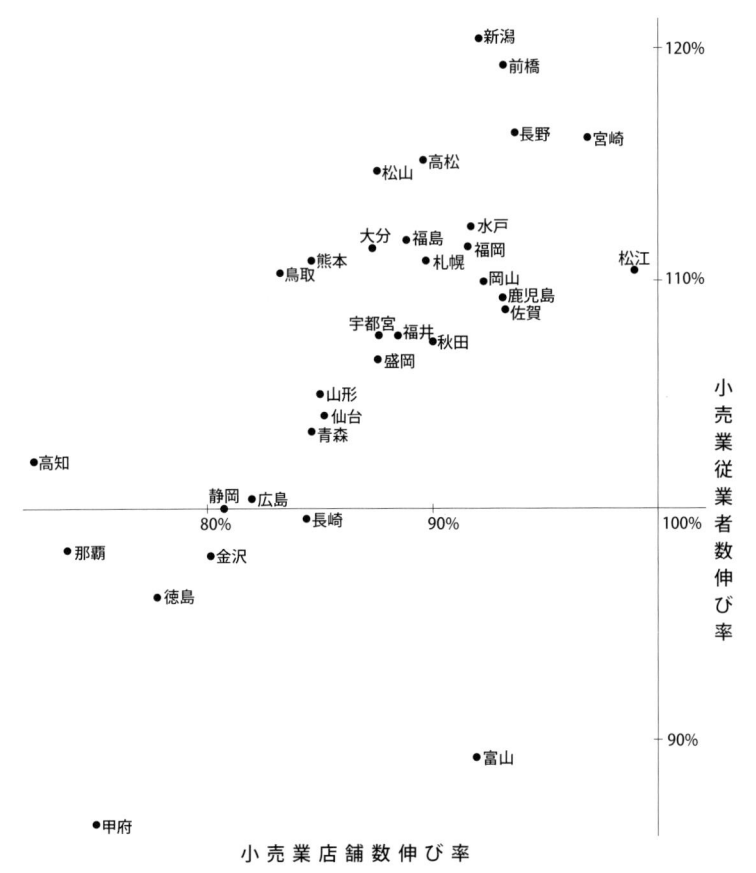

図3　地方都市における小売業店舗数と小売業従業者数の推移 (1994〜2004年)　商業統計調査（東洋経済新報社『地域経済総覧』1999年版・2008年版所収）により作成。

（伊藤喜栄）

3. 産業立地の変化と農山漁村の就業問題

(1) 工業の地方分散と農家の多就業化

高度経済成長の時代には、工場誘致が農村にとって有効な地域振興の手段であった。農工間所得格差が大きく拡大、空間的にも太平洋ベルトとそれ以外の地方圏との地域格差が拡大し、地域開発政策も工業開発を中心に行われた。

1970年代から1980年代にかけて、工業の地方分散は大きく進展した。1960年では四大工業地帯のシェアは60.4%であったが、1980年には45.8%にまで低下した。この分散は、新産業都市や大規模工業開発プロジェクトが成功したというよりも、社会構造や労働形態の変化といった要因によるところが大きい。

高度経済成長期には、農村の子女は集団就職し、工場労働に従事した。ところが、1970年代に入ると、高学歴化が進むと同時に、大都市圏でサービス業などとの労働市場の競合が生じ、工業における低賃金労働力の確保が難しくなった。一方、農業の作業労働時間が大幅に減少した。特に稲作では機械化や化学化の効果が大きく、投下労働時間は1960～1980年に3分の1近くまで短縮された。その結果、生み出されたのが農家の余剰労働力である。こうした労働力に引きつけられて、農村に工場が多数立地することになった。特に、アパレル工場や電気機械工場では、縫製や部品組立といった工程に労働力を必要とするため、立地は低賃金労働力を指向する。また、農家経済の面でも、機械の導入費用を賄うため、主婦層などがパート労働や常勤雇用労働に従事し、農家の多就業化が進展したのである（末吉，1999）。

(2) 工場の海外移転

1990年代以降、農村地域においても工場数は大きく減少することになった。1990年と2004年の工業変化を比べると、農村的地域や農村部において製造品出荷額等の名目値でこそ増加しているものの、事業所数で約3割、従業者数で約2割減少している（図1）。これはバブル崩壊による日本経済の低迷といったこともあるが、1980年代後半以降、工場の海外への立地移動が進んだためである。

1985年のプラザ合意を契機に急速に円高が進行し、1ドル250円前後の水準から1988年には120円程度と2倍以上に上昇した。輸出に依存していた工業は大きな打撃を受け、急速に国際競争力を失った。大企業のみならず中小企業でも、余力のあった企業は中国やASEAN諸国など海外に工場を移転した。さらに、2000年以降のデフレ経済が進行する中で、国内市場における低価格志向が進んだ。特に中国からの輸入は、2000年から2006年の間に倍増しており、東北地方や九州などの農村からアジア地域への工業の立地移動が進展している。

(3) 公共事業の削減と建設業の農業への参入

公共事業は、単にインフラストラクチャーを整備するというだけではなく、雇用を維持するとともに、地域経済への波及効果を図る目的がある。特に、地方圏においては、建設業を中心とする公共事業への依存が大きく、農山村によっては最大の産業であるところも少なくない。都道府県別の人口一人当たりの建設業受注額をみると、山陰、東北、九州などで多くなっている（図2）。

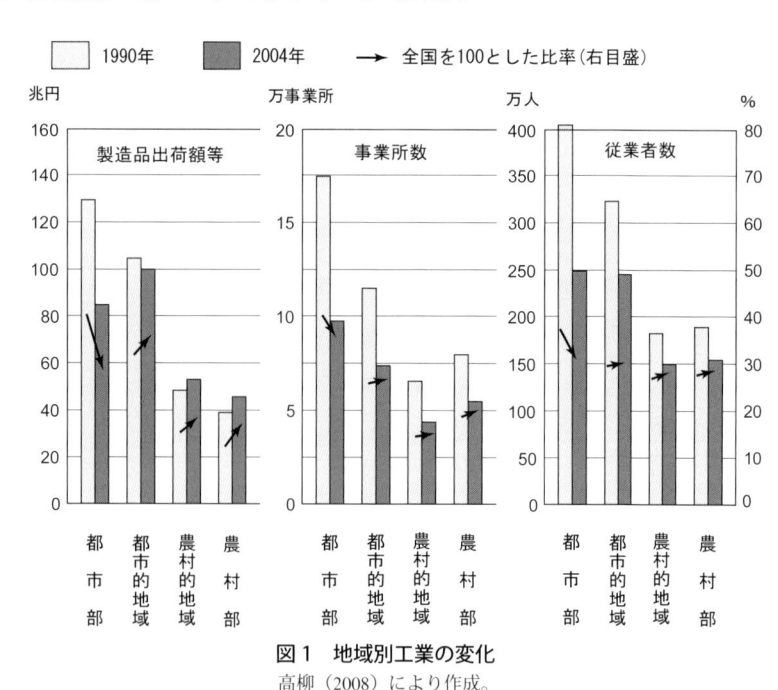

図1 地域別工業の変化
高柳（2008）により作成。

キーワード　多就業化　立地移動　女性の起業
農工間所得格差　公共事業　異業種による農業参入

3．産業立地の変化と農山漁村の就業問題

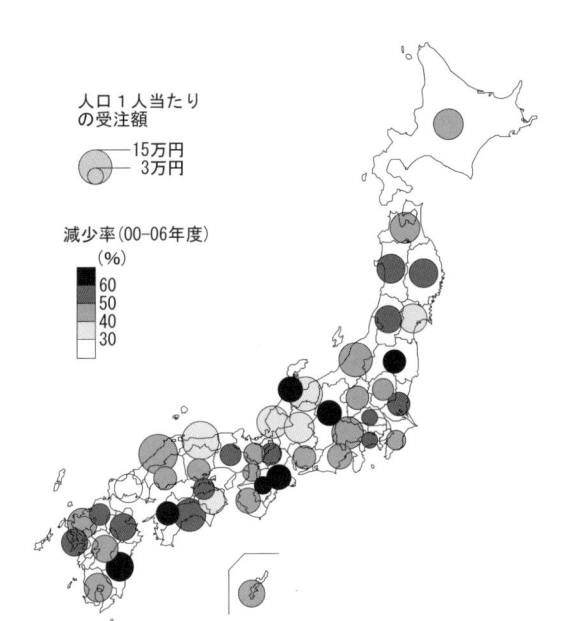

図2　公共機関からの建設業受注額（2006年度）
『建設工事受注統計調査』により作成。

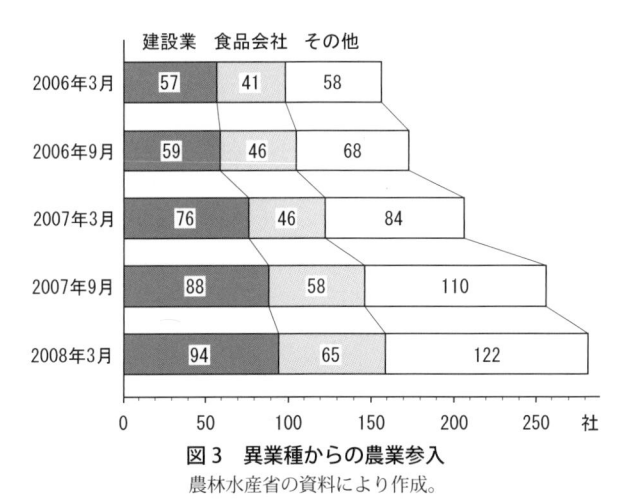

写真1　タコ加工を行う女性グループ
2006年熊本県天草市（旧有明町）において撮影。

しかしながら、近年、財政悪化から公共事業への投資は年々縮減が迫られてきた。2000年から2006年の間に、公共機関の建設業への発注額は半減している。地方圏の減少率は高く、7割近くに達する都道府県もみられる。

小泉内閣のもとで、公共事業投資の抑制が一段と進められた結果、建設業を取り巻く状況はきわめて厳しく、倒産や再編が相次いだ。そのような中で、農業に活路を見い出す事業者もみられるようになった。従来、農家を中心とした農業生産法人以外の法人が農業を行うことは、困難であった。2003年から構造改革特別区域で、異業種による農業参入が開始された。2005年にはほぼ全国で農地のリース方式により、株式会社による農業経営が可能になった。2009年9月現在で、414社が農業に参入しており、その3分の1が建設業者によるものである（図3）。

(4) 農村女性の起業

近年、農山漁村における女性の起業が着目されている（岡部編, 2000）。1998年に全国で女性起業数は6,039件であったものが、年々増加し、2006年現在では9,444件に達している。その75％は地域資源を活用した食品加工に取り組むもので、漬け物、菓子、ジャムなど多様なものが生産されている。

例えば、熊本県有明町（現・天草市）では、日本一のタコの町をめざして、タコによるまちおこしを行ってきた。その中核的な商品が「タコすてーき」である。これは、地元のタコ1匹を丸ごと煮付けた料理を、手軽に食べられるように真空パックしたものである。この商品の特徴は、しっかりとした食感を残しながら非常に柔らかく、タコの煮物とは思えない新鮮な驚きを感じるものである。廃校となった中学校の校舎を利用し、元看護師の女性を中心に7名でグループを結成して、タコの加工を本格的に開始するようになり、2006年現在では1日当たり150パックほど生産している（写真1）。

このように、農山漁村において女性の起業が増えているが、地方圏における雇用情勢は厳しく、家計所得を少しでも増やす必要に迫られていることが背景にある。ただし、ビジネスとして事業拡大を目指すというよりも、女性の自己実現の手段の一つとして位置付けられているものも少なくない。

（高柳長直）

図3　異業種からの農業参入
農林水産省の資料により作成。

4. 失業の地域特性

(1) 完全失業者数と完全失業率

まず、完全失業者数と完全失業率の都道府県別特性の考察からこの問題に接近することにしたい。図1によれば、各都道府県の一つの例外もなく、2000年に比べ2005年の失業者数の方が多く、したがって、2000年よりも2005年の方が失業率が高くなっている。

地域的にみた場合、2000年と2005年の失業率の乖離が大きいのは、製造業就業者の減少率の地域格差と同じく北海道・北東北・大阪大都市圏を含む西日本から九州にかけてであり、東京大都市圏・名古屋大都市圏、東海・北陸等の中部地方においては、失業率が相対的に小さい。また、大阪大都市圏にあっても、滋賀・奈良等、名神高速道路、東海道新幹線沿線の府県は比較的失業率が小さい。大阪大都市圏内部での東西格差、あるいは南北格差は、今後、経済地理学・都市地理学の大きな課題となるであろう。

(2) 失業の地域格差と人口移動

以上のような産業、とりわけ製造業の空洞化と、それが主たる原因となっての失業率の地域格差は、必然的に人口移動の地域特性を誘発する。図2は、2006年の住民登録人口による都道府県間の人口転出入を示したものであるが、これによれば人口移動の圏構造は明らかで、北海道・東北・西九州・南九州等での純転出人口数が大きい。またこの図でもう一つ特徴的なことは、大阪・奈良・和歌山等大阪大

図1 都道府県別完全失業者数と完全失業者率（2000・2005年）
国勢調査（東洋経済新報社『地域経済総覧』2008年版所収）により作成。

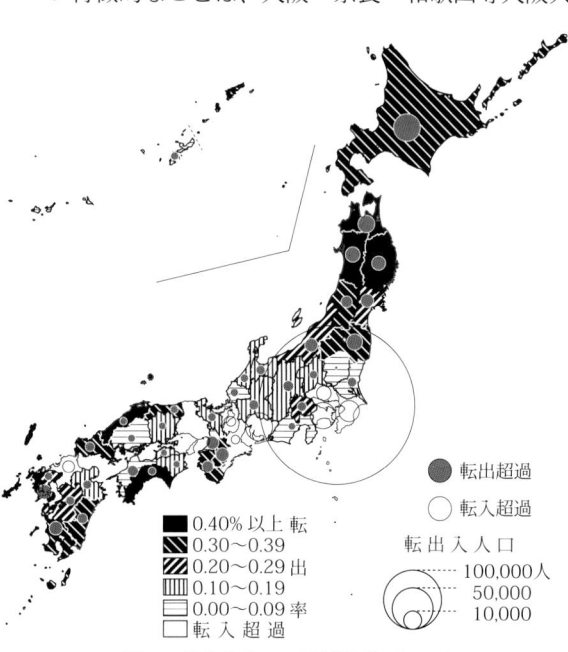

図2 転出入人口の地域格差（2006年）
住民基本台帳人口要覧（東洋経済新報社『地域経済総覧』2008年版所収）により作成。

キーワード	完全失業　転出入人口　東京一極集中	4．失業の地域特性
	若年層の失業　製造業の空洞化　近代的農業の再建	

都市圏からの転出人口が大きいことである。おそらくこのような現象は、第二次世界大戦中の特殊な状況を除けば、明治維新以降初めての現象ではなかろうか。各都道府県の人口に対する純転出人口の比率からは、国土の縁辺部分の劣化はさらに明らかで、上記のほか南四国・山陰等の人口転出率も大きい。

これに対し転入超過は東京都が圧倒的に多く、純転入人口の92.2％に達する。極度の東京一極集中は明らかであり、しかもその程度は、おそらく明治維新以降最高ではないかと思われる。この東京に次いで多い県は神奈川県（7.5％）・愛知県（2.4％）等であり、その他著しく比率は小さいが、ともかくも転入超過を示しているのは、千葉・埼玉・滋賀・三重・福岡の5県に過ぎない。

総じていえば、近年における人口移動は、前に述べた東京大都市圏・名古屋大都市圏以外での産業（製造業）の空洞化が引き金となっての、これらの地域での完全失業率の増大と人口の流出、そして流出人口の東京大都市圏への極度の流入と、それを補完する形での名古屋大都市圏での人口転入増が特徴的である。

なお、ここで注目すべきは、従来西日本の人口転入の受け皿である大阪大都市圏の動向である。中心を構成する大阪府・京都府が転出超過となっており、この圏域で転入超過となっているのは、東海道新幹線や名神高速道路の利用便益に恵まれた滋賀県（兵庫県も転入超過であるがその数は少ない）のみである。大阪大都市圏ではこの人口移動一つをとってみても、従来の知見では認識できない新しい構造変化が起こっていると考えられる。

これら以外での新しい現象として、まだその量は多くはないけれども、福岡県が人口の転入超過である。周知のごとく、ここは名古屋圏に次ぐ日本の自動車産業の中心であり、従来全国の失業者や外国人労働者を集めて、大阪大都市圏にかわる西日本の中核的大都市圏となる可能性をうかがわせる。今後を注目したい（日本経済新聞社，1999）。

(3) 若年失業の東西格差

失業問題の地域格差でもう一つの特徴は、15～24歳という若年層の失業の東西格差である。完全失業率を都道府県別に示した図1でも東低西高の傾向がうかがわれるが、これを15～24歳の若年層の失業率と関連づけて分析するならば（図3）、西日本（とりわけ沖縄）の失業問題の深刻さがより鮮明に浮かび上がってくる。

関西から四国にかけて、とりわけ若年層の失業率が高く、高知・愛媛・徳島・香川・大阪・奈良等、若年層の無業の問題は深刻である。食料自給率向上が喫緊の課題であるところから、若者に魅力のある近代的農業の再建が強く要請される（毎日新聞社会部，2006：金子・高端編，2008）。

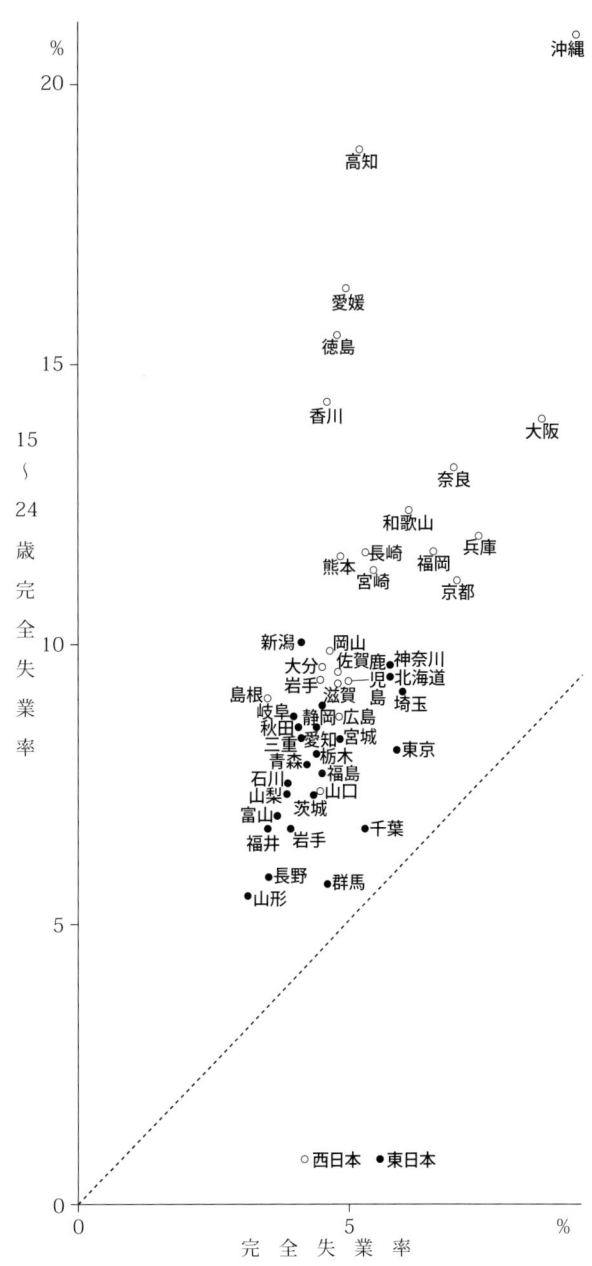

図3　県別の完全失業率と15～24歳の完全失業率（2005年）
国勢調査（東洋経済新報社『地域経済総覧』2008年版所収）により作成。

（伊藤喜栄）

第7章　ジェンダー

1．ジェンダー

(1) ジェンダーと地理学

　ジェンダー研究を地理学的に検討するということは、社会的文化的に生み出されてきた性を指標として、地域の諸問題を明らかにすることである。ジェンダーとは生物学的性差としては説明できない性差の問題を研究するために、フェミニズムが生み出した言葉である。

　Hanson（1992）はアメリカ地理学会の会長講演で、地理学とフェミニズムが、日常生活における特徴を見出す点、文脈の重要性に注目する点、差異に関して考察を行う点、という三つの点で関心を共有しており、両者はお互いに刺激しあえると指摘している。

　研究が進むにしたがい、ジェンダーという概念をいかにとらえるかが課題の一つとなった。スコット（1992）が「ジェンダー」を「性差にかんする知」であり「肉体的性差に意味を付与する知」、すなわち、「権力関係－支配と従属－を構築するための手段」となる社会的関係を作り上げる知であると定義づけて以来、ジェンダーとは関係性、すなわち性にまつわる権力関係を問題化する用語として共通理解が得られるようになった。機能として作用しているこの権力関係を、封建的「家父長」とは異なる意味で、家父長制と呼ぶ。一方で、ジェンダー概念は多様に用いられており、舘（1998）はこの概念の整理を行った。この整理に基づき、表1を参照しながら地理学的動向を示す。

　まず第1に「性別は社会構築されたもの」とする視点や概念として用いる、性差を提示した研究や、女性のみに言及した地理学研究が提示された。男性と女性の問題を目に見える形で示すことからはじめられたのである。

　第2に、「社会構築された性別の権力関係」の様態を明らかにし、問題化するために用いる研究が提示された。資本主義と家父長制の関係を検討し、権力をキーワードにマルクス主義や社会主義を理論的枠組みに置きながら研究が進んだ。たとえば既婚女性にとって、空間は職場と家庭とに分化されていることを示し、就業活動としての生産労働と家事・育児としての再生産労働という二重の役割を担うことが求められ、男性以上に空間的に制約されていることを明らかにした。近代の二元論的認識論において機能している権力関係の解明と、それに対する異議申し立てである。二元論的な公的空間と私的空間の分離は、理想として、あるいはイデオロギーとして機能しており、「現実」に即したものではなかったが、役割を決定づけており、それが家父長制構造の形態であることが実証研究を通して主張された。

　第3に、差異に留意するフェミニスト地理学の主張でもある「社会構築された性別認識／意識」を自覚化して、自らの意識の解放と認識変革を志向する立場が提示された。第三世界、レズビアン、植民地主義など、女性の間にも権力関係が存在することが示され、研究を進める際に、主体が置かれている位置付けと関係性に留意することが求められたのである。多様な女性たちの空間が、状況に応じていかに生み出され、固定化されるのかを検討し、権力作用を析出することが目指された。そこで必要とされた視点が「階級」「民族」であった。近代の二元論的構造をうけた従来の地理学的知が男性主義的に構成されている問題を指摘し、それを脱構築していくことがこの立場に求められている。そして自己と他者として二元論的構造に取り込まれるのではなく、両者のはざまにおいて、双方をあわせ持ちながら対象がいかなる状況で関係づけられているかという「状況におかれた知」（situated knowledge）（ハラウェイ，2000）として抵抗と社会改革に結びつくべき研究を提示していくことが必要と考えられている。

(2) 人間開発指数とジェンダー・エンパワメント指数

　具体的な現象に目を向けると、女性は政治的経済

表1　フェミニスト地理学の3つの潮流

女性の地理学

中心問題	理論的影響	地理学的問題
性的不平等の様相の記述	福祉地理学 自由主義フェミニズム	距離と空間的分離による強制

社会主義フェミニスト地理学

中心問題	理論的影響	地理学的問題
性的不平等の説明 資本主義と家父長制との関係	マルクス主義 社会主義フェミニズム	空間的分離 場所、ローカリティ

差異に留意するフェミニスト地理学

中心問題	理論的影響	地理学的問題
性的アイデンティティの構築 女性の間の差異 性差と自然 異性愛的家父長制と政治地理学	文化的、脱構造主義的、ポストコロニアル、心理分析的理論、有色人種の女性、レズビアン女性、ゲイ男性、創造的な地理学、「発展途上国」出身女性による著作	身体に関するミクロ地理学 モビリティ 距離、分離、場所 コロニアリズムとポストコロニアリズム 環境／自然

Pratt（2000：260），丹羽（1998：167）より作成した。影山（2004）による。

キーワード	フェミニスト地理学　権力関係　家父長制
	二元論的認識論　ジェンダー・エンパワメント指数　居住空間

的な状況で男性とは明らかに異なる立場におかれている。男女の地位の違いを示す指標の一つにジェンダー・エンパワメント指数（GEM）がある。女性が政治および経済活動に参加し、意思決定に参加できるかどうかを測る指数である。具体的には、国会議員に占める女性の割合、専門職・技術職に占める女性の割合、管理職に占める女性の割合、男女の推定所得を用いて算出される。男性と同等の権利を持つ場合に、指数は1となる。

国連開発計画（2006）によると、日本はこの指数が0.557と低く、75カ国中42位となっている。一方、長寿をまっとうできる健康的な生活、教育、人間らしい生活という人間開発の側面を測るために、平均寿命、教育水準、一人当たり国民所得を用いて算出される人間開発指数（HDI）は0.949と、177カ国中7位を占めており、両者の指数の格差は大きい。日本では人間として豊かな暮らしができる環境にありながら、政治・経済活動の上では男女格差が著しく、意思決定に参加する機会が不十分であることをこの指数は示している。このため課題として、女性センターの啓発、調査研究、情報提供、相談等の事業運営に当たって、特に女性リーダー育成、女性のチャレンジ支援等に取り組む必要などをあげることができる。

国内GEMでは、国会議員ではなく県議会議員、市区町村議会議員を指数として算出する。その結果、図1のように県別に著しい差が見られた。

GEMの最も高い東京では、0.901と男女格差は少ないものの、0.65以上の県は他に見られない。滋賀、大阪、愛知、京都が東京に続き、0.60以上となっている。男女格差は都市部においてより少ない傾向があることがわかる。ただし、この図1からは、東京のみが格差を縮めており、他の地域では依然として男女格差が大きいことが示されている。

(3) 居住空間への注目

地理学は地域の現象に注目して研究を重ねてきたが、そこでは資本価値を増殖する生産のための空間に焦点が当てられてきた。しかし資本蓄積がなされる生産空間に対して、労働力商品再生産のための消費空間や生活空間、そして家庭の問題と結びついた空間は女性と関係づけられ、女性が家事労働を担う空間として規定され、注目されることが少なかった。伝統的地理学の限界である。

そこで、居住空間に注目したい。昼間の住宅地には、離職した高齢者と主婦が生活を営んでいる割合が高い。その中には地域に関わる活動に従事している人たちも多い。多様な活動が展開されるが、それはネットワーク作りと好奇心・探究心を満たす活動であるといえよう。横浜市港北ニュータウンでは、地域情報誌を作成・配布することから、子供を中心にしたイベント活動、大人が中心となったイベント活動、地域改善運動、自然保護運動などが展開された。活動の内容と活動時間、活動の主体はジェンダーと密接な関わりがある。子供を中心とした活動には母親が昼の時間を利用し、男性も参加する活動は休日を中心に展開される。そこにある構造がジェンダー概念の第2の視点から見ると、権力関係と密接に関わっている。育児・教育は母親の役割であり、また女性の活動への参加は基本的に他の家族構成員に負担のかからない形での展開が求められる。一方、男性の参加は、家族構成員よりも労働時間との関係で決められる。性に基づくこの関係が家父長制であり、ジェンダーの視点から見ることで始めて明らかになるのである。

ジェンダーの視点からの地域問題を検討することは、従来当然視されてきた問題を析出し、変革していくことなのである。

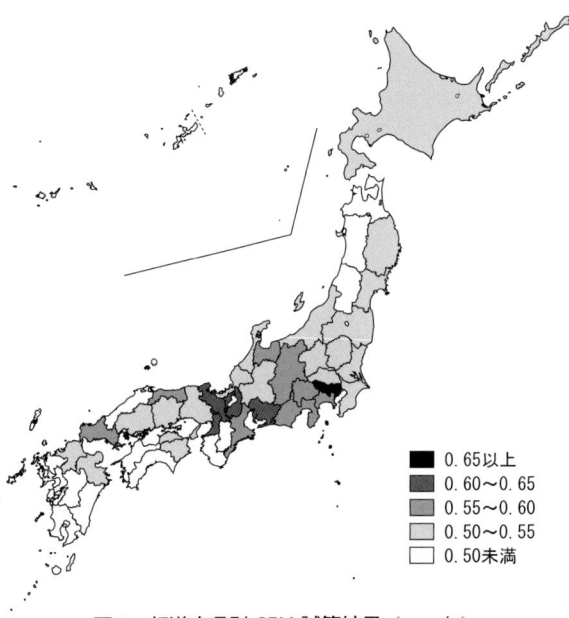

図1　都道府県別GEM試算結果（2007年）
佐賀県立女性センターのWeb資料により作成。

（影山穂波）

2. 女性の就業問題

(1) 日本の女性就業

日本の女性労働の特徴として以下の3点を挙げることができる。第1に労働力率がM字型の雇用中断パターンをとることである（図1）。第2にパートタイマーが女性労働の中心であり、第3に男女の賃金格差が大きいことである（竹中編，1991）。この3点に着目して問題を検討する。

2006年の日本における15歳以上の女性の労働力率は48.5％であり、年齢階層別には、結婚・出産を契機にいったん仕事をやめ、図1のように育児が一段落したら再就職をするというM字型就労の形態をとっている。世界の女性労働力率に目を向けると、ノルウェーやスウェーデンなどでは、雇用中断はみられない。この傾向は先進国に共通しており、日本や韓国のように明確なM字型を示す国は減少している。

日本の女性の労働力率はM字型を取りながらも10年前から比較するとM字のボトムに当たる30〜34歳層が上昇する傾向がみられる。これを配偶関係別にみると、有業者が上昇しているのは主として独身・子供なし女性であって、結婚・出産した女性が継続就業あるいは再就職できる環境が整ってきたことによるものではない。女性の未婚化が女性の就業継続を進めているものの、労働の環境改善という根本的な解決が進められたわけではない。

こうした状況が生まれた背景には、日本的経営の体質がある。日本企業は、終身雇用、年功序列といった年功的労使関係を築き、基幹労働者を保護してきた。基幹労働力とみなされない女性たちは、景気調整弁的フローとしての役割を担わされた。「再生産労働」を妻の役割とする性別役割分業が進められ、制度も整備された。すなわち、1961年に制定された配偶者控除や1985年に制定された年金制度の改正などである。こうした制度は専業主婦の「妻の座」を優遇する政策であった。税金が控除される103万円の枠の中で労働し、雇用調整することで、就業におけるステップアップを目指すのではなく、生活費の足しにとパートタイム労働に従事する妻たちの例が多くみられた。

(2) 女性の雇用形態

1990年代以降の雇用形態の特徴の一つは、雇用者との間で継続的に雇用関係を結び、フルタイムで従業する正規雇用者に対し、パートタイム、アルバイト、契約、派遣といった、雇用者との間で期間を定めた契約により従業する非正規雇用者の数が急増していることである。図2に見られるように、近年非正規労働者の割合が労働者全体の3割を占めるようになった。図3に見られるように、非正規雇用の大半が女性であり、女性の非正規雇用化が促進しているのが現状である。また、非正規雇用でありながら労働時間が長いことも、日本における女性労働の特徴の一つとなっている。

2004年度のパートタイム労働者を除く男女の賃金格差をみると、男性を100とする女性の現金給与額は65.7であり、前年よりは上昇したものの、な

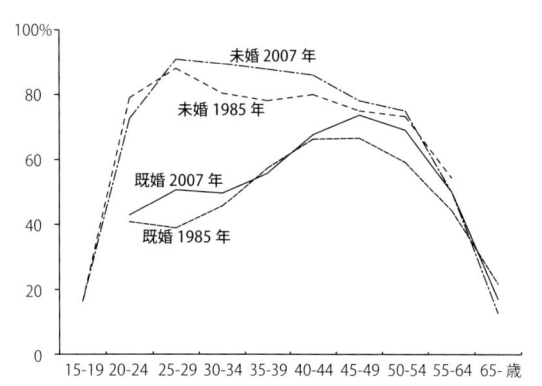

図1　女性の家族関係別にみた有業率
内閣府『平成19年版男女共同参画白書』により作成。

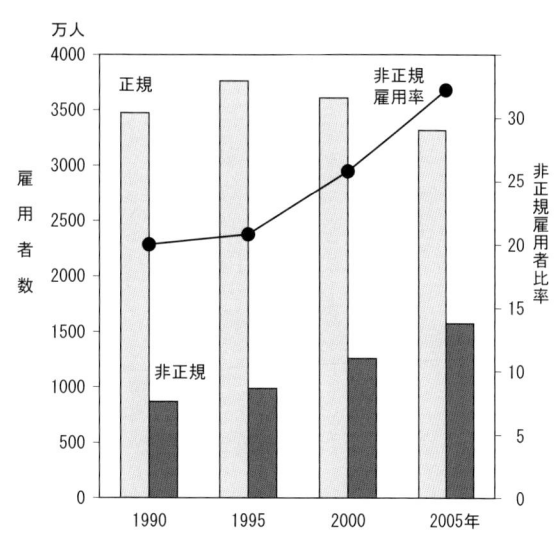

図2　正規雇用者と非正規雇用者の推移（1990〜2005年）
総務庁『労働力調査』により作成。

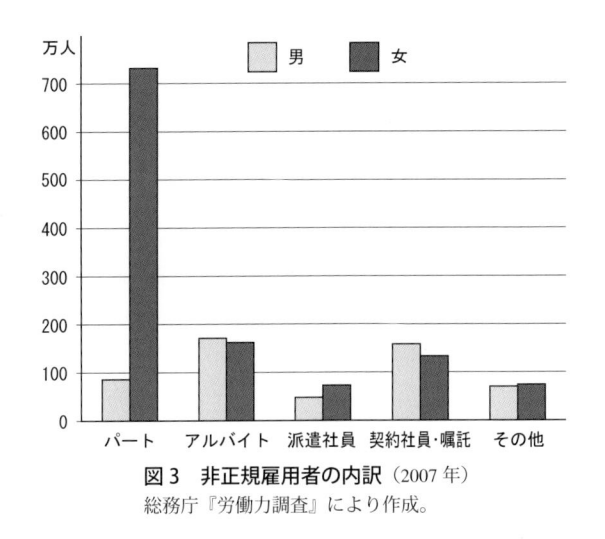

キーワード　M字型就労　非正規雇用　性別役割分業　配偶者控除　賃金格差　フェミニスト地理学

2．女性の就業問題

図3　非正規雇用者の内訳（2007年）
総務庁『労働力調査』により作成。

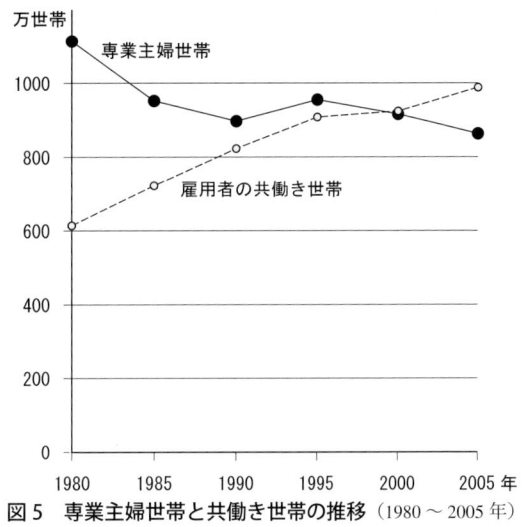

図5　専業主婦世帯と共働き世帯の推移（1980〜2005年）
内閣府『少子化社会白書』により作成。

お格差は大きいことがわかる。図4に見られるようにこの格差は年齢別に顕著な傾向がある。格差は30歳代より広がり始め、40歳代後半から50歳代前半で最も大きい。これは女性にとって昇進が難しい状況や、なかなか管理職に登用されない状況と関連する。業種別にも差がみられるが賃金格差が女性の地位を決定付ける一つの要因にもなっている。

(3) 職場と家庭

図5のように共働き世帯は増加を続けており、専業主婦世帯は減少の一途である。バブル経済の崩壊した1990年代以降、日本的雇用形態は崩壊し、正規雇用と非正規雇用の労働の二分化が見られるようになった結果、女性の就業構造にも影響を及ぼしているのである。

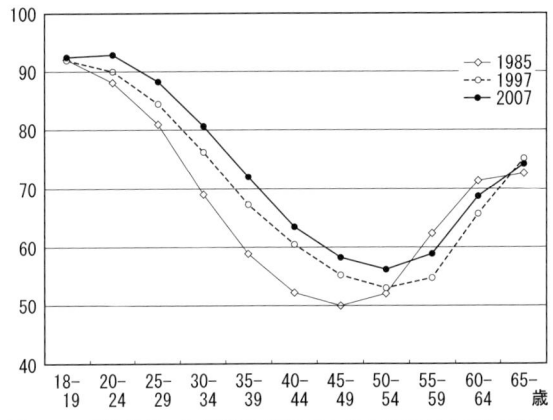

従来フェミニスト地理学では、労働市場と女性就業（吉田, 2007）、職場と住宅との距離の問題がテーマの一つとして検討されてきた。日本において、高度経済成長期以降急速に発展した郊外住宅は、男性が世帯主として都心に通勤し、妻はそれを補佐する役割を担うことを前提として作られてきた。なかには、家庭に制約を受けた主婦の雇用機会を創出した福武書店など、情報関連産業が立地した多摩ニュータウンのような例も見られる。しかし、郊外に居を構えたサラリーマンの主婦が、フルタイムで就労する機会は今なお限られている。

(4) 新しい動向

新たな就業機会を生み出すべく、積極的な活動を展開している人たちもいる。介護や弁当売りなど、これまで女性たちが担ってきた役割を生かした新しいビジネスが登場している。性別役割を、対価を得るものとしての労働へと転換させるべく展開された活動である。性別役割を維持したままであることに課題があるが、これからの展開を期待したい。

近年、専業主婦など、厚生年金や共済年金に加入している人たちの、被扶養配偶者である第三号被保険者からの年金の支払いなどが検討されており、問題は山積みである。しかし、新たな動きの中で展開される活動は、女性労働が抱える課題に対して、新しい活路の一つのを開くのではないだろうか。

図4　一般労働者の年齢階級別所定内給与額の男女間の賃金格差
注）同一年齢階級の男子を100とした場合の女子の賃金指数。
「一般労働者」は常用労働者のうち、「短時間労働者」を除いたものをいう。
厚生労働省『働く女性の実情』により作成。

（影山穂波）

3. 家族構成の変化と家族問題

(1) 産業構造の変化と家族構成の変化

産業構造の変化を受けて、家族の形態は変化してきた。特徴的な点は、世帯数の増加と家族の小規模化である（湯沢，2003）。住宅と生計をともにしている人の集まりおよび一戸を構えている単身者を示す普通世帯のうち、単身で生活を営む単独世帯は、1920年の6.0%から2005年には27.9%と着実に増加している（図1）。一方、その他の親族世帯の大半を占める、三世代以上での同居世帯は減少し続けている。

世帯構成変化の要因の一つは、産業社会化・都市化である。第一次世界大戦後の工業化の進展は、工場労働者の需要を引き起こし、農村地域から都市への人口移動を促した。同時に、賃金労働者がホワイトカラー層とブルーカラー層に分化し、教員・官公吏・銀行員・会社職員など、知識労働者・サラリーマンがホワイトカラーとして確立されていった。女性の雇用機会も生まれ、「職業婦人」として自立した生活を営むことが可能な層も登場した。彼女たちの居住環境は恵まれてはいなかったものの、1930年には、単身の働く女性のための大塚女子アパートが建設され、自立可能な環境を支援する動きも見られた。日雇いあるいは日給制をとっていた生活から月給制であるサラリーマンへの生活形態の変化は、都市部においては、両親との同居を前提としない、新しい家族形態を浸透させる役割を果たした。

第二次世界大戦後になると、再び都市人口が急増した。第一次産業から第二次・第三次産業を中心とする構造変化は、金の卵と呼ばれた集団就職による若者の就業をはじめとして、多くの労働者を都市へと吸引した。拡大した都市の機能は分化し、都市部で労働し、郊外で居住する職住分離という形態が顕著になったのである。女性は職場から切り離され、その役割は家のある場所と関連付けられていった。郊外に居住する女性たちの中には、地域で活動を展開し、文化的・政治的活動に従事する人も増えていった（上野・電通ネットワーク研究会，1988）。選択的なネットワークを形成することで、地域にコミュニティを形成することが可能となったのである。「自然」なものとみなされる家族における抑圧と支配は、

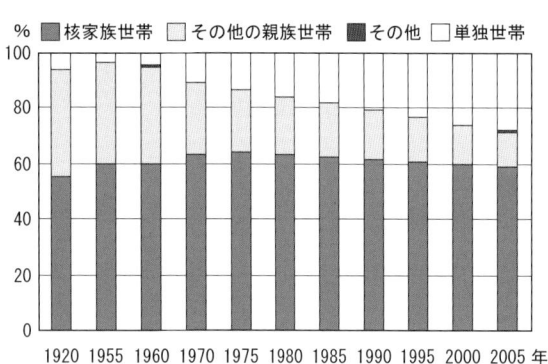

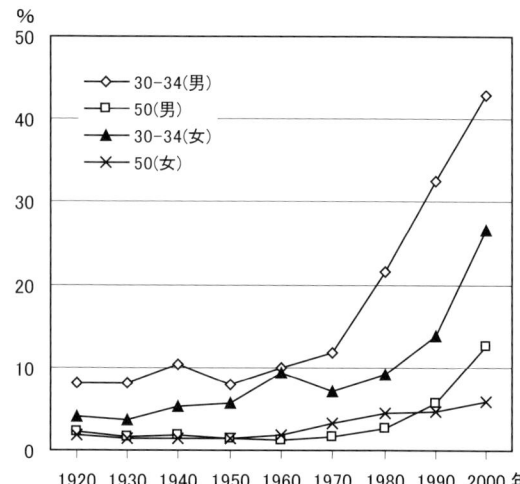

図1　家族類型別世帯比率（1920～2005年）
国勢調査により作成。

図2　年齢別未婚率の推移（1920～2000年）
国勢調査により作成。

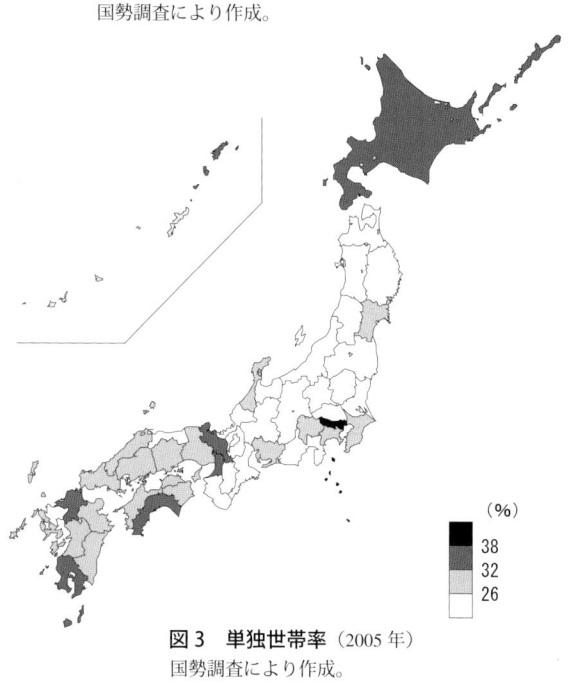

図3　単独世帯率（2005年）
国勢調査により作成。

キーワード　産業構造　単独世帯　核家族　未婚化　晩婚化　社会制度

3. 家族構成の変化と家族問題

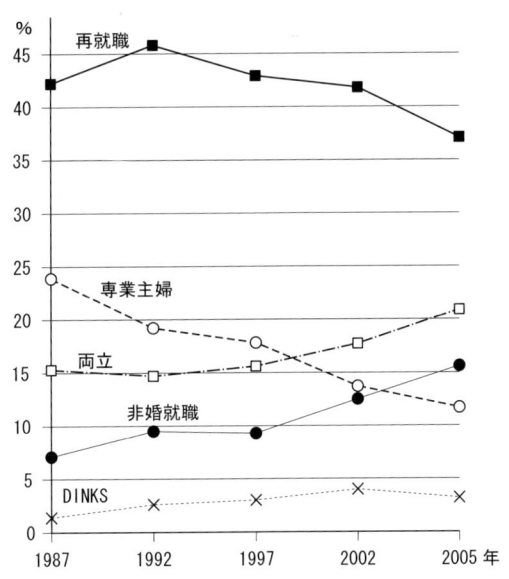

図4　女性の予定するライフコース（1987〜2005年）
社会保障・人口問題研究所『第13回　結婚と出産に関する全国調査独身者調査』により作成。

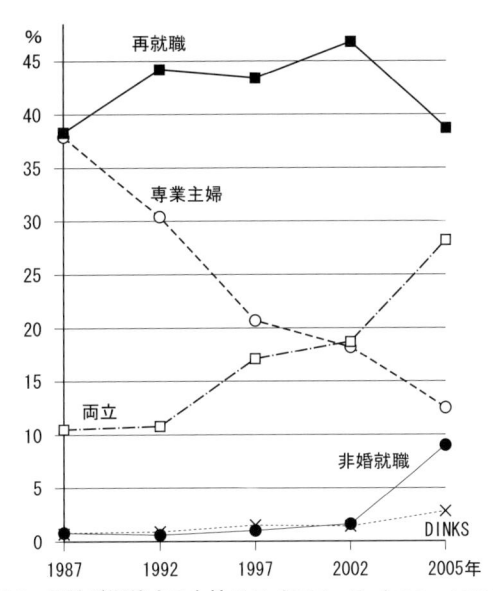

図5　男性が期待する女性のライフコース（1987〜2005年）
社会保障・人口問題研究所『第13回　結婚と出産に関する全国調査独身者調査』により作成。

家事労働の賃金化やDV（家庭内暴力）をはじめ、女性の意思決定など多くの問題を不可視なものとしていたのである（上野，1990）。

(2) 単独世帯の急増と家族問題

1990年代には単独世帯が急増した。高齢者の単独世帯の増加とともに、未婚化・晩婚化が進展し、未婚者は各世代で急増した（図2）。単独世帯地域は東京で格段に多く、関東地方と西日本の都市部に偏在している（図3）。民間ディベロッパーは東京を中心に、シングル女性をターゲットとして、50m²程度のワンルームマンションを売り出した。駅近接のマンションは安全性とシングルライフの快適性を謳い文句に、30歳代から40歳代の女性の購買意欲を高め、新しい不動産購入層をつかんだのであった。一方、高齢者に対しては、シニアハウスをはじめ共同の居住形態が、一部実現しつつある。

産業構造の変化は家族の形態に変化をもたらしてきたが、同時に家族観や結婚観が「家」を原点とするものから、個人や夫婦を重要視するものへと変化してきた。男女の考え方に差は見られるが、女性が専業主婦とキャリアウーマンのいずれをライフコースとして選択するのかを調査すると、女性の非婚就業の急増が見られる（図4）。子育て後再就職は高い数字にあるものの、減少傾向にあり、専業主婦は激減している。景気後退により専業主婦という選択

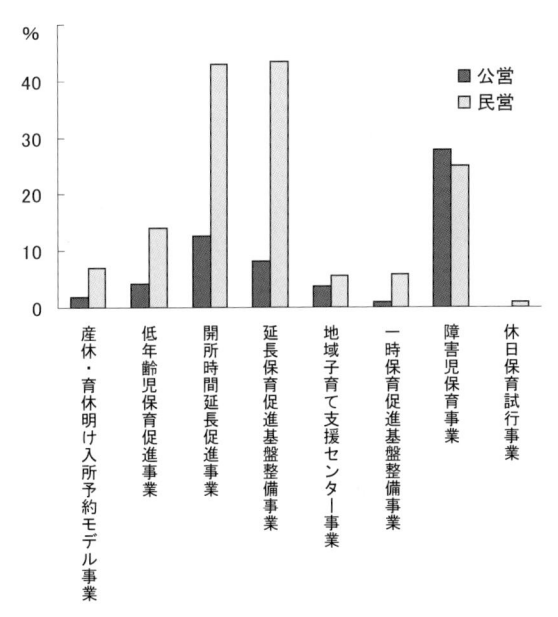

図6　特別保育の実施状況
社会保障・人口問題研究所Webページ資料により作成。

が困難になっていると同時に、女性の自立傾向を見ることもできる。少子化の動向が課題とされる今日、その原因を未婚化・晩婚化とする考え方があるが、現実には結婚・出産に対する社会制度や環境の整備が十分ではないために生じる現象でもある。

図6に見られるように、保育の推進状況も十分ではなく、女性が働きながら夫婦で育児を進める環境を整えていくことが今後の課題となろう。

（影山穂波）

4．貧困の女性化

(1) 貧困の女性化との背景

貧困の女性化とは、貧困層に占める女性比率が高いことを示す。貧困の女性化には社会構造の中での女性の地位や女性への差別の構造が密接に関連している。7章1で見たように、日本のGEM（ジェンダー・エンパワメント指数）は低く、貧困の女性化が進む環境にある。アメリカ合衆国において、最低限の生活必需品を購入可能な収入水準を示す貧困線以下の世帯主の男女比率をみるならば、1959年には男性が約60％を占めていたが、1960年代後半に男女の比率が逆転し、女性が6割弱を占めるようになった（図1）。その要因は離婚に伴う母子世帯が増えたためと指摘されている。

そこで、日本の状況を検討すべく離婚の現状と母子家庭の状況に着目して貧困の女性化について検討しよう。

(2) 離婚件数の増加

日本において離婚件数は増加し続け（図2）、35年の間に2.5倍以上となった。離婚率は人口千人につき2.08と低いが、確実に増加してきている。年齢別にみると、男女ともに25歳から40歳未満で離婚する割合が5割以上を占めている（図3）。これまで離婚をすると、その後の生活が営めない、ある

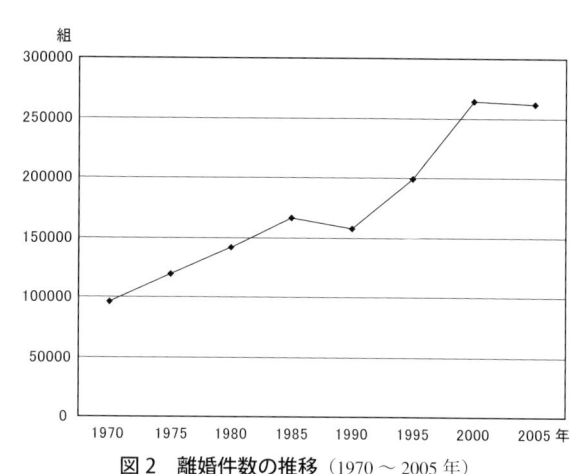

図2　離婚件数の推移（1970～2005年）
厚生労働省『人口動態調査』により作成。

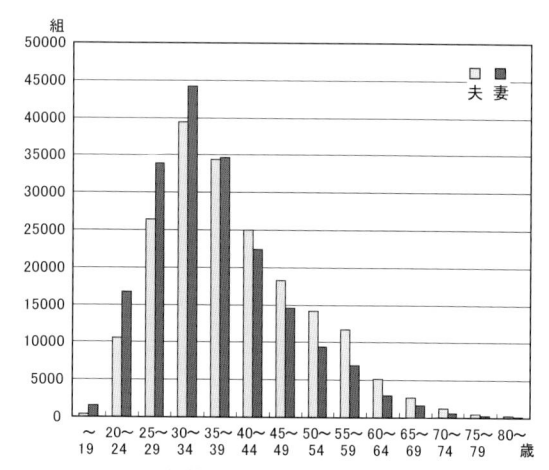

図3　年齢別離婚件数（2006年）
厚生労働省『人口動態調査』により作成。

いは子供のためには離婚はできないといった風潮があったが、その状況も崩れつつある。いまだに離婚は、家と家との結びつきの解消であり、本人たちの問題には収まらない傾向があるものの、それでも離婚件数は上昇しているのである。

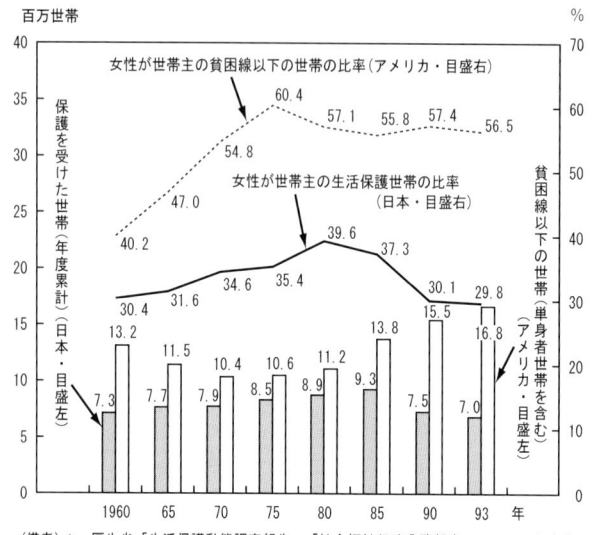

(3) 母子家庭の現状

離婚の中心となっている25歳から40歳で、継続した仕事を持っていない女性の場合、正規雇用に従事することは困難である。派遣社員、パートタイム労働等の就業の場合、収入は少なく、不安定である。母子世帯の収入平均は233万円と一般世帯と比較して半分以下に過ぎないことからも、母子世帯の置かれた状況が苦しいことは明らかである（図4）。婚姻関係を維持している期間は世帯収入が安定してい

（備考）1．厚生省「生活保護動態調査報告」「社会福祉行政業務報告」、アメリカ商務省"Statistical Abstract of the United States"により作成。
2．ここでいう生活保護世帯とは各年9月の保護開始世帯を指す。

図1　女性世帯主世帯の貧困（1960～1993年）
経済企画庁編（1996）により作成。

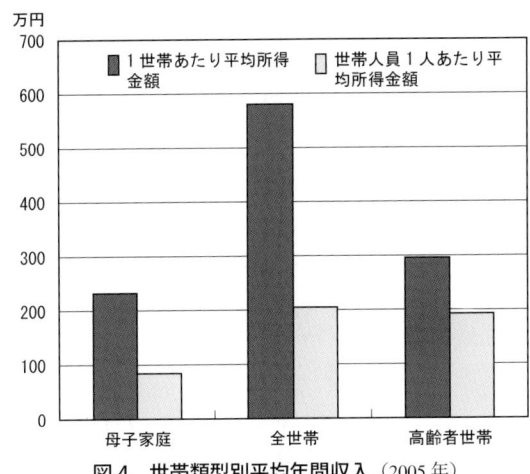

キーワード　離婚　母子世帯　世帯収入
　　　　　　福祉制度　非正規雇用　貧困層

4．貧困の女性化

図4　世帯類型別平均年間収入（2005年）
『国民生活基礎調査』により作成。

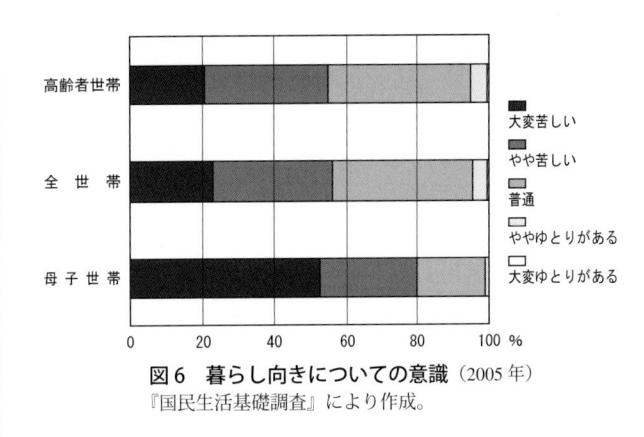

図6　暮らし向きについての意識（2005年）
『国民生活基礎調査』により作成。

るが、離婚後は、収入のめどが立たない貧困層に陥る可能性はきわめて高い。

2008年4月から母子世帯に対する児童扶養手当が5年受給した後は最大で50％まで減額される改正がなされた。反対運動の結果、事実上凍結されたものの、貧困層がさらに苦渋を強いられる環境へと進んでいる。

都道府県別に母子世帯率（図5）を見ると、沖縄が最も高く、北海道、青森、高知と続いている。一人当たり県別所得の下位を占める3地域は、沖縄、青森、高知であり、母子世帯率の高い地域と関連が見られる。

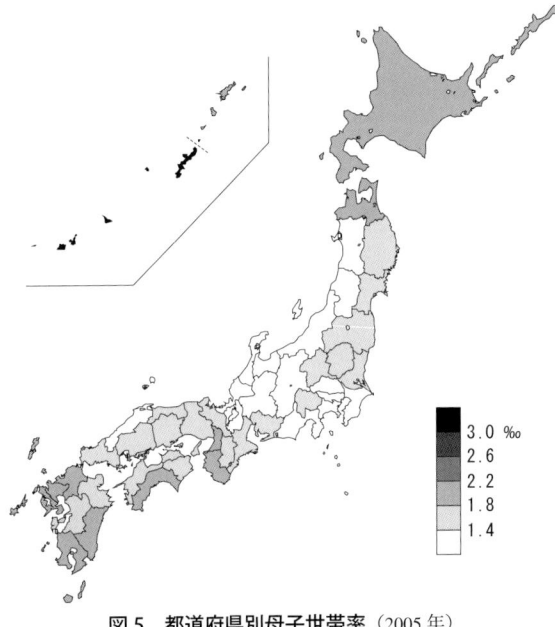

暮らし向きに関する意識調査からは、母子家庭の52.8％が大変苦しいという状態にあり、やや苦しいを含めると8割弱の世帯が困難を感じている（図6）。

（4）今後の課題

日本においては、貧困の女性化の現象は見られないと『国民生活白書　平成8年度版』には指摘されている。しかし、離婚件数の増加、福祉制度の改定、女性の再就職の困難な状況から見ると、この指摘には問題がある。日本においても、貧困の女性化は顕著になると考えられる現象である。

OECD（経済協力開発機構）の『対日経済審査報告書』において、日本は相対的貧困率がOECD加盟国中第2位であった。相対的貧困率とは、日本の一世帯当たりの年間所得の中央値の半額以下しか収入を持たない人の割合を示すため、実質的な貧困とは一致しない。しかし、この数値が高いことは、格差が広がっている現象を示している。OECDの報告書では、相対的貧困率が高い要因として、非正規雇用の急増による労働市場の二分化と高齢化、片親世帯の増加を挙げている。さらに、①正社員を増やしやすい雇用制度に改める、②非正社員に社会保険の適用を拡大して所得の増加を図る、③母子家庭などの世帯向けに社会福祉支出を増やすといった提言をしているが、現実には改善はみられない。

離婚ではなく、DVによる女性の逃走も増加している。母子寮などがシェルターとなり保護しているが、課題も多い。たとえば、経済的基盤を築くための働く場所の確保、母子ともに受けた精神的ダメージのケア、また子育て支援、家事支援も課題となっている。県や市レベルで職業支援などの活動は見られるが、再就職は困難な状況のままである。

（影山穂波）

図5　都道府県別母子世帯率（2005年）
国勢調査により作成。

第8章 過疎と農地・森林の荒廃

1. 限界集落と廃村

(1) 社会的空白地域・限界集落とは何か

近年、山村研究や農村政策などで限界集落という言葉が多用されている。山村地理学においては、限界集落とほぼ同義の用語として、農村社会学より先に藤田（1981）が社会的空白地域を提示している。藤田の定義によれば、社会的空白地域とは居住空間が消滅し、耕境も大幅に後退した地域であるとし、1980年代において既に特定年齢層に偏った山村集落では従来の社会生活は維持できず、集落の自然消滅の具体化を予見していた。

限界集落とは、地域社会学者である大野（2005）が定義づけした用語であり、65歳以上の高齢者が集落人口の半数を超え、冠婚葬祭をはじめ田役、道役などの社会的共同生活の維持が困難な状態に置かれている集落である。この限界集落論に対しては、小川が、「そこで懸命に暮らす住民にとって、まるで臨終宣告のような不快感がある（2008年6月13日西日本新聞朝刊）」と批判しているように、用語自体に問題があるという指摘も存在する。

人文地理学では、地域社会学の限界集落論より先に社会的空白地域を提起しており、山村研究でもこの用語を限界集落と対比しながら使う必要がある。とりわけ地理用語としての社会的空白地域論を深めることが、人文地理学のオリジナリティを高めることにつながると考えられる。

(2) 限界集落化のプロセス

一般的に山村が突如として限界集落に至ることは

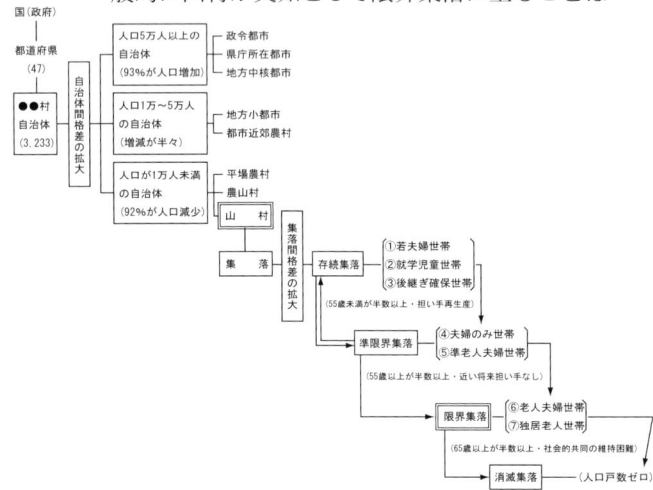

図1　山村研究における限界集落の位置づけ
大野（2005）による。

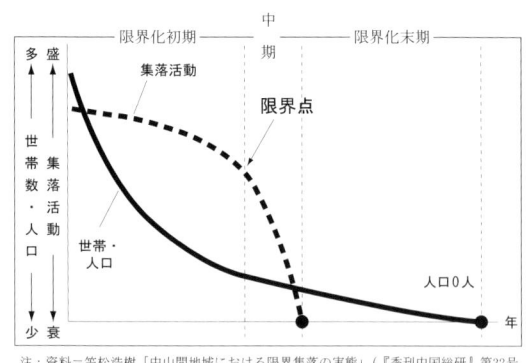

図2　集落限界化のプロセス
小田切（2008）による。

ない。通例では、一定のプロセスを経て山村は限界集落となる。大野（2005）の説では、第一段階で人口や戸数の激減により集落規模が縮小する。第二段階では後継ぎ確保世帯が流出し、世帯主が65歳以上の老人夫婦世帯の比重が増大し、この世帯が滞留する。第三段階では社会的共同生活を維持する機能が低下するとともに、村人の相互交流が乏しくなる。第四段階で集落を構成する人々の社会生活を営む状況が限界となる。これが限界集落化の過程である。

他方で農業経済学者の小田切（2008）は、限界集落化を三つの段階で説明している。第一段階は限界化初期と呼ばれ、人口・世帯数がともに急減する段階である。この段階では、集落機能の停滞はそれほど目立たない。第二段階は限界化中期と呼ばれ、地域に残る高齢者の死亡や転出によって、人口や世帯数は一層減少し、ある段階（臨界点）から集落機能は急速に脆弱化する。第三段階は限界化末期と呼ばれ、集落には高齢者だけが数名程度残り、集落としての機能は失われる、としている。

(3) 山村と廃村

ところで限界集落として問題になっている集落は、いわゆる山村である。山村は現代でこそ問題視されるようになっているが、かつては交通の要所として機能してきた。宮本（1966）によれば、谷が向うへ通りぬけられるところなら、交易路として谷を利用して南北の海岸をつなぐ道は案外よく発達していたとして、その道中にある谷すじには古くから集落が存在していた、と述べている。したがって、山村は近代以前においては、交通の要所として発達し、

| キーワード | 社会的空白地域　限界集落化　国土保全 |
| | 多自然居住地域　むらおさめ |

1. 限界集落と廃村

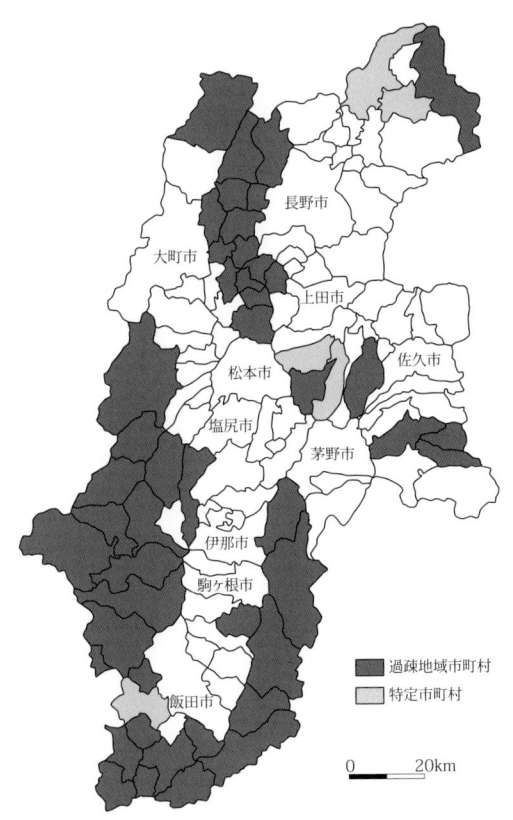

図3　長野県における過疎地域の分布
長野県Webページ資料により作成。

現在ではなぜ集落があるのか不思議なところにも集落を形成したのである。

また、山村の成立は自給自足経済と深く結びついていたことも看過することができない。例えば藤田（1981）は、いくつかの歴史資料を示しながら、山村成立には、隠遁百姓村（落人伝説のある村）、草分百姓村（一集落同一姓からなる村）、特別な職業集団（炭焼き等）の定着村、開拓村（幕末期などに開拓された村）の4形態があるとした。

このように山村に住む人達が、勝手にその土地に住んでいるわけではなく、経済史的な経緯から山村が形成されたということを認識しておく必要があるだろう。21世紀の地域問題として山村が課題としてあがっているが、それが日本人の経済生活において重要な役割を果たしてきたことを踏まえた上で、集落再編の議論を進めていくことが求められる。

(4) 廃村のプロセス

集落再編で問題となる廃村とはどのようなものであろうか。廃村を最初に定義したといわれる、Beshorner（1903）によれば、居城・荘園・農場・山番小屋・粉挽小屋・修道院・礼拝堂・教会などを含めて、すでに実体を失ったすべての居住地とする。これは近世ヨーロッパの廃村が想定されているため、日本に即時的に適用することはできないが、いずれにしても生活がある空間から消滅することを意味しているという点では共通していると考えられる。

廃村が進行している現実を詳細に検討してみると、山村における経済基盤の喪失が集落の衰滅につながっているといえる。例えば坂口（1975）は、京都市近郊山村を事例にして、衰退要因を分析している。その研究成果によれば、主産業であった製炭業の衰退、土地所有構造の変化、生活圏と行政地域の不一致が廃村の原因であり、その結果、京都市都心部から20～30kmの集落でも消滅したという。

(5) 社会的空白地域と国土保全

近年の地域政策を概観すると、社会的空白地域を包摂する空間について、例えば「21世紀の国土のグランドデザイン」（15章3）では多自然居住地域と呼ばれ、農林水産業を通じて食料や木材の安定供給等の役割を担い、かつ都市的なサービスとゆとりある居住環境や豊かな自然を併せて享受できる生活を実現する圏域として指定された（国土庁計画・調整局、1999）。

これに対して、近年の過疎地の集落対策では、社会的空白地域を問題地域として位置付け、「むらおさめ」を行うべきという議論が展開されている。「むらおさめ」とは、過疎地域をいかにして政策的に廃村にしていくかという議論のことである。社会的空白地域を構成する農山漁村は、従来国土保全の最前線として機能してきた。これを効率性の観点から地域再編成することが望ましい方向であろうか。

最近では過疎化した農山漁村を中心として危機意識が高まり、2007年10月には京都府綾部市で「全国水源の里シンポジウム」が開催された。開催地の綾部市は、全国に先駆けて、問題を抱える集落を対象とした綾部市水源の里条例を制定し、集落維持に尽力している。

このような状況を鑑みると、国民は国土を経済合理性に基づいた編成にするのか、あるいは生活環境の観点から国土保全に向けて政策的な編成を行うのかという岐路に立たされているといえる。こうした視点から、地域政策を再検討することが必要である。

（山本匡毅）

2. 林業の衰退と花粉症

(1) 第二次世界大戦後の植林と林業の衰退

第二次世界大戦後、商品価値の高いスギやヒノキの植林が進められた。気候条件として、スギの生育に適さない沖縄と道南以外の北海道では、スギの植林は行われなかったが、全国的に植林が進められてきた（図1）。

しかし、海外からの安価な木材が輸入されることにより、林業経営をめぐる環境は厳しくなった。立木価格の低下は、森林所有者の林業経営に対する意欲を減退させる大きな要因である。2002年のスギ立木価格は1980年の24％で、1956年の水準にある。2002年の林家一戸当たりの林業所得は平均で21.3万円と、2001年度に比べて17.9％減少した（林野庁, 2002）。

林産物を販売した林家の割合は、1960年の49％から2000年には7％となった。木材価格の低迷等による伐り控えから、樹齢41〜45年の民有林人工林の伐採実施率は、1987年の6％から2000年には1％へと低下した。林野庁（2002）によると、植林や下刈等の森林施業を実施した林家の割合は、主伐面積の減少とともに低下傾向にあるが、間伐は1990年代前半の水準を維持している。問題となるのは、不在村者の所有する森林である。その森林施業の実施割合は、在村者より低水準である。2000年に私有林面積の25％まで増加した不在村者保有森林面積の拡大と、林業後継者の不在は森林施業の実施割合を低下させることが懸念される（林野庁, 2002）。森林施業されなくなった人工林は、そのまま放置されると、様々な問題が生じることとなる。

(2) 林業の衰退と花粉症

日本の植林は、苗木を狭い間隔で植えて、樹形の良いものを残すために、間伐することを前提としていた。しかし、林業従事者が激減し、枝打ちや間伐されないまま放置された森林が増えてきた。こうした林業の衰退に関連して、近年大きな問題となっているのが、花粉症の発生である。

花粉症患者は、1970年頃から増えはじめ、1980年代に急増した。特に、スギ花粉による花粉症の罹患者は年々増加傾向にある。これは、第二次世界大戦後に、木材供給のために大量に植林されたスギが成長し、花粉を出す樹齢に達したためである（成美堂出版編集部, 2007）。

スギは、花粉を風に乗せて送粉させる風媒花である。スギの一つの雄花には、24〜44万の花粉がある。花粉を飛散させるようになるのは、樹齢30年を過ぎたスギ林である。図1は、樹齢31年以上のスギの人工林の比率を示している。樹齢30年を過ぎた

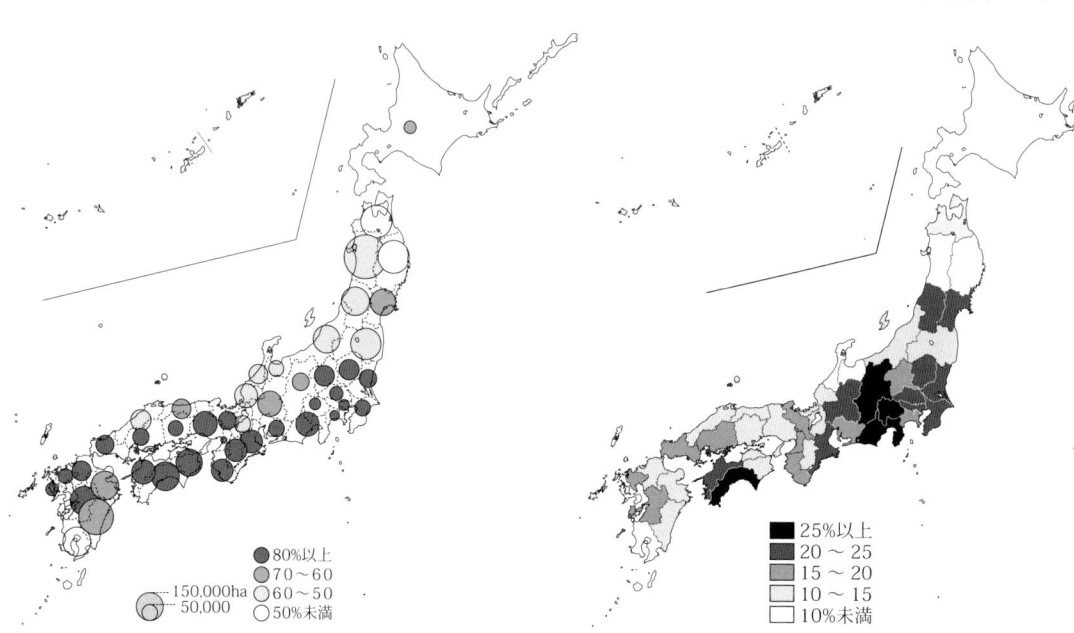

図1　スギ人工林の面積と樹齢31年以上の比率（2002年）
林野庁の森林現況調査により作成。

図2　スギ花粉によるアレルギー性鼻炎罹患率（1998年）
中村ほか（1998）により作成。

キーワード　　植林　　スギ人工林　　スギ花粉症
　　　　　　　森林組合　　森林施業　　獣害

2. 林業の衰退と花粉症

スギの人工林は、西南日本から東日本の太平洋側で多い。

図2は、全国の耳鼻咽喉科医師を対象に、本人とその家族に、スギ花粉によるアレルギー性鼻炎の有無を調べた中村ほか（2002）の調査結果を示している。悉皆調査ではないが、全国的な花粉症の分布を示すものとして有効である。図2によると、日本海側や瀬戸内海側では少なく、太平洋側や中部地方で発症率が高い傾向がみられる（中村ほか、2002）。

花粉症には、高タンパク摂取による食生活の変化や、大気汚染、住環境の変化などが影響しているが、最も大きな要因は、第二次世界大戦後に植林されたスギの増加である。スギ花粉症の有症率は、スギ花粉飛散量と関係があり、飛散量はスギの樹生分布、前年の夏の累積気温、日射量、スギ花粉飛散時期の風向き、湿度が関係する。中村ほか（2002）は、日本海側で有症率が低い要因として、スギ花粉の飛散期の2月中旬に、降雨や降雪のある気候条件を挙げている。

この点に関して筆者の解釈は、中村ほか（2002）と異なる。特に、富山県や石川県では、図1が示しているように、スギ人工林の森林面積が少ないことと、樹齢の若い木が多いことが大きな要因の一つと考える。また、岩手県や鹿児島県において花粉症の罹患率は低いが、これはスギ人工林の樹齢が比較的若い（図1）ためである。スギ人工林の生長に伴い、こうした県においても伐採、間伐などの適切な森林施業がなされなければ、スギ花粉症罹患者の増えるおそれがある。

(3) 放置される人工林

高知県は、25％以上と全国のなかでも花粉症の罹患率の高い県である（図2）。これは、第二次世界大戦後、スギやヒノキなどの植林が盛んに行われ、その後の林業の衰退により、伐採されていないことが主因であると考えられる。

高知県では、林家数の減少している市町村が多い（図3）。なかでも、中村、宿毛、土佐清水、窪川や安芸において、600以上減少している。これらのところでは、1960年から2000年の間に針葉樹が大規模に植林されたが、林家が減少したために、間伐などの手入れされないところが多くなっている。高知市では林家が増加しているが、これはシイタケなどの林産物の生産者の増加が影響している。しかし、このような林産物の生産も、郡部では、原木の購入、伐出、分配などを行う共同組織の維持が困難になり、大きく減少している（依光、1995）。

針葉樹の植林は、天然の広葉樹の森林を伐採して行われてきた（図3）。広葉樹は落葉するために、結果として、下草や背の低い樹木を育てるという、自然の森の有する生育過程が守られていた。また、広葉樹のなかには、実を付けるものが多く、シカやクマなどの野生動物のえさとなっていた。しかし、実を付けない針葉樹林が生育すると、シカやクマは森林の中のえさを失い、人里近くに出没することになる（8章3）。林業の衰退は、獣害の増加とも関係しているのである。

高知県東部は、全国有数の降水量があり、馬路村を中心とした豊富な国有林がある。しかし、営林署の統廃合により、治山等を行う事業所が激減し、森林施業も困難になりつつある。林業を中心とした地域経済が破綻し、林家の減少による人口の大幅な減少は、地域を支える力の喪失をもたらした。特に、財政基盤の弱い郡部の町村では、森林組合の維持も容易ではなく、隣接町村との連携によって、協同の森林組合を運営している。今後どのように維持していくのか、地域における林業のあり方を再検討する必要がある。

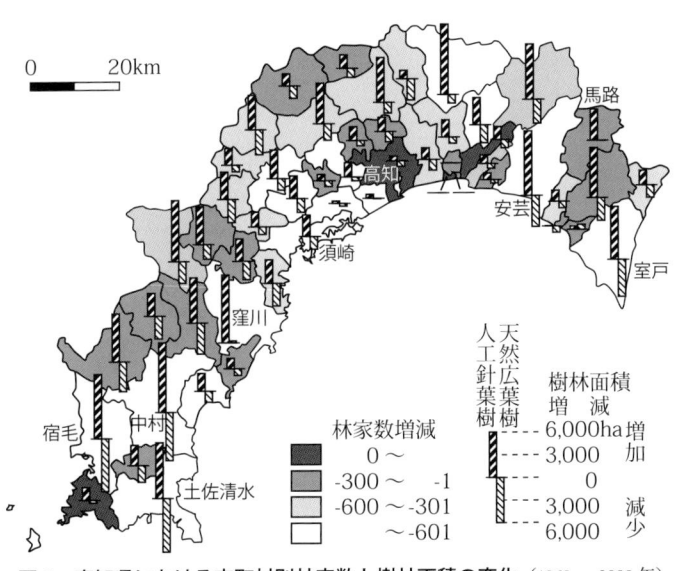

図3　高知県における市町村別林家数と樹林面積の変化（1960～2000年）
世界農林業センサスにより作成。

（藤塚吉浩）

3. 環境の変化と獣害

(1) 環境の変化と野生動物

　開発による森林の消失や植林による植生の変化など、環境の変化が野生動物に与える影響は大きい。野生動物が奥山でえさを得られなくなると、人間の生活空間の近くに現れるが、これは大きな問題となることが多い。

　2004年に本州では、ツキノワグマが民家の近くに現れ、大きな問題になった。図1は、2004年のクマの捕獲数を示している。北陸地方を中心に、クマの捕獲数が多くなっている。クマがこのように現れたのは、台風や豪雨、猛暑などの影響による木の実の凶作が主な原因であった。他にも里山の手入れがなされないことから、ササや草などが生い茂ってクマが身を隠しやすくなっていること、里山に放っておかれた果樹にクマのえさとなる実がなること、生ゴミの放置などが、人里にクマの出没する原因ではないかと考えられている（朝日新聞社出版事業本部事典編集部編、2005）。

(2) 野生動物の生態系の変化

　近年のクマの出没にみられるように、野生動物の生息域は大きく変化している。

　図2は、1978年と2003年のシカの生息域を示している。シカの生息域は、北海道東部から中央部へ、

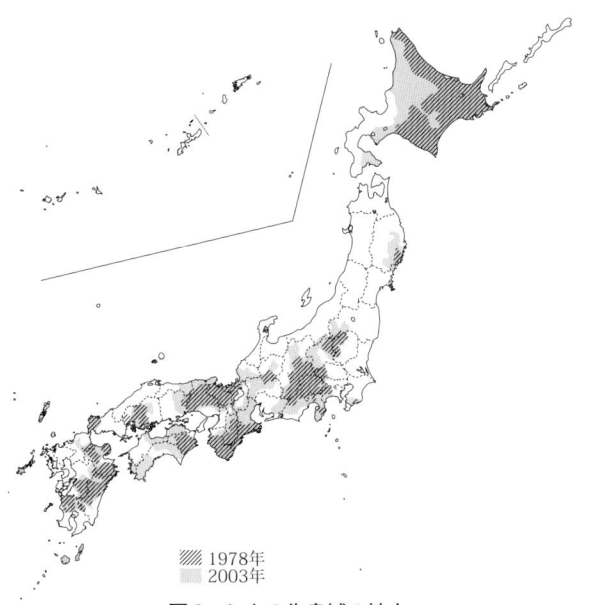

図2　シカの生息域の拡大
砂場（2007）の原図により作成。

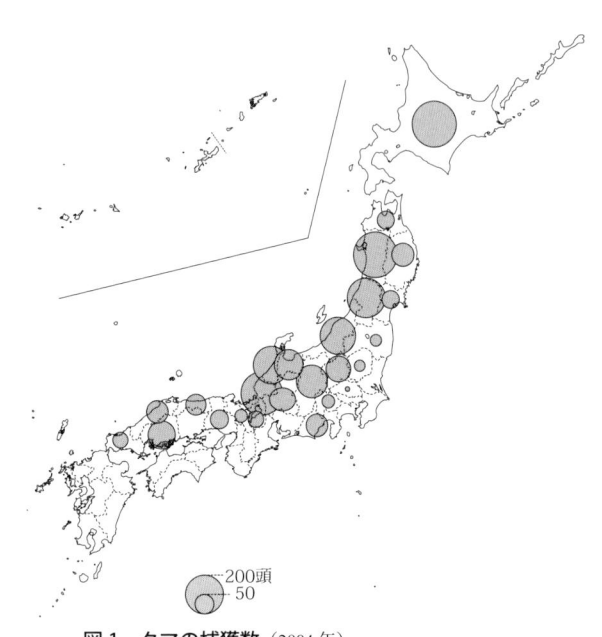

図1　クマの捕獲数（2004年）
朝日新聞社出版本部事典編集部（2005）により作成。

中部地方中央部から西部へ、四国東部から四国中西部へと拡大している。このようにシカの生息域が拡大すると、どのような影響があるのだろうか。

　シカによる食害は1980年代から各地で問題となってきた。下層植生（下草）の消失が、森林維持や生態系の保全にとっては重大な問題である。臆病なツクノワグマはササに隠れて移動するが、やぶがなければ、すみかを替えざるを得ない。下草が消えると降雨のたびに土壌が流出し、樹木が根を張れなくなる。山間地における土砂災害の一部は、シカの食害によるものと考えられている（久保田、2007）。シカによる苗木の食害も深刻であり、奥多摩町では山肌がむき出しになった（朝日新聞社出版事業本部事典編集部編、2005）。

　シカの食害は人里近くの被害ばかりでなく、奥山にも及んでいる。第二次世界大戦後、自然林を皆伐し、スギを植える拡大造林が行われた。植林後の草地はシカのえさ場となるが、スギが育つとえさは減る。大台ヶ原の場合、ミヤコザサが茂り、シカはそれを求めて奥山に駆け上がったとされ、トウヒ林の立ち枯れが深刻である（久保田、2007）。

(3) 海を渡る獣害

　野生動物の食害はシカだけでなく、イノシシも農

キーワード　生態系の変化　里山　食害　休耕地　共存　野生動物

作物に大きな影響を与えている。

　イノシシは積雪に弱く、積雪 30 cm 以上が 70 日間以上続く地域では行動が妨げられるため、そのような地域では生息しない。図3において、石川県から宮城県以北では、イノシシの捕獲数が激減するのは、積雪が影響して、生息数が限られるためである。イノシシの主な活動場所は、広葉樹林や竹林、耕作放棄地などである。農業従事者の高齢化が進み、耕作放棄地が多くみられる中国、九州、四国南部において、イノシシの捕獲数は多い。

　筆者の調査した高知県宿毛市沖の島では、現在シカはいないが、藩政時代にはシカが多く、シカの害を防ぐために、1,230 間（2,236 m）余りの鹿垣が建設された。このような離島にシカが存在したのは、海を渡ってきたからである。

　沖の島では第二次世界大戦後、山頂近くまで開拓が進められた。当時の沖の島で主要な作物であったサツマイモは、イノシシの好物であり、イノシシによる農作物への被害があった。沖の島のイノシシはかつて撲滅されたが、近年また出没して被害が出ている（藤塚，2007）。イノシシが泳いでいるとの連絡を受けて、船で捕獲に出かけた人の経験談を聞いた。泳いでいるイノシシを突こうとすると、それをかいくぐって潜り、10 m ほど先に浮かび上がるという。イノシシは、島まで泳ぎ着く十分な体力を備えている。

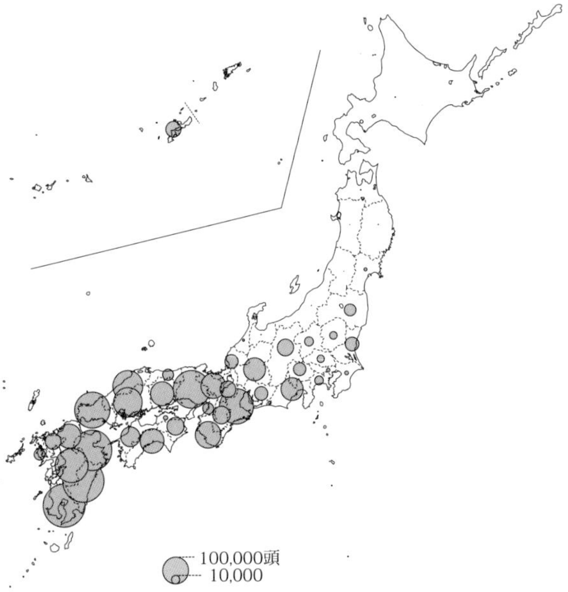

　沖の島に近い四国本島の大月町側ではイノシシが捕獲されていたが、近年は少なくなっている。これはイノシシが島伝いに海を渡り、沖の島へ移動したためと考えられる（藤塚，2007）。近年、体力の強い狩猟犬が導入されることによって、イノシシへの狩猟圧が高まっている。狩猟では、イノシシを追い込むために岬が利用されることが多く、逃げ場を失ったイノシシは、海に飛び込むことになる（高橋編，2001）。

　山頂付近まで開墾されていた沖の島では、かつての畑の大半は休耕地となっている。休耕地は、臆病なイノシシが身を隠すのには好都合であり、集落の近くの畑まで近寄ることができる。生息地を確保し、子だくさんのイノシシが繁殖し、被害が多くなってきたのである。

　沖の島で心配されるのは、イノシシだけではない。大月町の集落では近年シカの捕獲が増加しており、シカが再び海を渡るおそれもある。

（4）野生動物との共存は可能か

　野生動物と人間は、共存することはできないのだろうか。これを考える好例が神戸市東灘区の場合である。ここではイノシシが住宅地を平然と歩いており、イノシシは人間を恐れない。かつて、イノシシを餌付けした人があり、イノシシは市街地に出没するようになった。

　イノシシは庭を荒らしたり、住宅地のゴミを散らかしたり、イノシシが原因となり交通事故が起こったり、女児の指を食いちぎったりしたこともあった。神戸市ではイノシシ条例を定め、餌付けの禁止や生ゴミの放置の禁止、ハイキング道でのゴミの持ち帰りを促している。六甲山系は、登山やハイキングに来る人が多く、ウリ坊（イノシシの子ども）がかわいいからとか、お腹をすかせているからと善意でえさを与えている人たちがいる。しかし、こうした行為がイノシシの生息域の市街地への拡大を助長するのである。イノシシをはじめとする野生動物と人間が共存することは、容易なことではない。まずは、野生動物の生息についての理解を深め、人間による野生動物の生息域への影響を少なくする対策が求められる。

（藤塚吉浩）

図3　イノシシの通算捕獲数（1960～2000年度）
捕獲数は駆除数と狩猟数を示している。
藤塚（2007）による。

4. ダムの建設と環境・社会への影響

(1) ダムの役割

河川は、上流から下流に水を流下させるだけでなく、土砂や栄養素も水とともに運んでいる。これが下流の平野や海岸線を形成したり、多様な生物生産を持続させる要因となってきた。

河川を横断して流水をせき止めるための構造物は、大小さまざま、形態も多様であるが、日本では高さ15 m以上のものをダムとよんでいる。

大型ダムの建設が技術的に可能となった20世紀には、洪水調節、水力発電、灌漑といった目的を実現するために、各地の河川上流部にダムが建設されていくことになった。ダムによる効果は、それぞれの目的に対してそれまで用いられてきた他の手段よりもはるかに大きいものであったために、治水、利水双方からその機能が評価され、広く普及する背景となった。アメリカ合衆国のTVA事業などはその典型例として世界的に知られている。

第二次世界大戦後、とりわけ高度経済成長期以降、工業立地の展開や都市の拡大によって工業用水や都市活動用水の需要が高まった際には、新たな水源の獲得手段としてダムが建設され、工業用水部門や上水道部門が河川の水利に参入する契機となっていった（図1）。

(2) ダム建設の影響

ダムの建設によって、河川とその周辺の自然環境は大きい影響を受けることになるが、ダム周辺の地域社会も直接・間接に種々の影響を受けてきた。

ダムの建設前から建設中にかけては、ダム地点までの道路の建設やトラックをはじめとした工事車両の通行によって、川沿いの植生が破壊されていく。

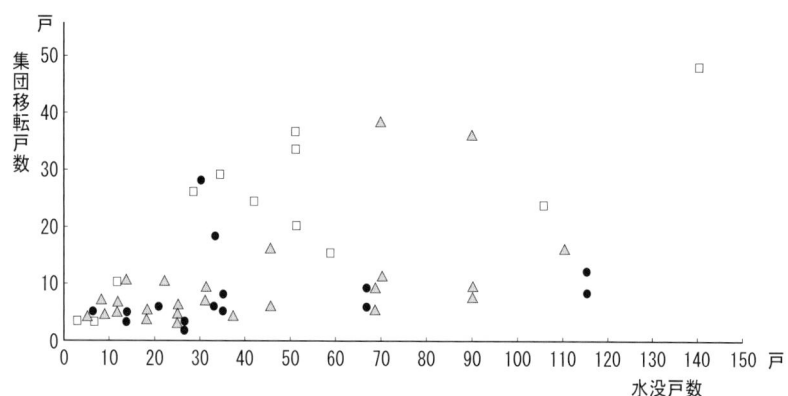

ダムが建設されると、河川の物質循環を遮断するために、ダム下流の河床低下や海岸侵食などが発生する。水生生物には遡上障害が生じ、生物多様性の低下を通じて河川生態系を変化させていくことになる。

ダムの上流では堆砂が進んで、下流とは逆に河床が上昇する。また、止水による水質の悪化が避けられない。水中は無酸素状態となって、生物相に影響をあたえ、水底はヘドロ化していく。

ダムの建設地

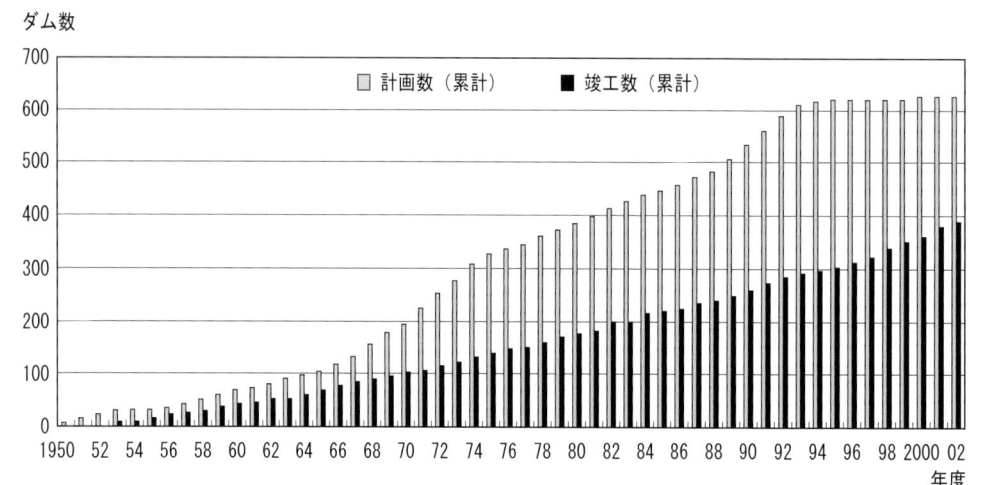

図2 近畿圏におけるダムの水没村落（集落）別の水没戸数と集団移転戸数の相関
各市町村・関係機関アンケート調査および各市町村史より作成した。西野（1981）による。

図1 河川総合開発事業による多目的ダム建設の推移（累計）
日本ダム協会（1998, 2004）をもとに作成した。帯谷（2004）による。

| キーワード | 河川生態系　治水　河川水利　河川管理　河川法　合意形成 |

4．ダムの建設と環境・社会への影響

表1　全国のダム事業の状況（国土交通省関係）

継続中のダム事業

		事業数
直営事業 （国交省）	多目的ダム	40
	治水ダム等	11
	流況調整河川事業	2
水資源機構事業		10
補助事業 （都道府県）	多目的ダム	55
	生活貯水池	30
	治水ダム	27
	計	175

（注）生活貯水池：貯水容量が100万m³以下の利水
治水ダム

嶋津（2007）による。

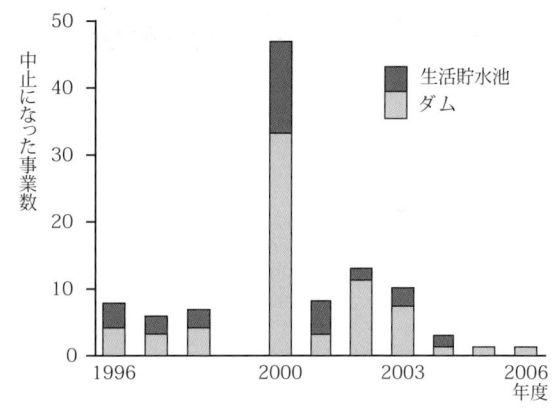

図3　中止になったダムの事業数（1996～2006年度）
嶋津（2007）により作成。

点や貯水池となる予定地と周辺に住んでいた人々は、ダムの建設計画が明らかになった時点で、生活場所の変更を迫られる。さらに、生活場所の変更だけでなく、場合によっては職業や生活形態の変更を余儀なくされることがある（図2）。

建設計画の情報伝達が不十分であったり、建設目的に関する説明が不十分な場合には、関係住民の合意は容易には得られない。ダムに対する住民の意思が建設否定に集約されていくと、反対運動が発生する。住民の判断によっては、裁判を通してダム建設の可否を決定するという経路をとる場合もある。

ダムの建設は、関係住民の合意形成がなされないと、長い期間にわたって計画が宙に浮いたり、事業が途中で中座するという事態が発生する。長期にわたってそうした状態が続くと、当初、ダムを建設する契機となった社会経済的な事情が変化する。その結果、水需要が低下していくと、ダムの建設は必要ないという状況も生じるようになってくる（伊藤，2006）。

(3) ダム問題の行方

ダムが建設されるのは河川の上流が主体であるから、周辺地域は主に山村である。日本の山村は1960年代以降、産業構造の転換によって山村での生業や産業が衰退化の傾向を示すようになったため、そこに住んでいた人々が山を下りていき、過疎化が進んでいた。ダムが建設された場合には周辺住民が移転していくから、ダムの建設が過疎化を促進する要因となるケースもめずらしくはない。

ダムの建設によって、その周辺に残された人々が暮らす地域では、地域振興に関する種々の対応が図られてきたが、過疎化の趨勢を変えるまでには至っていない。こうした状況が、ダム建設に対する住民の判断に影響を与えている。

水需給の逼迫していた時期には、工業用水や上水道用水の水源を獲得して、河川水利に参入する条件となったダムが、その建設過程で計画が長期化したり、上流地域の過疎化を促進させるという事実が明らかになると、当該流域におけるダムの意義を改めて考慮する必要が生じている（表1）。

1990年代に入ると、水需要の鈍化が明瞭になり、これと併行して国や地方自治体の財政が逼迫し、不要不急の公共事業に対する財政支出への批判が起きるようになった。1993年にアメリカ合衆国で新規のダム建設を中止するという宣言がでたことも、その後の日本のダム建設に対する批判につながっていった。こうした一連の動きが作用して、1990年代の後半からはダムの建設が中止される事例も生じている（図3）。

また1997年には、河川法が改正され、治水、利水に加えて河川環境の整備と保全が新たに河川管理の目的に入った。さらに、河川整備計画案を策定する際には、住民の意見の聴取や学識経験者への諮問が導入されることになった。これを積極的に進めているのが淀川水系流域委員会である。

河川管理に環境価値を実体化する経路（石井，2007）は試行錯誤の段階にあるが、ここ10年ほどの動きは河川をとりまく社会的な状況が大きく変化しつつあることを示している。

（秋山道雄）

第9章　工業化・都市化と環境の劣化

1．大気汚染

(1) 大気汚染の現状

　大気汚染の原因として、工業化による工場からの汚染物質の排出や自動車の普及による排気ガスの増加がある。これらは大都市における排出源の集中による局地的な大気汚染だけでなく、地球環境としての広域的な大気汚染にも結びついている。日本では高度経済成長期の公害問題の発生により、大気汚染の悪化が注目され、法令等により防止対策が採られた。現在では最悪の状況は脱したが、大気汚染による弊害はなくなっていない。毎年のように各地で各種汚染物質に対する環境基準が達成されていない。

　また大気汚染は国境を越えて被害が広がるため、越境汚染対策が求められている。地球温暖化に限らず、国際的な取組が必要となる環境問題は数多い。

(2) 酸性雨

　酸性雨とは、二酸化硫黄、窒素酸化物等の大気汚染物質が、大気中で硫酸、硝酸等に変化し、再び地上に戻ってくることである（石、1992）。その過程としては2種類あり、雲を作っている水滴に溶け込んで雨や雪などの形で沈着する場合と、ガスや粒子の形で沈着する場合がある。酸性雨が注目された当初は酸性の強い（pHの低い）雨のみに関心が寄せられていたが、現在ではより幅広い意味合いで、酸性雨の影響がとらえられている。日本では工業地帯や大都市だけでなく、大陸からの飛散による影響も酸性雨の原因として指摘されている（図1）。

　酸性雨対策として国内でモニタリングや影響に関する調査が実施されるとともに、越境汚染に対しては「東アジア酸性雨モニタリングネットワーク」が2001年から測定を開始している（図2）。

　図2より、広域的に酸性雨の分布を見ると、中国南西部の重慶で低い値のpHが記録されている。同様に低い値の場所が東アジアの広域に分布しており、この地域の産業活動の影響が推察される。細かく見ると、低い値だけでなく、pHが異常に高い場所もある。これは酸性度が弱いというよりも、北アジア地域では黄砂による中和作用と考えられている。今後は各地点における測定に加えて、越境大気汚染に関する調査が期待される。そのためには酸性雨対策としての国際協力や活動基盤の強化が必要となってくるだろう。

　こうして、酸性雨の長期的な実態把握と同様に、酸性雨による被害を未然に防止するような取組が、日本を含む東アジア地域で実施されつつある。

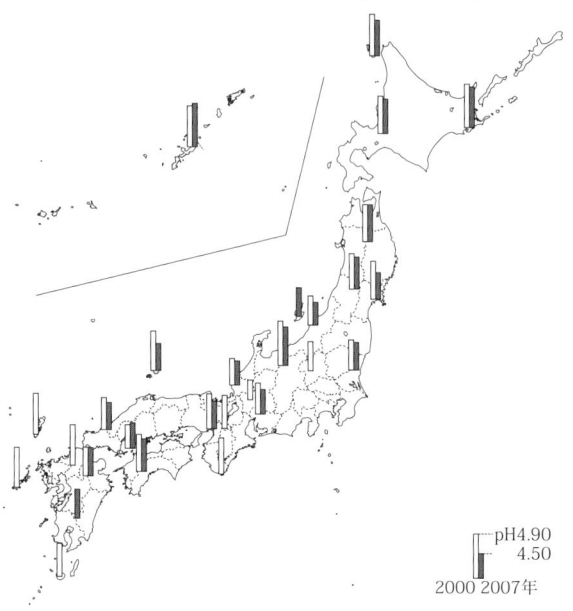

図1　日本における酸性雨の分布の変化（2000～2007年）
注）平均値は、降水量加重平均値である。
環境庁編（2000）と環境省編（2007）により作成。

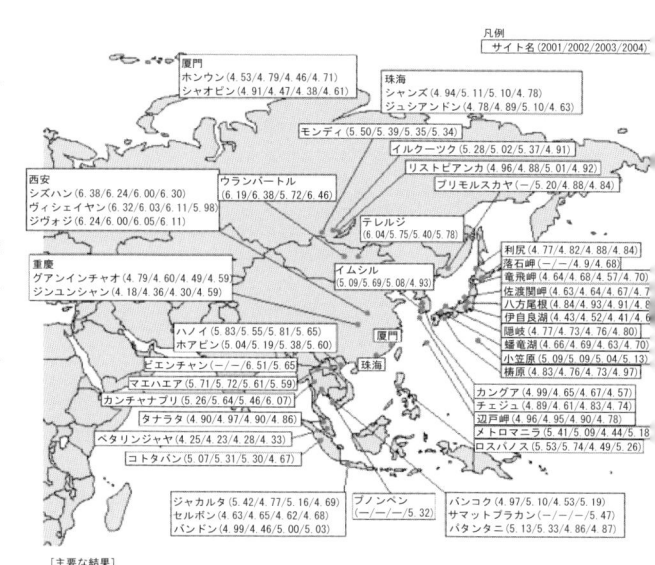

図2　東アジアにおける酸性雨の分布の変化
環境省編（2006）による。

キーワード	大気汚染防止　　酸性雨　　光化学オキシダント
	二酸化窒素　　環境基準　　排出規制

1. 大気汚染

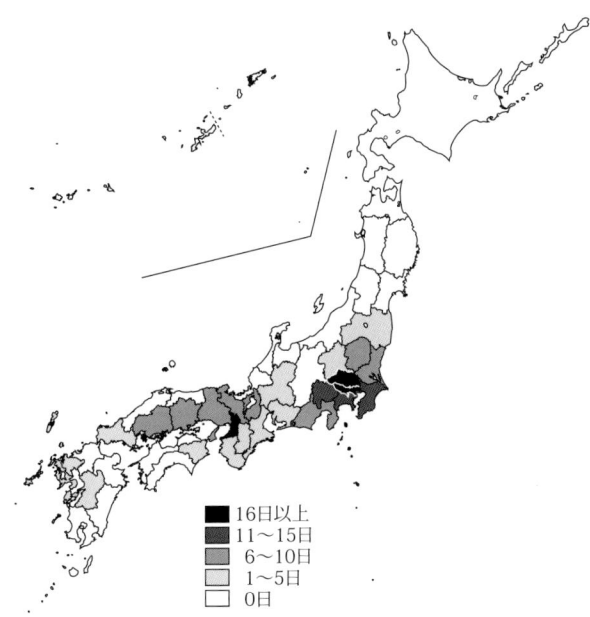

図3　都道府県別光化学オキシダント注意報の発令（2006年）
環境省編（2007）により作成。

(3) 都市の大気汚染

　都市における工場や自動車から排出される汚染物質は、光化学オキシダントと総称される。光化学スモッグの原因物質であり、人体への被害や農作物にも悪影響を及ぼす。日本において、高度経済成長期以降、大気汚染の濃度が全国的に計測されるようになっており、数値が一定水準を超えると光化学オキシダント注意報が出される（図3）。

　大都市圏において発令日が多くなっており、東京都や埼玉県を中心に関東地方が約半数を占める。太平洋ベルトに沿って、発令された都道府県が広がっている（図3）。光化学大気汚染によると思われる被害届人数が年間に1,000人を超えることもあり、多様な排出源対策が求められている。

　また、自動車から排出される汚染物質として、二酸化窒素や粒子状物質があり、1992年に制定された「自動車から排出される窒素酸化物及び粒子状物質の特定地域における総量の削減等に関する特別措置法」によって、自動車からの汚染物質の観測と防止対策が取られている。この法律によって指定された地域（関東、関西及び中部の約250市区町村）では、他の地域よりも厳しい特別の排出ガス規制（車種規制）が適用されているが、東京都では自動車排出ガス測定局（自排局）と一般環境大気測定局（一般局）の両方で、環境基準を達成できていない（図4）。

(4) 大気汚染防止への取組

　大気汚染防止法による固定発生源への排出規制の実施とともに、自動車などの移動発生源へも対策が施されている。自動車交通量の多い大都市では、大気汚染に対処するため、関係機関が総合的に取り組んでいる。排出基準の不適合車を廃車にしたり、低公害車を普及させる事業は既に始まっている。交通管理の観点から、道路状況の提供や通行料金を徴収するロードプライシングも検討されつつある。

　大都市地域における自動車の集中的な移動を抑制するためには、都市・地域交通の総合交通戦略としてパークアンドライドや時差通勤といった方法がある。また、経済的な対策として地方公共団体や民間事業者が低公害車を導入しやすくするために、国が補助金を出したり、環境負荷の小さい自動車には税率を軽減し、逆に大きい自動車には税率を重くするなどの方法がある。

　さらに、自動車の利用者に対して大気汚染を防止するという趣旨で、マイカー使用の抑制を呼びかけるという啓発活動も実施されている。これは地球温暖化対策としてのエコドライブの普及とも関連しており、大気汚染防止がさまざまな環境活動と連動して取り組まれるという可能性もある。生活環境の向上が種々の方法で目指されているのである。

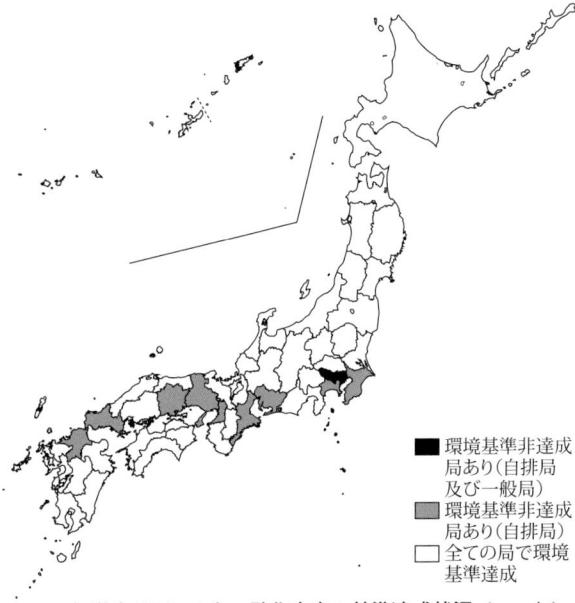

図4　都道府県別にみた二酸化窒素の基準達成状況（2005年）
環境省編（2007）により作成。

（香川雄一）

2．ヒートアイランド

（1）ヒートアイランドの発生

　大都市への人口や生産活動の集中は局地的な温度の上昇をもたらしている。図1のように、東京の都心部においては、約20年間に周辺部と比べて中心部において高温域が顕著となっている。これはエアコンなどの普及により、冷房による人工排熱が気温上昇を生じさせているという要因が濃厚であると考えられている。夏季における温度の上昇は室内においては冷房によって対処されており、このことがさらなる温度の上昇を引き起こしている。結果的に夜になっても気温の下がらない熱帯夜の日数が増加し、都市部の生活を不快なものにしている。ヒートアイランドの影響としては他にも、夏季の光化学オキシダントの発生や、冬季の窒素酸化物による大気汚染の悪化にも関わっていることが考えられている。

　また、大都市においては地表面がコンクリートやアスファルトによって覆われていることが多く、自然的な土地被覆が減少していることも、温度上昇の原因となっている。ヒートアイランド（熱の島）の語源は、都市における地上の気温分布が郊外に比べて都心域で高くなっているということであり、等温線を描いてみると、都心部を中心に島状に高温帯が分布していることから名づけられた。

（2）ヒートアイランド対策

　ヒートアイランド現象を防止するためにいくつかの対策が講じられている。まずは直接的な方法である人工排熱の低減と、地表面被覆の改善である。これらはヒートアイランドの要因を排除することで温度上昇を緩和させるものである。さらに間接的な対策として、都市形態やライフスタイルの改善がある。人間の経済活動やより快適な暮らしを目指そうとした結果が、自然環境に負荷を与え、その代償として人間社会にも悪影響を与えることになったのである。

　国は2002年9月に「ヒートアイランド対策関係府省連絡会議」を設置した。構成組織は内閣官房・警察庁・文部科学省・農林水産省・経済産業省・国土交通省・環境省であり、関係する行政機関が相互に密接な連係と協力を図り、総合的対策を推進しようとしている。2004年3月には「ヒートアイランド対策大綱」が策定された。これはヒートアイランド対策に関する取組を適切に推進するための基本方針を示し、国だけでなく地方公共団体や事業者、住民が実施すべき具体的対策を指示したものである。

　取組として、ヒートアイランド現象が人や生物、大気などの環境への影響に関する調査と、大都市圏である関東・近畿・中京における気温等の広域的な測定が実施された。特に人への悪影響を防ぐために、熱中症防止のための予防状況が試行的に提供されている。ヒートアイランド対策として都市形態を改善するためには、都市緑地を活用した地域の熱環境を改善する構想が出され、都市におけるクールアイランドの形成が注目された。人工排熱の集中を防ぐ点では、都市部の交通渋滞を緩和して自動車からの人工排熱を低減させようとしている。自家用車から公共交通機関への利用転換も、人工排熱の減少に役立つだろう。

（3）クールアイランドの実態

　都市における緑や水の存在は、ヒートアイランドに対する緩和効果として期待されている。そのため緑地を保全することと、緑地や水面からの風の通り道を確保することが推進されつつある。東京の例では、副都心である新宿の市街地の気温に対して、それほど距離が離れていない明治神宮の中の樹林地において、気温の明らかな違いが観測され（図2）、都市内部の大規模緑地である新宿御苑では、明らかに気温低減効果が認められた（図3）。緑地は周囲にも冷熱の効果を発揮するため、クールアイランド効果とも呼ばれている。

　こうした観点から都市形態を計画していくために

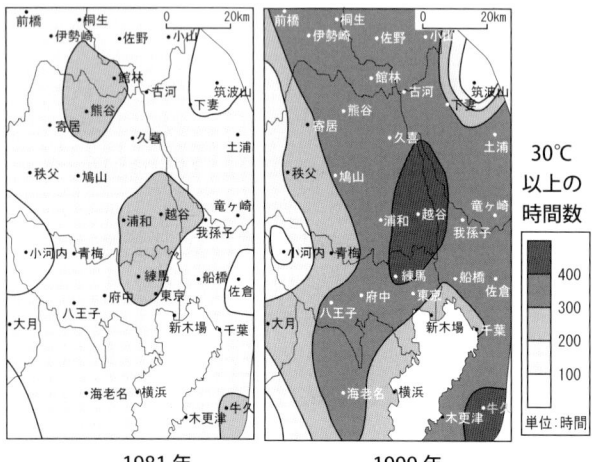

図1　東京におけるヒートアイランドの発生
環境省（2006）による。

| キーワード | 人工排熱　　地表面被覆　　クールアイランド | **2．ヒートアイランド** | 65 |

キーワード　　人工排熱　　地表面被覆　　クールアイランド
　　　　　　　大規模緑地　　クールシティ　　コンパクトシティ

図2　東京都心部の気温分布（1994年9月20日14時）
環境省（2006）による。

は、大規模緑地からの通風を確保し、建物も緑化することで、クールアイランド効果を意識しておかねばならない。地表面からの大気への熱の放出を抑制する努力もまた必要になってきている。

(4) ヒートアイランド問題の展望

　ヒートアイランド対策として人工排熱を抑制し、地表面被覆を改善し、都市構造を転換していくことは、将来の都市のあり方を再考させることになる。エネルギー利用の効率化を目指すコンパクトシティの構想にもつながってくる。都市機能を集積させ、公共交通の利用促進が環境負荷の小さな都市へと導くことになる。快適な暮らしを志向することは利便性だけでなく、居心地の良さや自然条件にも配慮した都市の構築を目標とした改革となる。

　環境省は2008年度から新たなヒートアイランド対策として「クールシティ中枢街区パイロット事業」に取り組むことになった。都市部にクールスポットを創出するため、施設緑化や保水性建材、高反射性塗装、地中熱ヒートポンプといったヒートアイランド対策技術を組み合わせ、ヒートアイランド現象の緩和を図るものである（環境省Webページ）。認定モデル街区には東京をはじめ大都市の都心部が選定

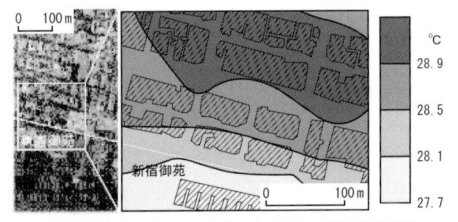

図3　クールアイランドとしての新宿御苑
環境省（2006）による。

清渓川路と高架道路（1999年撮影）

再生された清渓川と散策する市民（広橋にて2006年撮影）
写真1　ソウル市都心部における清渓川の再生
藤塚・細野（2007）による。

された。選定条件は、「ヒートアイランド現象が顕著な都市の中枢部分であるということ」のほかに、「一般の注目を集めやすく対策の認知度向上による普及促進効果の高さ」と、「ある程度限定された範囲の街区において集中的な対策の実施が可能」であることだった。

　韓国のソウルにおける清渓川の復元事業（写真1）が注目を集めたように、大都市中心部における人工的土地利用である高架道路が撤去され自然環境を再生させることは、都市環境の悪化に対する環境にやさしいまちづくりを進める効果に加えて、都市の環境政策を目に見える形で宣伝する利点もある。

　ヒートアイランド対策が実質的効果を上げていくためには、都市構造の改良による建築および都市計画的な手法に加えて、地球温暖化対策同様に、ひとりひとりのエネルギーの節約や、環境意識の高まりが必要となってくるであろう。

（香川雄一）

3. 産業廃棄物

(1) 廃棄物の処理方法

　経済が発展するにつれて、生産と消費が増加していくことは、最終的に廃棄物の増加にもつながる。循環型社会の構築に向けた取組のために、廃棄物処理の現状について知っておくべきである。市町村で処理されるゴミは一般廃棄物とされ、毎年約5,000万トンが排出されている。各市町村による処理計画に沿って、焼却を中心とした廃棄物の処理が進められてきた。事業者の処理責任による産業廃棄物は、主に農業や電気・ガス・熱供給・水道業、そして建設業から排出され、現在、毎年約4億トンにものぼっている。処理方法にはリサイクルや中間処理があり、再生利用量が増えて最終処分量が減ってきた（環境省，2007）。

　廃棄物をめぐっては、処理方法も重要な問題であるが、どこで処理をして最終処分場をどこにおくかといった地理的な課題もある（高杉，2000）。産業廃棄物の処理方法として、2000年に制定された循環型社会形成推進基本法などにより、リサイクル対策が進められているとはいえ、すべての廃棄物が再生利用されるわけではない。中間処理などを経ても、最終処分場に行き着く廃棄物も大量に残されている。2004年度の実績では排出量のうち約半分が再生利用され、中間利用のうち、減量化された部分を除く約6％の約2,500万トンが、最終処分量として残された（図1）。

　そのため一般廃棄物と同様、最終処分場の確保が大きな課題となる。最終処分量が減ってきているとはいえ、推測によると最終処分場の残余年数は10年に満たない。特に都市化が進み、土地利用の高度化や環境問題への意識向上から、大都市圏を中心として最初に、処分場の確保が困難となり、産業廃棄

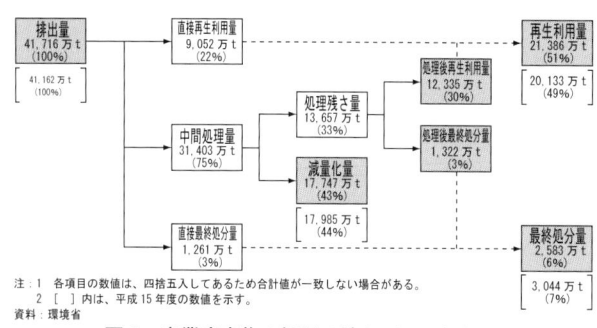

図1　産業廃棄物の処理の流れ（2004年度）
環境省（2007）による。

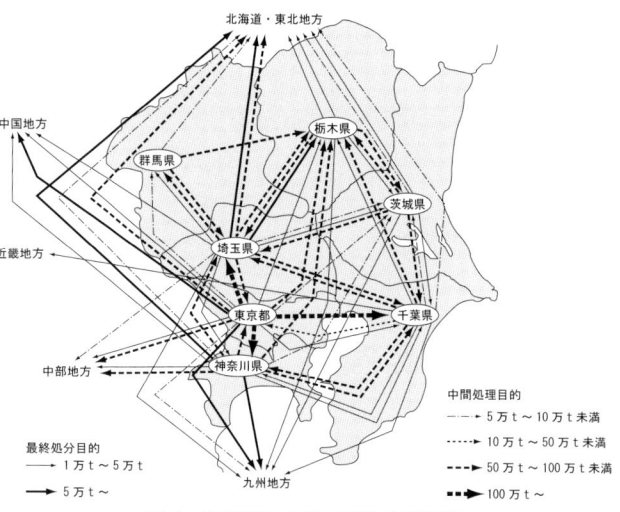

図2　首都圏の産業廃棄物広域移動
環境省（2007）による。

物の移動や、未処理のまま放置される不法投棄の問題が生じている。

　廃棄物の排出量の減少には日本の産業構造の転換やそれに伴う海外への生産拠点の移動も関係している。しかし一般廃棄物の排出者として消費者の意識改革が徹底されない限り、廃棄物処理の問題は繰り返されるであろう。

(2) ゴミの広域移動

　首都圏を例にすると、2004年度に中間処理や最終処分のために他の都・県に搬出された産業廃棄物の量は約1,400万トンとなる。特に東京都から他の県への移動が最も多く、半分以上を占める。これらの首都圏から他の地方へ流出する産業廃棄物の量も、約200万トンもある。中間処理目的では東京都の隣県である埼玉、千葉、神奈川の三県に多くの産業廃棄物が移動し、最終処分目的では東京都から中国地方、埼玉、神奈川県から北海道・東北地方へという、大きな流出ルートがある（図2）。

　ゴミの越境移動という観点から考えるならば、排出物の海外への移動も考慮に入れておかなければならない。自動車や産業機械は再利用という目的で輸出される場合もあるなかで、利用手段によっては汚染物質の排出規制が緩い国への公害輸出としてみなされる事例もある。

　ゴミの広域移動は、処分場の立地が偏っているという原因もあるが、移動先での環境汚染や不法投棄

キーワード　廃棄物　最終処分場　ゴミの広域移動
　　　　　　不法投棄　排出削減　循環型社会

3．産業廃棄物

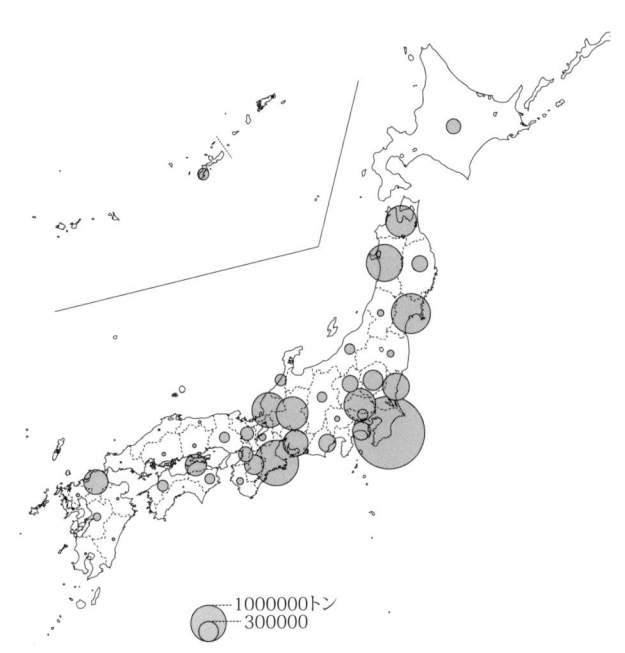

図3　不法投棄産業廃棄物の都道府県別残存量（2005年度末）
環境省（2007）により作成。

が生じるおそれもあり、地域紛争の要因ともなっている。さらに、移動に伴う安全性や経済性の問題もあり、ゴミの減量化とさらなる再生利用の推進が求められている。

（3）不法投棄問題

　不法投棄は、1998年の約1,200件というピークから減少しているとはいえ、なお全国的に大量に見つけられており、周囲の自然環境や地域社会生活に悪影響を与えている。特に目立つのは建設関係の廃材からなる産業廃棄物であり、2005年度において不法投棄件数の約7割、不法投棄量の約8割を占めていた。確認された不法投棄の実行者をみると、件数では排出事業者が、量では無許可業者が最も多い（環境省，2007）。廃棄物の処理方法が厳格化していく一方で、違法な方法でゴミを処分する事例が後を絶たない。廃棄物処理法違反によって検挙された不法投棄事件は、件数・人数ともに毎年、500を越えている。

　都道府県別に産業廃棄物の不法投棄残存量をみると（図3）、最大が千葉県で約4,000トン、次いで三重県が約1,600トンである。都道府県別の残存量分布の特徴として、大都市圏およびその隣接部に多く、埼玉県や岐阜県、福井県が上位にある。不法投棄に対しては警察による検挙とともに、廃棄物処理法に基づく規制の強化や2004年実施の「不法投棄アクションプラン」などが着手されてきた。不法投棄対策としては呼びかけや監視パトロール、イベント等を通じて、広く取り組まれている。

（4）産業廃棄物削減への取組

　産業廃棄物の排出削減は地球温暖化対策にもつながる。いわゆる3R（Reduce＝排出抑制、Reuse＝再使用、Recycle＝再生利用）によって、廃棄量や埋め立て処分量が減少する。このことは焼却処分や埋立造成の必要量を減らすので、温室効果ガスの発生量の削減となるのである。

　国や各種団体において産業廃棄物削減への取組は、循環型社会の形成に向けた施策として実行されている。例えば、法制度として循環型社会形成推進基本法では、排出者責任と拡大生産者責任という二つの考え方を定め、廃棄物排出者に適正処理を求めるとともに、生産者に対しても生産した製品の廃棄時におけるリユース・リサイクルおよび処分に、一定の責任を負わせようとしている。

　循環型社会を形成するための基盤整備としては、ビジネスとして循環型社会を振興させたり、環境教育の一環として環境保全活動を支援したりする動きもある。地域における資源循環型経済社会の構築を目的とした活動が全国各地で登場してきた。すでにエコ・コミュニティ事業やエコタウン事業など、環境や循環型社会を意識した先進的な取組を進めているところもある。国をはじめとして地域や企業、産業界が循環型社会の形成に向けた取組を積極的に行うことが、産業廃棄物問題を解決に導くことになるであろう。

　地球温暖化対策とも関連しながら産業界においてもリサイクルの推進や廃棄物の排出抑制が取り組まれている。方法として廃棄物対策に関する自主行動計画が策定され、業種別にリサイクル率や最終処分量などの数値目標が設定された。国や地域といった単位だけでなく、産業の部門別にも廃棄物対策が実施されようとしている。

　産業廃棄物の問題は、日常生活のなかでも、いかにゴミを出さないようにするか、という課題を突きつけられる。生活者としてゴミの分別やリサイクルに協力するとともに、消費者としては、環境にできるだけ負荷をかけないような商品を選択することが、産業廃棄物の削減にもつながるだろう。

（香川雄一）

4．地下水問題の変化

(1) 地下水の利用

　地下水は、表流水と異なってかなり広範囲に賦存しており、しかも年間を通じて温度が一定しているので、古来より生活や生業のなかで利用されてきた。自然の湧水や人力によるくみ上げを利用しているうちは問題は生じなかったが、明治以降、機械を用いるようになると、その揚水量は大幅に増大した。その結果、大量の地下水がくみ上げられた沖積平野末端に位置する工業地域では、地盤沈下問題が発生するようになった（図1）。

　関東平野や大阪平野では、第二次世界大戦前に相当の地盤沈下が発生していたが、戦後の高度経済成長期になると、さらにその沈下程度が進んだので、工業用水のくみ上げは、地域を指定して規制されることになった。これによって水源転換を迫られた工業用水は、新たに河川水利に参入してその一部門となり、工業生産量の増大に基づく用水需要の増大とあいまって、水資源開発を主導する要因の一つとなっていった。

(2) 地下水汚染問題の発生

　地下水のくみ上げによる地盤沈下問題は1970年代に入ると底をうつようになったが、これに代わって登場したのが地下水汚染問題である。その端緒は、1981年に米国のサンタクララバレーにあるサンノゼ市において、有機塩素化合物による地下水の汚染が発見されたことである。これは、電気・電子系の先端産業が引き起こす新しい形態の環境問題として注目されることになった。3,000社にものぼる半導体産業が集中し、シリコンバレーとして知られるこの地域の汚染問題は、当時、米国とならんで先端産業の成長が著しい日本にとって、見逃しえない事件であった。

　地下水の汚染は決して新しい問題ではないが、時代とともにその様相を変えてきた。日本において有機塩素化合物による地下水の汚染が問題となったのは、1974年に東京都立衛生研究所が井戸水からトリクロロエチレンを検出したのが最初であったといわれている。次いで、1981年頃から東京都日野市、八王子市、府中市、大阪府高槻市などにおいて、地下水からトリクロロエチレンが検出されたという報告がなされている。また、川崎市水道局でも地下水に由来するトリクロロエチレンなどの有機塩素化合物を検出した。ここでは、地下水の取水を停止し、他の水源に切り替えるという措置をとっている。

　こうした国内の動向に加えて、米国のシリコンバレーにおける地下水汚染問題が明らかになったため、当時の環境庁が全国に実態調査を行った。トリクロロエチレン等の有機塩素化合物による地下水の汚染について、全国的な関心が寄せられるようになったのは、環境庁が実態調査の結果を公表した1983年以来のことである。

　日本でも、電気・電子系の工場が立地する工業団地で有機塩素化合物による地下水汚染の事例が発生している（図2）。

　6価クロム、シアンなどこれまで問題となった化学物質による汚染は、使用範囲が限られていたため、局地的で一過性のものが多い。それ

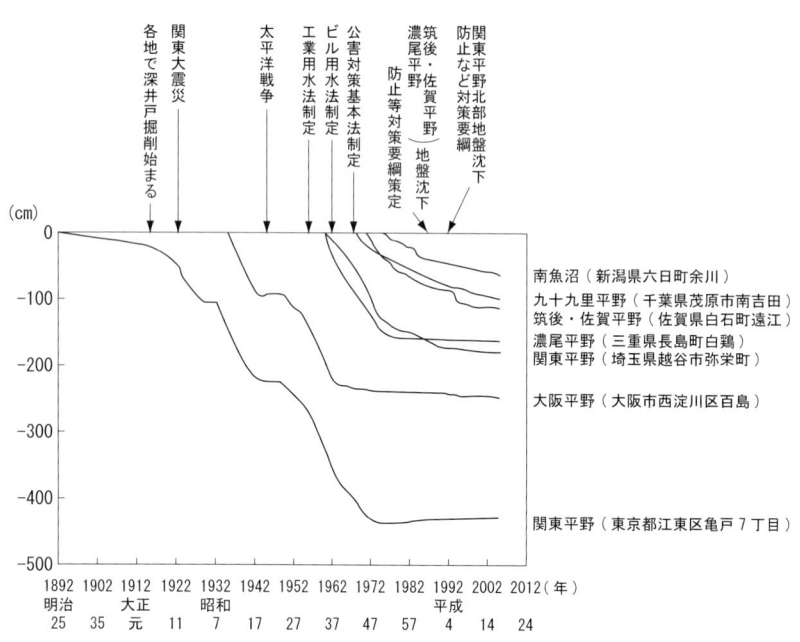

（注）1. 環境省「平成17年度全国の地盤沈下地域の概況」による。
　　　2. 主要地域の累積沈下量図である。

図1　代表的地域の地盤沈下の経年変化
国土交通省土地・水資源局編（2007）による。

キーワード	過剰くみ上げ　有機塩素化合物　地質汚染	**4．地下水問題の変化**
	地盤沈下　地下水位	

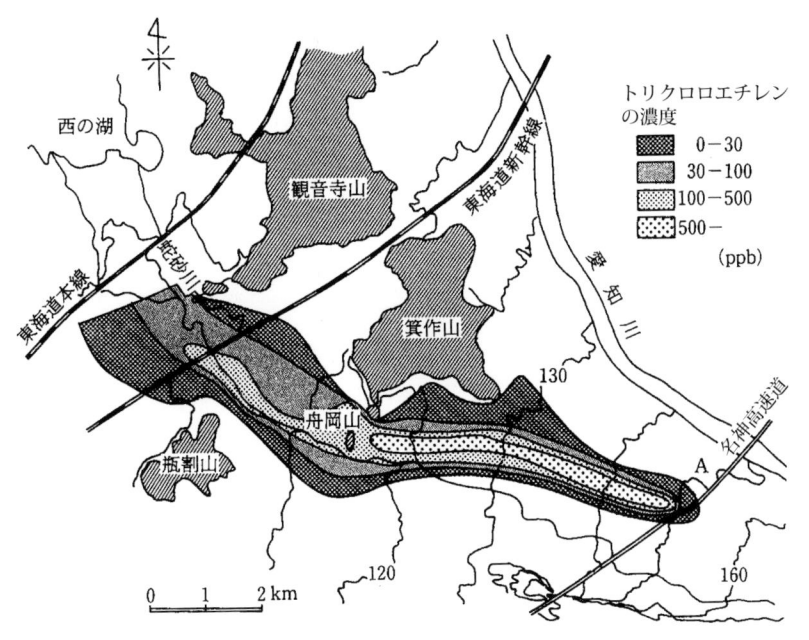

図2　琵琶湖集水域における有機塩素化合物による地下水汚染
新藤ほか（1987）による。

に対して、有機塩素化合物による地下水の汚染は、範囲が10数kmにおよぶものもあり、浅層地下水も深層地下水も汚染されている。トリクロロエチレンなどの有機塩素化合物は、①不燃性で爆発の危険がない、②脱脂洗浄力が強く、水より低沸点のため気化エネルギーが安価、③汚れれば蒸留回収によって再利用できる、といった性格をもつため、溶剤としての要件を備えていた。そこで、これらの物質は電気・電子系の先端産業で洗浄剤として用いられるほか、出版・印刷、金属、繊維、石油・石炭製品、精密機械など広範囲の製造業で用いられ、さらにドライクリーニング用の洗浄剤としても用いられていた。そのため、こうした有機塩素化合物による地下水の汚染は、広範囲にわたっていたのである。

(3) 新たな課題

1980年代に入って顕在化した有機塩素化合物による地下水の汚染については、各地で曝気装置を設置するなど応急的な処置がとられたのを受け、1997年には地下水の水質汚濁について環境基準が設定（1993年の環境基本法に基づく）された。地表水の環境基準が、公害対策基本法（1967年）に基づいて設定されてから30年後のことである。

一方、大阪市などの市街地では、工場が閉鎖・移転した後、その跡地を再開発する際に土壌の汚染が発見されるというケースが生じるようになった（表1）。地下水汚染と土壌汚染は近い関係にあるが、2002年に成立した土壌汚染対策法に基づいて調査が進むと、土壌汚染が判明する事例が増えている。土壌汚染を引き起こした企業などは、その状況を把握し、汚染を取り除く対策をとることが義務づけられた。このようにして地質汚染とそれに関わる環境政策は、新たな段階に入りつつある（畑、2004）。

地下水・土壌汚染問題の顕在化が目立つ大都市において、かつて地下水の過剰くみ上げから地盤沈下問題を引き起こしたところは、くみ上げ規制がかかってから数十年がたち、今日では地下水位が回復・上昇してきた。しかし、このことが逆に地下構造物を浮き上がらせるという弊害を発生させるようになってきた。こうした現象から明らかになるのは、過剰な利用も、過小な利用も共に問題を引き起こすということである。ことばの本来の意味で持続可能な地下水の利用水準を探索していく必要があろう。

表1　大阪アメニティパーク土壌汚染の経緯

1989年	三菱金属製錬所の再開発計画に伴い土壌調査開始 三菱金属製錬所閉鎖
1992年	三菱マテリアルは、汚染土壌を遮断、封じ込め、無害化処理によって周辺環境に影響を与えないようにする、と大阪市に報告 大阪アメニティパーク（OAP）着工
1996年	製錬所跡地の一部を公園敷地として大阪市に譲渡
1997年	地下湧水から重金属が検出される（公表せず） マンション分譲開始
1998年	マンション入居開始
2001年	地下水から環境基準の65倍のヒ素検出
2002年	建設新聞、OAPの土壌汚染を告発 住民説明会開催、湧水のヒ素汚染を公表 マンション販売停止
2003年	土壌汚染対策法施行 三菱、汚染区域の表層50cmの掘削案を公表
2004年	OAP住民、三菱を刑事告訴
2005年	事業者と管理組合が補償について合意 マンション棟周囲の掘削案検討 住民説明会開催

安田（2007）により作成。

（秋山道雄）

第10章　環境保全活動の展開

1．農林業の多面的機能と棚田の保全

(1) 中山間地域の苦悩

　日本農業が国際競争にさらされるようになって、地域の衰退が著しいのが中山間地域である。中山間地域とは、農業を行う上で、地形などの自然条件や市場などの社会条件が他の地域と比べて不利な山間地とその周辺のことである。過疎地域と重なるところが多いが、過疎地域が人口をもとにした概念であるのに対して、中山間地域は農政上の用語である。

　本来、中山間地域は、農林統計のなかで、全国を都市的地域、平地農業地域、中間農業地域、山間農業地域の四つに類型されたもののうち、中間農業地域と山間農業地域を合わせたものである。類型区分の方法は複雑であるが、人口密度、林野率、耕地率、傾斜度などによって定義されている。

　中山間地域は、日本全国のなかで特殊な地域ではなく、国土面積の69％、耕地面積でみても42％を占めており、農政上重要な地域である。営農環境は厳しく、中山間地域は土地生産性、労働生産性ともに低い。中山間農業地域では、都市的地域の土地生産性の62％、平地農業地域の労働生産性の51％しかない（図1）。中山間地域は、圃場の傾斜が急であり、一筆の面積が小さいので、経営の規模拡大が困難であり、圃場整備も進んでいない。収益性が低いため、後継者がいない農家が多く、青壮年層の人口が流出して高齢化も進むことになる。その結果、蕎麦の作付など低投入の粗放的な農業にとどまるか、営農を維持することができずに耕作が放棄され、悪循環から抜け出せない状況にある。さらに、収穫されない果実や廃棄された野菜の放置など、耕地の手入れが行き届かなくなった結果、イノシシ、シカ、サルなどの獣害が深刻化し、耕作者の営農意欲を減退させている。

(2) 耕作放棄地の増加

　中山間地域では営農条件が厳しいので、耕作放棄地の増加が深刻化している（高田，2007）。耕作放棄地とは、1年以上作付されておらず今後も耕作する意志のない土地のことである。中山間地域の耕作放棄地率は、1985年の2.8％から年々大きくなり、2010年では14.5％に達している。市町村別にみると、その中での地域差が大きく、山間地では耕作放棄地率が80％を超えているところもみられる。図2は、関東地方の市町村別耕作放棄地率であり、埼玉県の秩父地方、栃木県と群馬県にまたがる足尾山地、群馬県北部、茨城県の八溝山地などで耕作放棄地が広がっていることがわかる。なお、全国的にみると、中国・四国地方や関東地方の耕作放棄地率が高く、北海道は低い水準を保っている。

　一人当たりの米の年間消費量は、この50年間でほぼ半減し、米の生産調整もせざるを得ない状況である。圃場が団地化しており、比較的経営規模の大きい北海道の平野部では、国際競争力を持ち得て他

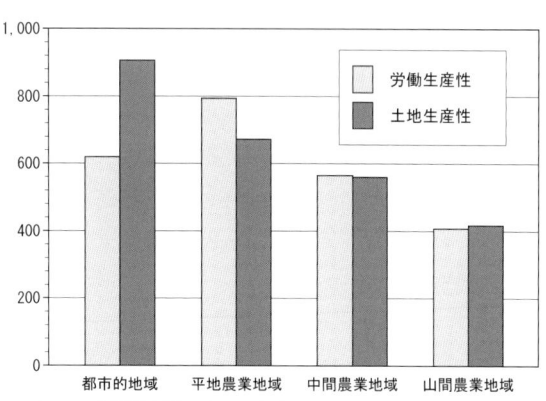

図1　農業地域類型別の生産性 (2002年)
注）労働生産性＝農業労働1時間当たり農業純生産額（円）
　　土地生産性＝経営耕地1ha当たり農業純生産額（千円）
農林水産省農村振興局地域振興課（2004）により作成。

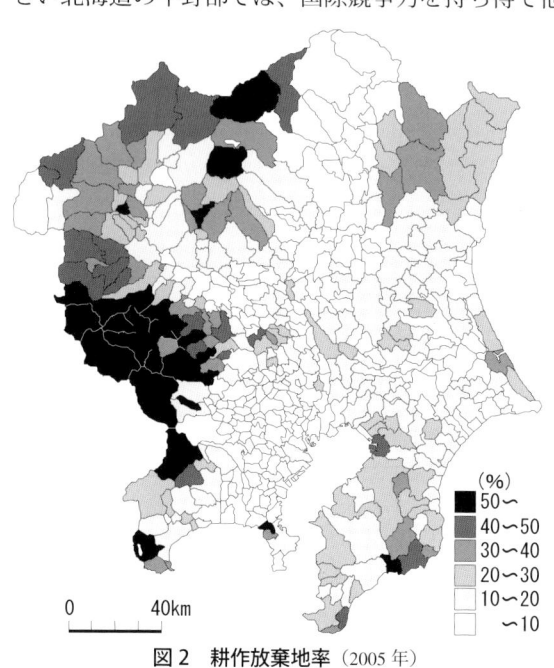

図2　耕作放棄地率 (2005年)
農林業センサスにより作成。

| キーワード | 中山間地域　耕作放棄地　直接支払制度 |
| | 緑の政策　過疎地域　グリーンツーリズム |

の作目に転換することが可能であるが、中山間地域では営農自体の継続が非常に難しくなっている。そのため、耕境が垂直的に収縮しているのである。

(3) 多面的機能と直接支払制度

耕作放棄地が拡大すると、地域住民のみならず、社会全体の損失にもつながりかねない。農林業は食料や木材を生産するという機能以外にもさまざまな役割を果たしているからである。

第1に、国土保全機能である。水田は雨水を一時的に溜め込むことで洪水を防止している。また、森林は土砂崩れなどの災害防止に役立っている。第2に、水源涵養機能である。日本の地形は平野が少なく山地が急峻であるので、河川の流域面積が小さく勾配が急である。そのため、欧米などの河川と比べて河況係数（最大流量／最小流量）が大きい。森林や水田があることで、雨水の急速な流失を抑制し、流水量を安定化させている。第3に、景観形成機能である。農村の景観は、単なる自然とは異なった郷愁を人々に訴えかけている。良好な景観は、グリーンツーリズム（農山村における滞在型余暇活動）の重要な資源であり、都市住民にとって農村は保養とやすらぎの空間となっている。第4に、地球環境保全機能である。森林は、二酸化炭素や汚染ガスを吸収して大気を浄化するとともに、地球温暖化を抑制している。第5に、生物資源保全機能である。森林や水田が多様な生物のすみかとなり、遺伝資源の保存や生態系の維持に役立っている。第6に、文化・教育機能である。地域独自の伝統文化を保全し、次世代に伝えていくとともに、近年は農村は児童・生徒の教育の場として重要な役割を果たしている。

このような農林業の非生産機能は、市場において貨幣と交換することで、住民や国民が便益を獲得しているわけではない。農業や林業が適切に維持されることで、間接的に効用が高まっているのであり、外部経済効果として理解される。農林業の外部経済は、1990年代以降着目されるようになってきた。これは、農林業の国際競争が激化するようになったこととも関係している。平場の農村では、規模拡大を図ってコスト削減に努めるなど対策の余地があるが、中山間地域では、国際競争の舞台に上がることさえ不可能である。そこで、日本やヨーロッパでは、条件不利地域における農業の維持政策が議論され、日本では中山間地域等直接支払制度が2000年から実施されるようになった（西野，2008）。これは、WTO（世界貿易機関）協定上、価格支持政策（黄の政策）などは貿易を歪めるものとして規制され、農業補助が緑の政策に移行しているからである。

(4) 棚田の保全

中山間地域において、近年着目されるようになったのが棚田である。棚田は傾斜地における階段状の水田であり、面積が小さいので大型機械の導入が困難であり、畦畔や水路などを適切に維持管理していく必要もある。そのため、耕作放棄が進んでいたが、棚田オーナー制によって自ら耕作に出向く都市住民もみられるようになった。棚田オーナー制とは、主として非農家の都市住民に、棚田を1a（100m²）当たり3万円程度で貸し付ける制度である。「棚田オーナー」は田植えや稲刈りなどの作業を楽しみ収穫された米を受け取るが、日々の管理作業は地元の農家が行うことが多い（中島，1999）。「大山千枚田」で有名な千葉県鴨川市、千曲川が形成した盆地に臨む長野県の姨捨山、「第1回全国棚田サミット」が開かれた高知県梼原町など、全国70ヵ所以上で、棚田オーナー制が実施されている。棚田オーナー制は、いわば周辺の景観を含めて棚田を耕作する権利という商品である。しかしながら、そのような地域は一部に限られ、商品化された農村空間の選別が進展しているのである。

（高柳長直）

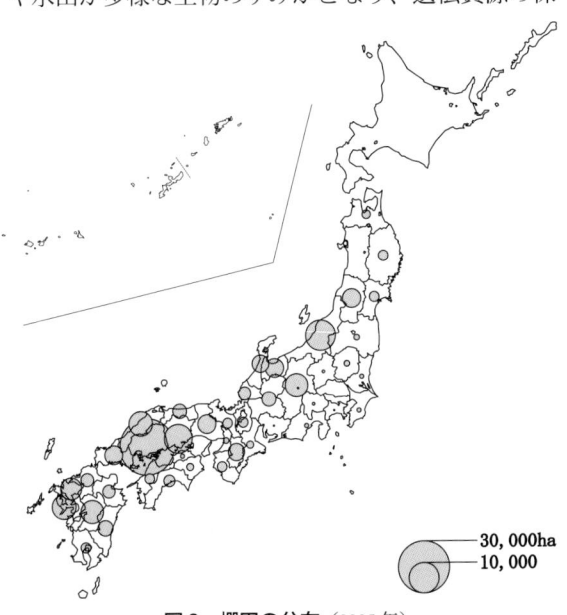

図3　棚田の分布（2005年）
農林業センサスにより作成。

2. 環境運動の地域的展開

(1) 環境運動と地域

　環境問題は地球規模で発生しているとともに、地域の問題としても登場する。地理学においては、環境の変化や環境の悪化という観点から環境問題に注目していたが、さらに社会問題として環境問題が取り上げられるようになると、環境運動に対する分析も試みられるようになった。

　そもそも環境運動は社会運動の一つとして取り上げられる。地理学者が地域と運動との関係を結びつけるために、図1のような図式が考えられている。運動には参加としての政治的動員が伴う。そこには地方政治構造とのつながりや行動の意味としての場所の感覚が存在する。特に環境運動においては、発生している現場での地域性（ロカリティ）の違いや運動組織の基盤となる集合的アイデンティティが構築されることが多い。

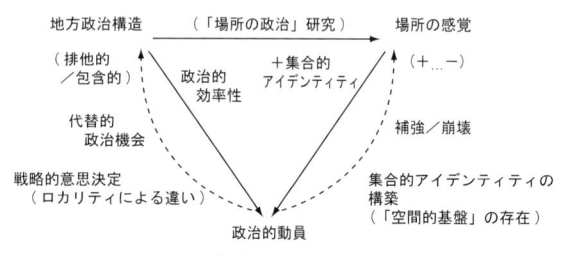

図1　社会運動と地域の関係
水内編（2005）により作成。

(2) 環境問題の現場

　環境運動がいかに地域において展開していくかを、川崎市と霞ヶ浦における環境問題を事例として考えてみたい。地域の環境問題に対して環境運動が地域の政策決定や土地利用にどのような影響を与えるのか、そして環境運動がどのような性格を持ち、地域の文脈から環境運動がいかに成立し展開してきたかが解明されている（伊藤・淺野，2003）。

　川崎市の環境問題は戦前の工場立地による公害問題の発生にさかのぼることができる。明治末期から大正期にかけて川崎の多摩川沿岸や東京湾沿岸に大規模な工場が立地し始める。当時、川崎はまだ農漁村の景観を残しており、工場からの排出物は周辺住民だけでなく農作物や漁獲物にも被害をもたらした。

　工場の操業開始直後から、公害問題が発生し、毎年のように苦情が工場へ寄せられているとともに、行政機関に対して陳情が出された。被害の特徴は、

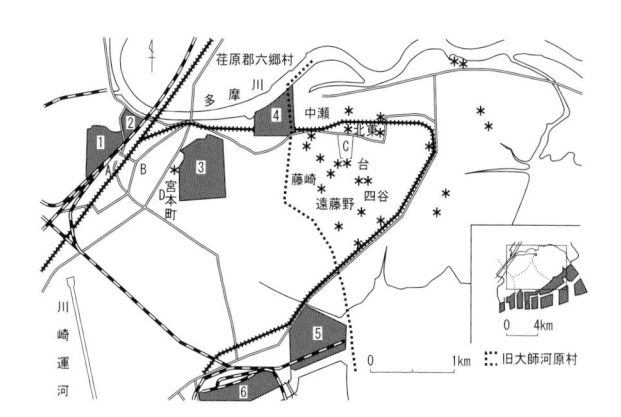

1：東京電気（創業1908）、2：明治製糖（同1907年）、3：富士瓦斯紡績（同1915年）、4：味の素（同1914年）、5：浅野セメント（同1917年）、6：日本鋼管（同1913年）
A：川崎駅、B：川崎市役所、C：川崎大師、D：川崎警察署、＊：公害反対運動指導者宅

図2　戦前の川崎における公害反対運動の分布
水内編（2005）により作成。

工場からの降灰が農作物や海面で養殖されていた海苔に降りかかり、商品価値を失わせることと、工場からの排水が、同じく河川を通じて農作物と水産物に悪影響を与えたことであった。

　こうした川崎の環境問題は、第二次世界大戦期とその後の復興期には収まっていたが、高度経済成長期には、工業地帯の拡大とともに大気汚染と水質汚濁の被害が増加していった。企業と行政を被告とする公害裁判が1982年に提訴され、住民側に有利な内容の和解が1996年と1999年に成立した。

　霞ヶ浦ではその流域内におけるさまざまな環境問題が発生し、それらは時や場所に応じて争点となり、複合的な課題となってきた。そこでの住民・市民運動の主張は、霞ヶ浦の環境政策へ影響を与えてきている。

　1960・1970年代の霞ヶ浦における水質汚染問題は、鹿島開発の反対運動と関連する形で、争点となっていた。ここではすでに大規模干拓事業が中止になっており、農地造成よりも水資源開発が重要視されていたことがわかる。1980年代には霞ヶ浦流域で都市化が進んできていたこともあって、湖の富栄養化問題が発生する。これに対して、行政の浄化対策や、そのための制度づくりを求める運動が展開し、市民運動として、自らが水質や植生の調査に取り組むようになった。さらに1990年代以降には、水質とともに生態系という観点から霞ヶ浦の環境が注目され、公共事業や地域づくりにも環境運動の立場か

| キーワード | 環境問題　公害反対運動　環境運動団体
開発　都市化　地域組織 |

2．環境運動の地域的展開

臨海部の大師地区（旧大師河原村）では、漁業に関係している人々が公害反対運動とも関わりを持っており、公害反対運動の参加者は地区内全域に広がっていた。川崎市の市議会が議事の内容から公害反対運動と関わることもある。また地域組織として旧来からの行政団体だけではなく、町内会レベルの集団を母体とした住民運動のような形態も現れ始めた。これは高度経済成長期の公害反対運動にも引き継がれているのではないかと考えられる。

後の公害裁判では、公害病患者の支援組織を中心として、一部の住民が運動を担った。地域住民が結集して環境運動を構成するというのは、歴史的にみると一時的であったということも言える。

次に、霞ヶ浦を事例として環境運動の地理的特徴を眺めてみると、都市化による影響が大きいことがわかる。そもそも霞ヶ浦の環境悪化は、人口増加や排出物の質量両面での負担増という都市問題に起因しており、環境運動もまた都市化によって流入してきた都市住民によって担われることが多いのである。

霞ヶ浦における代表的な環境運動団体として、「土浦の自然を守る会」がある。1970年代に結成され、消費者運動として水と水周辺に関する活動を続けてきた。図3は、会員の分布を示したものである。

分布の特徴として、霞ヶ浦に近い土浦市とつくば研究学園都市、そして茨城県の県庁所在都市である水戸市に集中している。このことから、環境運動は都市域の住民や団体で構成されているという特徴を指摘できる。世界湖沼会議が1995年に霞ヶ浦で開催されたことから、流域のより広い範囲で、住民の運動への参加が図られるようになった。

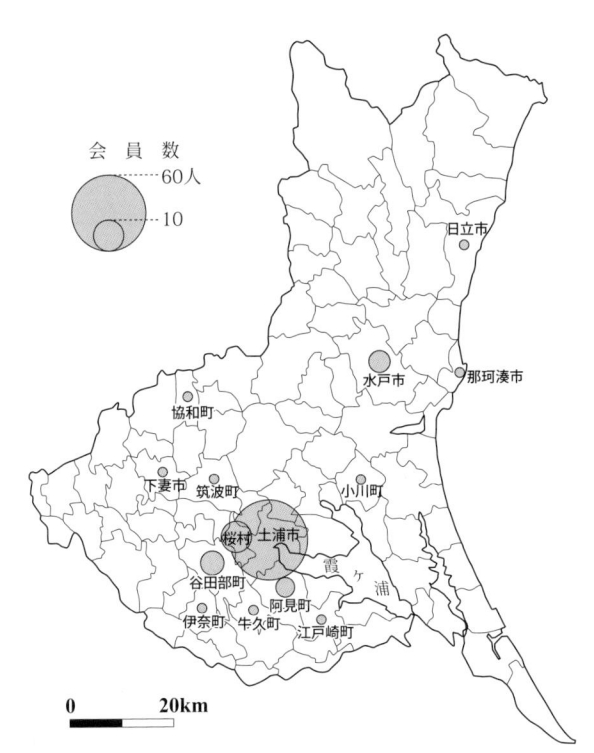

図3　土浦の自然を守る会会員の分布（1987年）
1987年度「土浦の自然を守る会」会員名簿をもとに作成した淺野（2008）の原図により作成。

らの主張がなされている。実際、霞ヶ浦のある茨城県では霞ヶ浦対策課という行政組織が設けられ、後には霞ヶ浦環境センターとして独立した。霞ヶ浦の総合的な環境問題対策には、行政機関への環境運動の働きかけが見られる。

このように、環境運動は時期や場所に応じて、主張や行動を展開してきており、環境問題の現場を理解する上で、果たしてきた役割は大きい。では、環境運動を地理学的に分析するためにはどのような視点が必要になってくるのであろうか。

(3) 環境運動の分布

川崎の公害反対運動は当初、近世以来の旧村を組織化の基盤にしていた。農業や漁業あるいは工場周辺の地域への被害が大きかったので、当時結成されていた同業者組織や、旧村よりさらに狭い範囲での地域組織が、運動の基盤として登場してくるようになった。1924年に三町の合併によって川崎市が誕生すると、当時の川崎市の範囲を組織の基盤とした運動も発生した。戦前の川崎における公害反対運動に参加した人々の居住地を地図化してみると、図2のようになる。

(4) 環境運動への取組

環境運動は地域におけるさまざまな活動と結びついて展開している。自然保護や開発反対といった環境問題そのものに関わる活動から、まちづくり、景観整備、持続可能な社会の構築といった将来に向けての幅広い活動に関与するようになってきた（環境省編，2007）。今後は環境運動という枠組みよりも、行政、企業を含む関係主体とのパートナーシップを構築していくことが目標となっていくのではないか。より多くの住民が環境問題に関心を持つことが、それを現実化するだろう。

（香川雄一）

3．環境行政と市民参加

(1) 環境行政と市民の関係の変化

環境行政の発端は、産業公害の拡大に対する政策的対応にある。1950〜1960年代には、公害被害者の増大にもかかわらず、企業や行政が適切な対応をしなかったために、企業や行政の責任を明確にさせるという運動が展開した。産業公害にとどまらず、光化学スモッグによる都市環境の悪化にみられるように、市民の生活環境が劣化していく状況に対して、市民による行政への異議申立てや、環境改善を求める要請が拡大していった。このように、環境行政の発足時における行政と市民の関係は、潜在的な対抗関係を孕みながら当面の環境悪化をいかに食い止めるかという点において接点をもっていた。

1967年における公害対策基本法の制定前後から、地方自治体においては公害問題を担当する部署が独立して、本格的に環境行政と取り組む体制を整えるようになった。1970年の公害国会における公害関連の法の成立と、1971年の環境庁（2001年より環境省）の設立によって、国のレベルでも環境政策を遂行する体制が整った。こうして1970年代には、各地での取組が功を奏して、従来の公害問題を克服する目処がたち、環境政策に転機が訪れることになった。

それを端的に示しているのが、1977年のOECDによる日本の環境政策のレビューであった（OECD, 1994）。このレビューでは、日本の環境政策が産業・都市公害を克服することには成功した反面、アメニティの改善には未だ至っていないという評価が行われた。そのため、これ以後、環境政策においてはアメニティに関わる問題への取組が課題となってきた。

(2) 都市型社会における環境政策

汚染制御に加えて、自然保護やアメニティの形成が環境政策の対象に入ってくると、従来のような規制を中心とした手法だけでは対応不十分となる。アメニティは、そこに住む住民の意志や価値観と関わってくるから、これらをいかに把握し、それをどう政策に反映していくかという課題が登場する。したがって、環境政策の対象が拡大するにつれ、環境行政と市民の関係は変化していくことになった。

市民参加にはいくつかの類型がある。たとえば、①情報提供・情報公開、②聴取・要求、③参加・協議・相談、④参画・協働、⑤委任・委託、⑥市民の自主事業、といった取組である。内容からみると形式的参加と実質的参加に分けることができるが、参加する市民の側からみると、初めは受動的だが段階が上がるにつれて能動性を増す。しかも、市民対行政という形でのやりとりだけではなく、市民相互の討論を通じた政策の提案という形に展開する事例もみられるようになっている（図1）。

参加の契機も多様だが、消費者として暮らしてきた市民が、消費行動の結果として発生する廃棄物を前にして、リサイクル活動に参加するといった展開に発展し、その活動を通して環境行政と接点をもつ

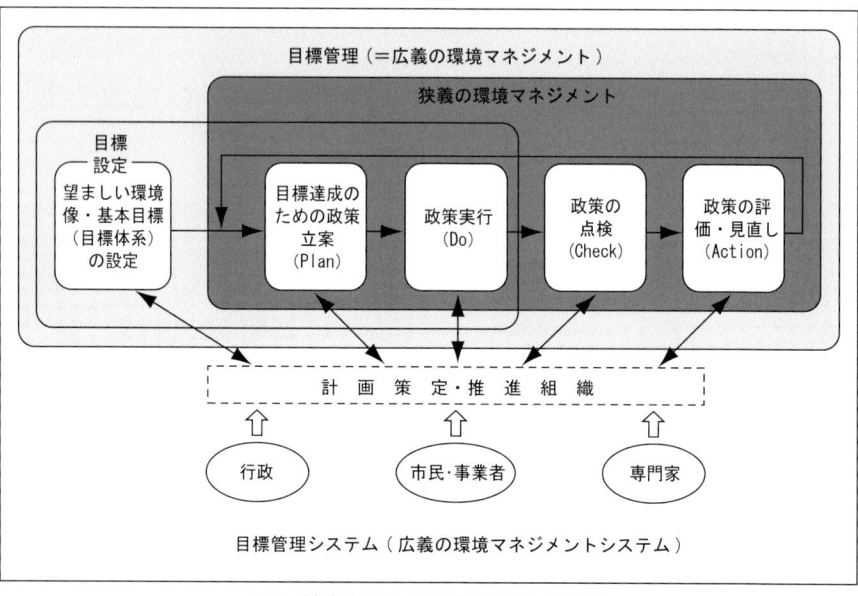

図1 地方自治体の環境管理と市民参加
田中ほか編（2002）による。

キーワード	環境政策　環境基本計画　環境悪化	3．環境行政と市民参加
	NPO　アメニティ	

という水俣市のような事例もある。行政当局も、環境政策の項目ごとに、それと関わる市民団体の活動に関する情報を得て、そことの連携を図るという展開もまれではなくなってきた。

1993年に環境基本法が制定され、それに基づいて1994年に第一次の環境基本計画が策定されたが、これ以降、地方自治体でも環境基本条例の制定と環境基本計画の策定が進んでいる。市民の身近な市町村の環境基本計画策定においては、市町村によってその策定方式や内容がかなり異なっているが、積極的に環境基本計画を当該地域の環境政策で活用しようという意志をもったところでは、策定過程の全プロセスを通じて市民の参加を図っている。環境基本計画を策定している市町村で、その策定過程を調べてみると、当該市町村の環境政策に対する熱意や持続性を把握することができる（高橋，2000）。

環境基本計画は、策定するだけでなく、それがその後の実践につながらなければ、単なる作文で終わってしまう。そうした陥穽に落ち込まないためには、計画の中に数値目標を設定して進行管理を実質的なものにするとか、執行過程の評価に市民が参加する（図2）といった工夫が必要となる。

（3）新たな生活空間の編成と環境管理

国民の7割近くが都市に住むようになった現在の日本では、都市生活を営む過程で、人間が自然の一部であり、自然のなかで生かされている生物種の一つであるという感覚を見失いがちである。こうした中で地球環境問題に関する情報が伝わってきたとしても、それを我がことと実感する契機に乏しい。そこで、自然の中で生きているという感覚を人間が日常的に維持できる環境の整備が、とりわけ都市において求められることになる。

たとえば、滋賀県守山市は琵琶湖の東岸に位置する人口7万人余の都市であるが、ここのNPOと自治会および市行政が連携して、ユニークな水環境再生の取組を行っている（東・長尾，2007）。NPO法人「びわこ豊穣の郷」は、1996年に任意団体として設立され、主として守山市に居住する住民によって、継続的に水質や生物の調査を実施してきた。水質の改善やかつての生態系を取り戻すための対策、生活のあり方などについて提言すると共に、自らが実践活動を展開することを目指してきた。その過程で、地元の自治会と協力して環境調査や川づくりを進めている。当初は行政主導で設立された団体であったが、その後自立した活動を展開するようになってからNPO法人となり、地域住民や自治会と行政をつなぐ機能も果たしている。

都市化の過程で破壊された自然の修復と、新たな環境の創出という課題に共感する市民が増えつつあり、そこでは行政の主導をこえた実践例も生じている。近年、行政主導の政策形成から、関係する市民やNPO、企業などさまざまな団体や組織と行政の協働を図る環境ガバナンスという枠組みが提示されるようになったが、参画と協働を単なるスローガンで終わらせないためには、実質的な市民参加の事例を増やし、試行錯誤の中から多くの知見と教訓を汲み取っていくことが必要であろう。

（秋山道雄）

図2　彦根市環境基本計画の進行管理
彦根市（2001）による。

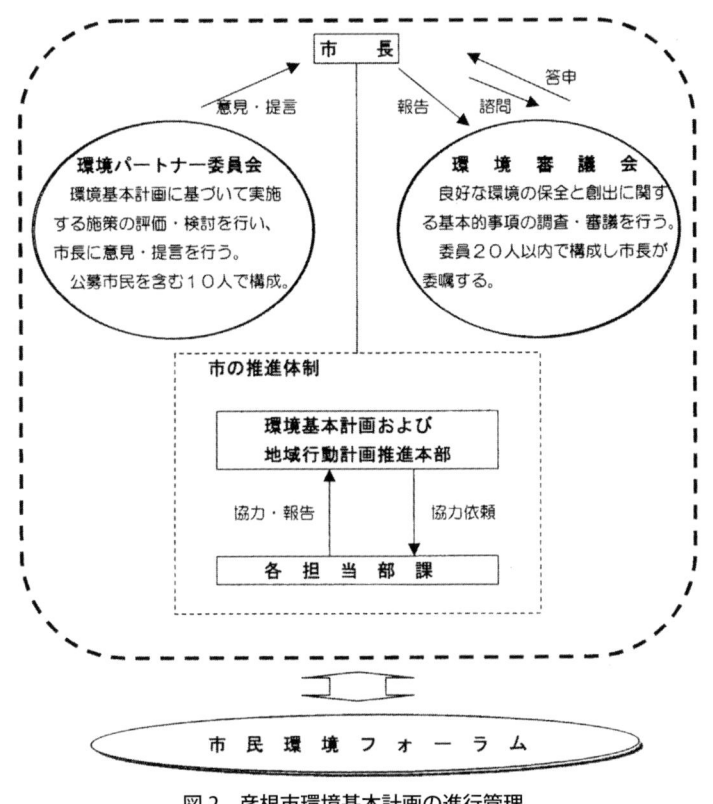

4. 地球温暖化問題への対応

(1) 問題の端緒

地球温暖化とは、二酸化炭素やメタン、フロンなどの温室効果ガスが、化石燃料の使用など人間活動の結果排出され、大気中の温室効果ガス濃度が増加する結果、地球表面近くの大気や海洋の平均温度が上昇する現象である（図1）。これが生じると生態系に変化をあたえ、海面上昇や異常気象をもたらすと予測されている。

二酸化炭素などの増大が地球温暖化をもたらすという議論は1970年代から出ていたが、これが地球環境問題の一つとして取り上げられるようになったのは、1988年になってからであった（米本, 1994）。この年、アメリカ合衆国では大旱魃が発生し、議会で地球温暖化に関する公聴会が行われた。また、同じ1988年秋の国連総会では地球環境問題に言及する演説が多く、環境総会と呼ばれるほどであった。こうした動きを受けて、1989年の国連総会で1992年に環境問題に関する国連会議が開催されることになった。当時は米ソ対立の冷戦状態に変化の兆しが見え始めており、地球温暖化をめぐる議論は、こうした国際政治の動向に深く根ざしながら展開することになった（表1）。

1992年は、1972年にストックホルムで国連人間環境会議が開かれてから20年目にあたっていた。1972年の会議では、産業公害など一国内部で展開する環境問題が焦点となっていたが、1992年の会議では対象は地球環境問題へと拡大することになった。

(2) 環境外交の展開

地球温暖化問題への取組で特徴的なのは、科学的研究と政策形成が緊密に連携していることである（森田・天野編, 2002）。世界気象機関（WMO）と国連環境計画（UNEP）が1988年に設立した気候変動に関する政府間パネル（IPCC）は、地球温暖化に関する最新の知見を収集し、科学的研究の成果とそれへの対応策を評価して温暖化政策に科学的基礎を提供するための国際組織である。これまでに、1990年、1995年、2001年、2007年に評価報告書を発表してきた。

1992年にリオデジャネイロで地球サミットが開かれるまでに、大気中のCO_2濃度は産業革命期の280ppmから360ppmまで上昇し、平均気温も上昇していることが観測データによって示された。これへの対策をとらなければさらに温暖化が進むという予測について、国際政治の場ではおおむね了解されたが、問題は温室効果ガスの排出を抑制・削減する主体と方法であった。当時、排出量の多くは工業化の進んだ先進国から出ており、世界人口の2割である先進国が排出の6割を占め、発展途上国との間に大きい格差が存在していた。途上国は、温暖化の責任が先進国にあるという点を強調し、これ

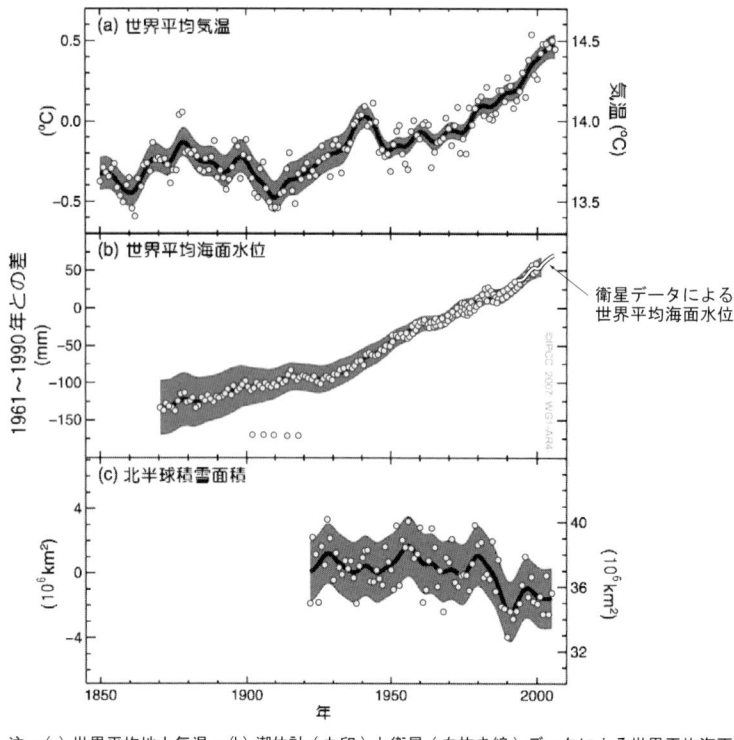

注：(a) 世界平均地上気温；(b) 潮位計（丸印）と衛星（白抜き線）データによる世界平均海面水位；(c) 3～4月における北半球の積雪面積、それぞれの観測値の変化。すべての変化は、1961年～1990年の平均からの差である。滑らかな曲線は10年平均値、丸印は各年の値をそれぞれ示す。濃いグレー部は (a, b) 既知の不確実性の包括的な分析から推定された不確実性の幅、(c) 時系列から得られた不確実性の幅。

図1　気温、海面水位及び北半球の積雪面積の変化
IPCC（2007）による。

キーワード　温室効果ガス　環境外交　気候変動枠組み条約
　　　　　　京都議定書　IPCC　排出枠

4．地球温暖化問題への対応

表1　地球温暖化に関わる年表

年	事　項
1988	国連総会で地球環境問題に関する発言が続く
	世界気象機関（WMO）と国連環境計画（UNEP）がIPCC（気候変動に関する政府間パネル）を設立
1989	国連総会で1992年に地球サミットを行うことを決議
1992	リオデジャネイロで、地球サミット（国連環境開発会議）開催
	地球サミットで気候変動枠組み条約と生物多様性条約採択
	リオ宣言とアジェンダ21も採択される
1993	国連経済社会理事会のもとに「持続可能な開発委員会」設置
1997	地球温暖化防止京都会議（COP3）で京都議定書を採択
2001	アメリカ合衆国が京都議定書から離脱
	日本、京都議定書を批准
2002	ヨハネスブルクで、国連環境開発サミットを開催
2003	シカゴに世界初の排出権取引所開設
2005	EUで排出権取引制度創設
	京都議定書発効
2006	イギリスでスターン報告書公表
	ナイロビで開催された地球温暖化防止条約締約国会議（COP12）でポスト京都議定書が取りあげられる
2007	IPCCが第4次報告書発表
	アル・ゴアとIPCCが地球温暖化問題への貢献によりノーベル平和賞を受賞
	バリ島で開催されたCOP13で、ポスト京都議定書の行程表を採択
2008	東京都が排出権取引制度を条例化
	洞爺湖サミットで、前年のハイリゲンサミットでの2050年にCO_2、50％削減提案を再確認

から経済開発を進める途上国は、温室効果ガスの削減という義務から自由であると主張していた。

　1992年の地球サミットでは、こうした南北問題に配慮して、地球温暖化の責任には「共通だが差異がある」という原則を認め、国連気候変動枠組み条約に明記することとなった。1997年に開かれた同条約の第3回締約国会議（地球温暖化防止京都会議、COP3）では、産業革命以来、膨大な温室効果ガスを排出してきた先進国がまず差異ある責任を果たすこととし、この時採択された議定書に主要先進国の排出削減義務を定めた。これに対して、累積排出量がはるかに少なく、一人当たりの排出量も先進国の数分の一という途上国には、削減義務は課されなかった。

(3) 京都議定書とその後の動き

　京都議定書（オーバーテュア・オット，2001）では、先進国全体で温室効果ガスの排出量を1990年の水準から5.2％削減することとし、主要な国・地域別では、日本6％、米国7％、EU8％の削減目標を設定した。そして、これを2008～2012年の「第1約束期間」のうちに達成する目標とした。

　京都議定書が国際政治における妥協の産物として採択されたため、目標達成のために柔軟措置を認めるという方式がとられている。具体的には、①クリーン開発メカニズム（CDM）、②共同実施（JI）、③排出権（量）取引、という3点の活用が認められた（京都メカニズム）。①は、自国の対策だけでは目標達成が困難な場合に途上国で温暖化防止プロジェクトを実施し、そこで得られた排出枠を自国の削減量に加算できる仕組みである。これを実施すれば、計算上は先進国・途上国ともに便益が増すというメリットがあるが、その具体的な実施過程では双方の立場と意図が複雑に作用して、構想どおりの実施が展開できている事例ばかりではない。

　2001年には、世界最大の温室効果ガス排出国であるアメリカ合衆国が京都議定書を離脱した。アメリカ合衆国は、経済発展の著しい（それゆえ温室効果ガスの排出量も多い）中国（2位）やインド（5位）に排出義務が課されないのは不公平であるという立場であるが、米国不在のまま京都議定書は2005年に発効した。

　第1約束期間の始まる2008年までに、削減目標が達成できないと公表したカナダのような動きもあるが、他の議定書締約国は目標達成に向けた動きを進めている。日本政府は、目標達成に積極的な環境省と、消極的な経済産業省に分かれ、対外的には明確なメッセージを示しえないまま今日に至っている。

　2007年に出たIPCCの第4次評価報告書を受け、世界ではポスト京都議定書を射程に入れて、2020年ないし30年の中期目標と、2050年の長期目標の設定をめぐる議論が展開し始めている。2008年の洞爺湖サミットでは、さしたる前進はみられなかったが、1980年代の末に地球温暖化問題を重要なアジェンダに載せた国際政治の動きが、再び現在の停滞状況を変化させる契機となり得るような兆候もみられる。国際政治と草の根の動きを結ぶ多様なネットワークの作用に注目しておきたいところである。

（秋山道雄）

第11章　都市圏構造の変化

1．都市圏と生活圏

(1) 都市圏と生活圏

　「都市（中心市街地）とそれをとりまく地域は、強い機能的な関係を有する結節地域を構成する。これを都市圏という。」（浮田編，2003）。地理学の都市圏の定義を簡潔に示すならば、このような表現に集約されるであろう。けれども、この定義には、機能的な関係の内容、換言すれば都市圏を構成する諸要素のうちの、何と何とがどのように関係を取り結んでいるのか、そしてその関係は、結節という表現が最も適切といいうるようなシステムを持っているか否かといった点については、何も語っていない。

　都市圏であれ、生活圏であれ、圏という以上は、暗黙裏に中心部に立地し集積する「核」と言うべき部分と、それを取り巻いて分布する中核ではない、副次的な部分が存在し、それらが結合・統合することによって当該都市の機能が作動していると考えられる。と同時に、圏という言葉には空間の範囲という意味も含まれるので、上記の中核と副次とが機能することによって形成される、当該都市と関係の深い空間が、限り取られなければならない。換言するならば、対象とする都市には例外なくその都市の機能を作動させるための「核」的要素の立地・集積とその周辺に立地し分布するサポート的・副次的要素が存在しており、両者は日常的に（ということは24時間という1日の時間の単位の中で）結びついているのである。そして、このような制約条件を充たす形で副次的要素が分布する限界が都市圏ということになるであろう。

　では近代資本主義社会・産業化社会においては、この中核的機能とは何か。それをモデルとして説明するならば、資本主義社会においてはビジネス即ち企業であり、このビジネスを支える勤労者が副次的な機能ということになる。そして彼ら勤労者は自らの労働能力を日々リフレッシュするために、賃金を支出して生活しなければならない。

　要するに、産業革命以降の近代資本主義社会においては、都市の建設者（City Funder）は各種企業、即ちビジネスであり、それを支える形で集住している市民の多く（City Filler）は勤労者であるということができる。両者が結合して共同社会を形成し、日々機能を維持する目的は本来的に利潤の追求であり、それ以外の機能は副次的といえる。このような地域社会はまさにビジネスコミュニティと言うことができる。

　近代の都市と都市圏をこのように定義するならば、それは一方で商品（財・サービス）の生産と流通を最も効率よく遂行するための空間であると同時に、他方においては大部分が勤労者（とその家族）の日常生活を可能とする空間である。企業・ビジネスと勤労者の結合が日々の通勤によって成立していることからして、その通勤の範囲（通勤圏）は、同時にまた勤労者とその家族の生活を維持するための日常生活圏でもある。ただし、通勤の場合には、都市圏の範囲内で移動（通勤）が強要されるの対し、日常生活の場合の移動は、ある程度まで任意性が保障されている。少なくとも奢侈性の強い買回品的財・

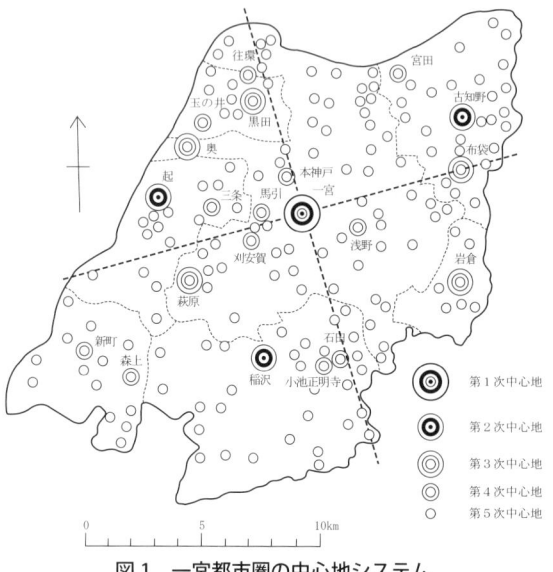

図1　一宮都市圏の中心地システム
　林・伊藤（1976）による。

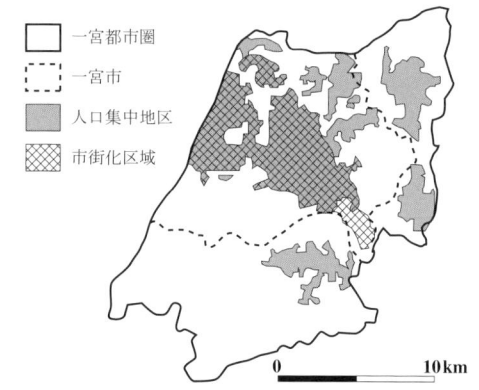

図2　一宮市の市街地・行政区画・都市圏（2005年）
　国勢調査と一宮市の資料により作成。

キーワード　Urban Center　ビジネスコミュニティ　Urban Region　郊外　公共交通体系　定住自立圏構想

1．都市圏と生活圏

サービスと、生活必需的な性格の強い最寄品的財・サービスとでは、移動の頻度と範囲に質的な差異が存在している。前者を日常生活圏とするならば、後者は基礎生活圏ということになろう。要するに都市と都市圏を住民の生活にひきつけて説明するならば、少なくともそこには基礎生活圏と日常生活圏との二重構造の存在を確認する必要がある（伊藤，2006）。

（2）都市と都市圏

次に都市と都市圏とはどのような関係にあるのであろうか。英語で Urban Center とか Built up Area という表現がある。ドイツ語では Stadtmitte（都心）であろうか。これらは日本語の中心市街地にほぼ対応すると見てよい。これに対して日本語の都市圏に対応する社会空間は Urban Region とか Urban Area と呼ばれている。Urban Center とか Built up Area に相当するものとして、国勢調査に用いられる人口集中地区や都市計画法における市街化区域をあげることができる。市街化区域は 1973 年の新都市計画法施行以降の見直しがほとんど行われておらず、その意味において範囲が固定的ないしは非弾力的であるのに対し、人口集中地区は国勢調査ごとに人口密度基準（1km² 当たり 4,000 人）によって見直されており、人口集中地区の方が市街化区域よりもやや広いようである。これに対し、Urban Region に対応する空間、すなわち、都市圏の方は、一般に通勤圏によって代行されている。

このような空間概念からの都市と都市圏との関係は、公共交通体系の開発整備による大量通勤システムの広域化と密接に関係している。世界史的には、この現象は 19 世紀末のイギリスにおいて始まるが、日本の場合、第一次世界大戦後の 1920 年代頃からのことである。1923 年渋沢栄一の目黒蒲田電鉄（現東京急行電鉄）と田園都市の開発、1910 年の小林一三の箕面有馬電気鉄道（現阪急電鉄）と宝塚の開発等がその先駆けである。いずれにしても、このような公私の通勤鉄道のネットワークの形成と、郊外の住宅開発、そして都市圏の形成は、とりわけ三大都市圏において顕著であった。これに対して、札幌や福岡に代表される広域中心都市や、県庁所在地としての地方中心都市、あるいは一般の有力地方都市の都市圏形成は、主に第二次世界大戦後のことであり、とりわけ 1970 年代以降の自家用車の普及と密接に関係している。現在問題となっている道路特定財源の確保による道路整備もまた、このことと無関係ではない。さらには、高度経済成長による国内市場の拡充と、世界の工業基地日本の形成に伴う工場の地方分散とが、各レベルでの雇用機会の増大を促進したことも、地方都市の都市圏形成の大きな要因となっている。

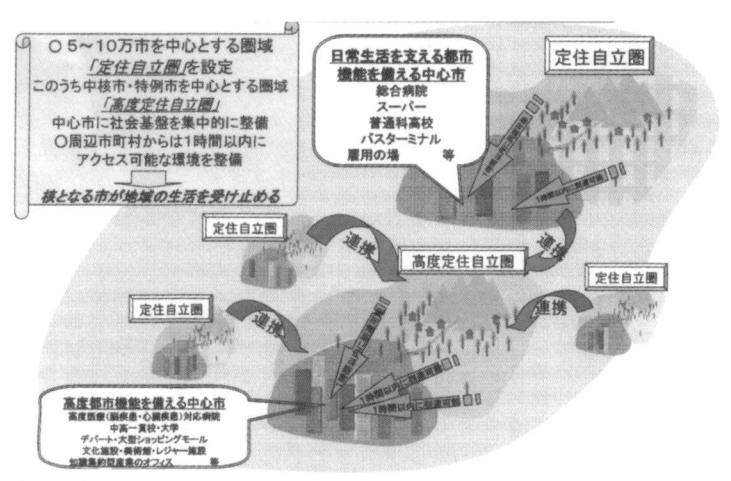

図 3　定住自立圏構想のイメージ
総務省の資料による。

（3）都市と都市圏整備政策

2008 年 5 月 15 日、総務省の「定住自立圏構想研究会」は、都市機能整備についての報告書をまとめた。要するに、「小さな市町村の区域だけでサービスを完結することは、より割高かつ困難になりつつあり、中心市の都市機能を周辺地域の住民が活用するなど圏域として考えることが必要」という問題意識から「中心地が周辺地域の住民の分も含め、圏域全体の暮らしに必要な都市機能を集約的に整備」するものである（2008 年 5 月 16 日付朝日新聞）。この場合、中心市とは人口 5 万人以上で、昼間人口指数が 100 以上と定義されている。この中心市が周辺の市町村と協定を結ぶ形で圏域整備がはかられることとなっている。イギリスの Regional Planning、ドイツの Raumordning（空間整備）の構想と類似した政策である。もしこれが、具体的に実行されることにでもなれば、日本の地域政策もここにきてやっと先進国共通の地域づくりにたどり着くことになる。地理学者として関心を持ち続けたい。

（伊藤喜栄）

2．東京大都市圏の生活空間

(1) 東京大都市圏の範囲

東京都市圏は通勤圏で類推する限り、図１のとおり、東西南北ほぼ100kmである。この中に日本の総人口の27％、3,450万人が居住する、世界でも一・二位を争う超巨大都市圏である。ここに集積するビジネス、すなわち、事業所（企業）は、21世紀のスタート時点において1,507,778（2001年事業所統計、埼玉・千葉・東京・神奈川）、これは全国の事業所の24％を占める。まさに東京圏は、産業国家日本の中枢・中核部なのである。

この巨大都市圏のビジネス領域について随所で取り上げることが多いので、ここでは、この圏域を生活という側面から解剖してみたい。

前にも指摘したとおり、都市圏を生活圏として捉えた場合、それは少なくとも買回品的財・サービスの供給に対応する日常生活圏と、最寄品的財・サービスの供給に対応する基礎生活圏とを峻別しなければならない。加えて東京・大阪のような巨大都市圏の場合、圏域の空間的なスケールが巨大に過ぎるために、全域を日常的に活用するということが、時間の面からも、交通費負担の面からも困難となる（いわゆる時間地理学の課題）。したがって、このような巨大都市においては、基礎生活圏、日常生活圏のさらに上位に広域生活圏を想定することの方がより現実的である。そして、この広域生活圏を対象とした買回品的財・サービスの供給は、単に当該都市圏の住民だけではなく、時として全国の、さらにはグローバルな購買力に対しても、財・サービスを供給している（平本編, 1993）。

(2) 広域生活圏と日常生活圏

図２は東京圏について買回品と最寄品の供給機能の分布を示したものである。この場合買回品機能として百貨店・総合スーパーの売上額を、最寄品として飲食料品の売上額を指標として用いている。図３において、飲食料品で示された最寄品売上額の分布は人口の分布に対応する形で、東京大都市圏を構成する市・区等基礎自治体の全体に及んでいる。これに対し買回品に対応する、換言すれば、ここでの定義に従っての日常生活圏の核となる百貨店等の売上額の分布は、かなりの偏りがあり、銀座の所在する中央区をはじめ新宿区、渋谷区、豊島区等はとりわけ百貨店の売上額が大きい。これらの周辺部に買回

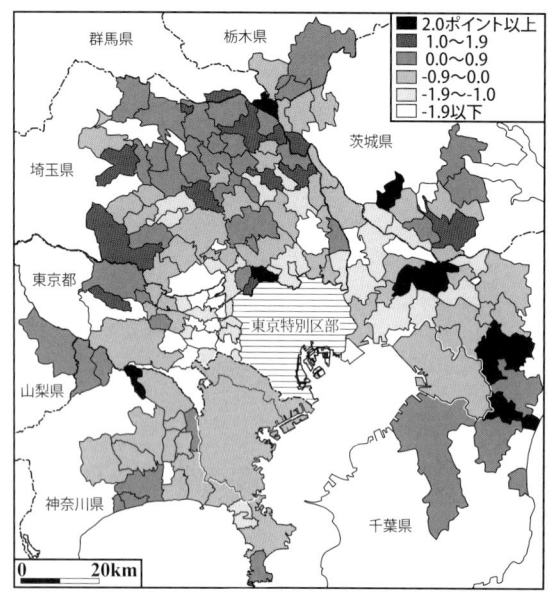

図１ 東京特別区部への通勤通学比率の変化（1990～1995年）
国勢調査（東洋経済新報社『地域経済総覧』1999年版所収）により作成。

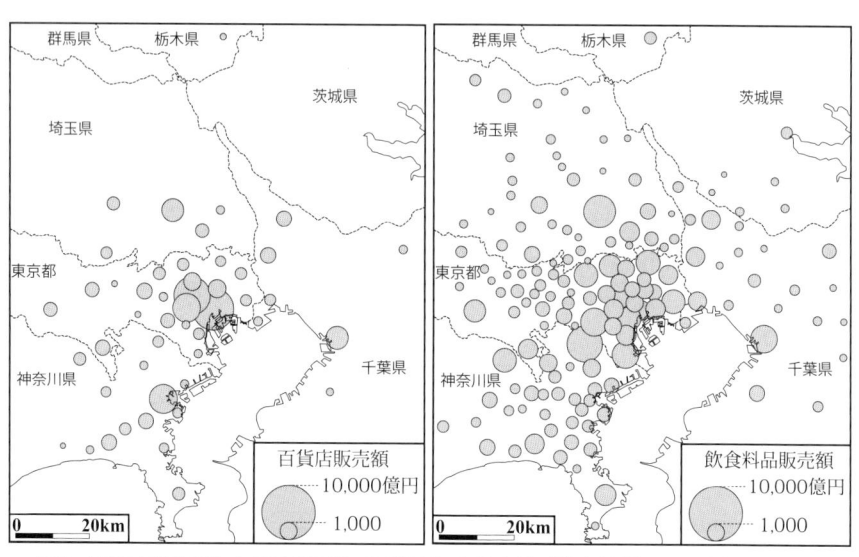

図２ 東京大都市圏における買回品（百貨店）と最寄品（飲食料品）の販売額（2004年）
東洋経済新報社『地域経済総覧』2008年版により作成。

キーワード　　広域生活圏　　日常生活圏　　基礎生活圏
　　　　　　　買回品供給機能　　最寄品供給機能　　生活必需的施設

品供給センター（百貨店等）が分布するが、これらの販売額は上記有力商業中心4区のそれに比べ格段に小さいことがわかる。

　この都心周辺の買回品供給センター機能と、それを取り囲んでいる品川区・大田区等以下の買回品供給センターとの違いは、このような販売額の大小の問題だけにとどまらない。有力商業中心4区の場合、百貨店等の販売額に比べ、飲食料品販売額がかなり小さいということがもう一つの特徴である。このような特徴を示すのは、他に横浜市の中心部を構成する西区（横浜市）を数えるのみである。単純化して言えば、これらの区においては区人口に比べ百貨店等の販売額が格段に大きく、大都市圏全域の、さらには日本全体の、もっと言えば時としてグローバリゼーションの中での買回品供給機能（国際的な観光客・買物ツアー等）をも兼ね備えている広域生活圏の中心でもあるといえよう。

　これらに対して品川区・大田区以下の百貨店等買回品供給センターの機能は、飲食料品等最寄品供給センター機能に比べて相対的に小さい。おそらく日常の生活に必要な、当座の最寄品は、このレベルの中心地で充足可能ということであろう。

　この特性は東京大都市圏の郊外の拠点都市（有力衛星都市）にも共通する。例えば、横須賀・町田・八王子・所沢・さいたま・越谷・船橋・千葉・市原等は、それぞれ買回品供給機能を持った有力衛星都市ではあるが、いずれも飲食料品販売額を上回ってはいない。この意味では品川区・大田区等と類似した生活圏の中心としてみることができる。

　これらの、広域生活圏と巨大買回品供給センター生活圏と副次的（最寄品の供給機能に対して）買回品供給センターといった階層構造のさらに下位を占めるのが最寄品供給機能のみの、ないしはこの機能が相対的に強い日常生活圏とその中心地が広く分布する。東京大都市圏の場合、これらはごくありふれた数多くの衛星都市である（伊藤，2004）。

(3) 基礎生活圏

　ちなみに、より最寄品に近い飲食料品販売額を人口当たりに換算して示した図3によれば、一般市民の所得水準が高いことに加え、広域的な買回品的飲食料品の比重が高い東京都心部のいくつかの区を除

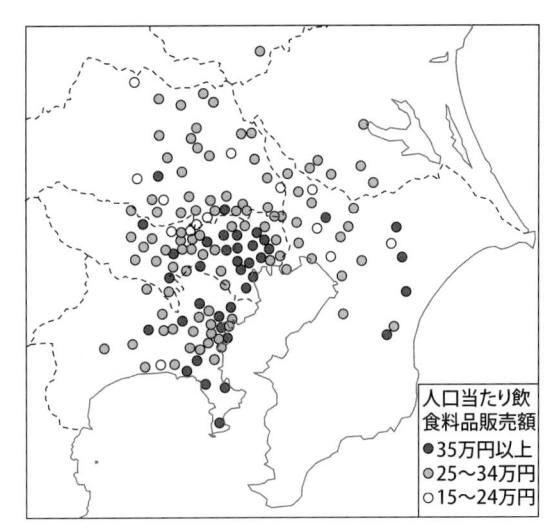

図3　東京圏における人口当たり飲食料品販売額（2004年）
商業統計調査（東洋経済新報社『地域経済総覧』2008年版所収）により作成。

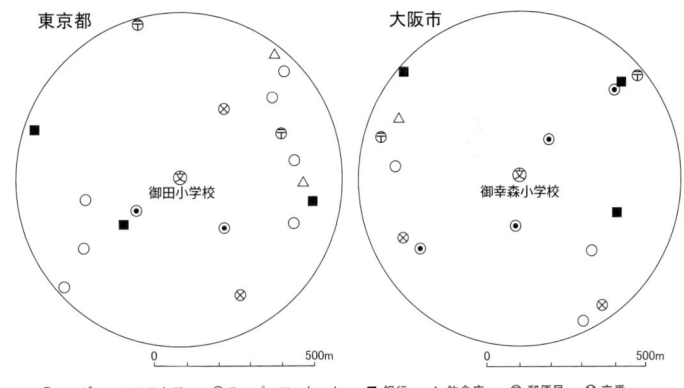

図4　東京都と大阪市の小学校区を中心とした生活必需的施設の立地
ぴあ（2005）と昭文社（2007）により作成。

けば、区・都市間の販売格差は小さいことがわかる。日常の生活においては、このさらに下位の、高齢者・年少者等の生活弱者が徒歩で最低限の最寄品を調達できる基礎生活圏の補完が不可欠である。ほぼこれに対応する社会空間として、徒歩での移動が容易な小学校の通学区等が想定される。

　図4は、直接小学校の通学区について示したものではないが、例示的に東京圏と大阪圏について、小学校から半径500m範囲内の各種生活必需的施設の立地を示したものである。東京圏と大阪圏とも最小限度生活必需的な施設の集積状況は類似しており、生活上の不便はさほど感じなくてすむのではないかと推測される。

（伊藤喜栄）

3．都市問題と製造業−住工混在問題−

(1) 産業集積と住工混在

　産業集積は、3章1でみたようなメリットばかりではなく、企業活動にとってのデメリットをももたらす。都市の内部でしばしば見られるような、交通渋滞、公害の発生、工業用地の不足、地価の上昇といった問題が事業活動の足かせとなりうる。この節のテーマである住工混在問題は、企業にとっては集積のデメリットとして作用するものであり、今日の代表的な産業集積の課題であるといえる。

　ただし注意すべき点は、住工混在自体が問題なのではないということである。企業の操業環境として、住工混在地区は、諸種の費用節約効果（マーシャルの外部経済）といった集積利益の基盤となると同時に、公害や住民との軋轢（あつれき）などのデメリットをもたらす。表1は、大阪市経済局（1978）が整理した住工混在地域の利点と欠点である。この整理からすでに30年の歳月が経過しているが、住工混在地域をめぐる一般的な構図を示しているといえる。

　住工混在問題の解消に向けた方策としては、住と工の純化策と、住工混在を前提とした対策の二つの考え方がある（日本開発銀行設備投資研究所、1986）。住工混在問題の解決を目指すだけであれば、土地利用の純化策が最も有効であろう。しかし、現実面での実現可能性が必ずしも高くはないことに加え、表1のように、住と工が混在することの利点も存在しうる。

　住工混在を積極的に評価する立場として、竹内淳彦の「産業地域社会」論がある。東京の製造業地域をモデルとした竹内（1996）の議論は、職住一体の住・工・商・サービスの共存からなる地域コミュニティが、モノづくり地域の強みを支えてきたというものである。小田（2005）は、竹内と類似の視点から、東京都城南地域の集積利益として、この地に独特の産業風土（industrial atmosphere）の存在を指摘している。そして、それが醸成された要因の一つとして住工一体の土地利用構造をあげる。

　この住工一体という言葉には三重の意味が込められているという。第一に、同一の街区の中に生産機能と居住機能が入り乱れて存在する「住工混在」である。第二に、「職住一致」である。同一の建物もしくは敷地内に経営者とその家族が居住することであり、小零細工場ではしばしばこのような形態が観察される。そして第三に、「職住近接」がある。経営者だけではなく、従業者も工場の近隣に居住している場合である。小田は、竹内（1996）を引用しつつ、日本の機械工業を支えるのは底辺産業であり、底辺産業を支えるのは住工一体の産業風土であるとして、機械工業の発展における産業風土の維持の重要性を強調している。

(2) 住工混在問題への取組

　しかしそれでも、1980年代半ば以降の住工混在問題が難しいのは、既述したようにそれが工場跡地への住宅建設によって産業活動に関心の薄い新住民の流入によって生じている点である。日本開発銀行整備投資研究所（1986）は、それを「新たな住工問題」とし、工場跡

表1　住工混在地域の利点と欠点

	利点	欠点
工場サイド	パートタイマーなど労働力が得やすい 家庭内職などの下請けが得やすい 取引工程上の協力・相互依存が可能 関連サービスが得やすい 工場の管理が容易である 地代や家賃が安く、小資本での経営が可能である 都心への接近が容易な位置にある	拡張スペースが不足 細街路が多く輸送条件が悪い 公害対策の強化が必要 地区外からの新規労働力の導入困難 工場の老朽化が進んでいる
住宅サイド	職場が近い パート、内職などの職が得やすい 家族の労働参加が容易 生活費が安い 下町的住みよさがある	騒音、振動、悪臭などの局地公害が多い 火災・爆発などの災害の危険が多い 車輌の通行が多く交通災害が多い 住居の老朽化が進んでいる オープンスペースや公共施設が不足している

大阪市経済局（1978）による。

| キーワード | 外部経済　産業集積　産業風土　工場アパート　中小企業振興 | **3．都市問題と製造業—住工混在問題—** |

地に建設される中高層マンション問題として位置付けている。

このような難問は、どのように解決が試みられてきたのであろうか。よく知られている行政サイドの取組は、東京において1980年代前半から実施されてきた工場アパートの建設である。工場アパートは、1982年の「東京都長期計画」の中小企業振興の中で、「工場域内再配置」のツールとして提示された。住工混在地域における産業振興と環境改善を両立させることがその目的であった（関，1990）。各地で工場アパートは作られていったが、1980年代後半、地価の高騰によってアパート建設は一時途絶えてしまう。これに対し東京都中小企業進行対策審議会が、1990年、城南地域における「新たな発想による工場アパート」の整備提言を打ち出し、1992年に住工セット賃貸の工場アパートが建設されることになり、これ以降、分譲型に代わり賃貸型の工場アパートが主流となっていく（小田，2005）。

工場アパートは重要な対策ではあったが、物理的な限界を伴っていた。工場アパートに入居可能な企業数は全製造業事業所数のわずか50分の1にも満たず、それは包括的な対処法にはなりえなかったのである（小田，2005）。小田（2005）によると、包括的な産業風土保全の取組が行われるようになったのは、1990年代半ば以降のことである。例えば大田区では、1990年代半ば以降、積極的な試みを行ってきた。1995年には、「大田区産業ビジョン」を策定し、それを受けて「大田区産業のまちづくり条例」を制定している。この条例では、区・産業者・区民が一体となって集積地域の維持を図る姿勢が示されている。「大田区のこの条例は中小企業振興というよりは、産業振興、特にそのための大田区産業の特色である産業集積の発展を政策的課題として強調」しているのが特徴である（植田，2007）。加えて2002年からは、同区の開発指導要綱を改正して集合住宅建設に対する開発指導を行っている。

（3）住工混在問題の解消に向けて

2000年頃から、工場の廃業とその跡地へのマンション建設に伴い、住工混在問題が新聞等メディアでも報じられることが多くなってきた。大都市の製造業地域の存続を左右する問題に発展することが懸念されている。

こうしたなか、行政・工場・地域住民・大学が一体となって問題解決への取組を行う試みが現れてきている。例えば、大阪府大東市もそうした先進的自治体の一つである。大東市では、2007年から上記の主体が「住工調和推進協議会」を立ち上げ、住工の実態把握と合意形成に向けて動き出した。図1における太線で囲われた、工場が集積する地区をモデル地区として設定し、問題解決の成功モデルとすることが目論まれている。住工混在問題は、住と工の根本的な利害対立に起因する以上、異なる立場への相互理解と合意形成が不可欠である。今後、こうした試みが各地で行われ、大都市内部の製造業地域の活力維持がもたらされることが期待される。

（立見淳哉）

図1　大東市における土地利用
工業集積研究会（2008）による。

平成12年土地利用
- 道路・鉄軌道敷
- 農地（畑・田・休耕地）
- 山林・原野・荒蕪地
- 市街地・集落地・公共施設他
- 工場地
- モデル地区

4．都市農業と農地問題

(1) 土地利用の混在問題

　高度経済成長期に、大都市圏への人口集中が加速し、郊外が無秩序に開発されて都市が拡散していくスプロール現象が生じた。無計画な道路網による交通渋滞、災害へのリスク、下水道などの社会資本の未整備、町並みの不統一など、住民生活上様々な問題が生じた。一方、農地が宅地や一般道路と隣接することから、日照・通風障害、光害による生育不良、雑排水の混入、大気汚染、トレスパス（住民等の不法侵入）、規模拡大の困難化、近隣住民への騒音・悪臭に対する配慮によるコスト増など、農地と宅地が混在することには農業面においても多くの問題がある（ブライアント・ジョンストン，2007）。

　そこで、都市的土地利用と農村的土地利用を空間的に分化させ、都市の健全な発展を図ることを目的として、1968年に新たな都市計画法が制定された。都市計画区域を、都市化を促進する市街化区域と都市化を抑制する市街化調整区域が区域区分（線引き）され、市街化調整区域では、原則として住宅の建築が認められなくなった。一方、三大都市圏の特別区・政令指定都市およびその周辺の市街化区域では、農地に対して宅地並みに固定資産税が課税されることになった。農地が宅地並みに課税されると、地域によっては100倍以上の税金がかかることになり、農業による収益ではまかないきれなくなる。そこで、農業者側が宅地並み課税に激しく反対運動を行った結果、還元措置や減免措置が行われ、課税による宅地化の影響は、実質的にあまり大きくはなかった。

(2) 地価の決まり方と郊外の宅地化

　高度経済成長期には、旺盛な土地需要と土地神話を背景に、地価は右肩上がりで上昇し続けた。バブル景気がはじけると、地価は10年以上連続して下落したが、2005年ごろから大都市の都心など一部地域では上昇している。

　現実には地価水準は複雑な要因で上下しているが、地価は理論的には収益還元法によって決まるとされる。土地の供給者側（売り手）は基本的に最も高い買値を付けた人に売りたいが、需要者側（買い手）は安ければよいというわけではない。土地は同じものが無く、需要者側はその土地からどれだけ収益をあげられるかということが、判断基準になるからである。そうすると、収益性が高い物件ほど地価が高くなる。ただし、収益をあげるには、必ずしも土地に投資して事業を行わなくてもよい。銀行に預金して、十分利息が得られれば、誰も無理して土地を購入しようとは思われないであろう。したがって、次の式が導き出される。

　　年間収益／地価＝期待される利回り
　　期待される利回り＝利子率
　　年間収益／地価＝利子率
　　　　地価＝年間収益／利子率

　このように、収益性のみならず利子率も地価を左右する要因である。プラザ合意後、輸出産業を保護するため急激な円高を阻止しようと、公定歩合を低めの水準に金融緩和策をとったことが、地価高騰を生み出した一因である（野口，1992）。

　ところで、空間的にみると収益性の高い物件はどこにあるのであろうか。市場に近いほど輸送費は少なくて済むので、都心に近いほど収益性が高く、都心から離れるにしたがって、収益性が低くなる。また、業種によっても、収益性は異なる。農業、工業、商業、住宅賃貸業の中で、最も単位面積当たりの収益が最大の可能性があるものは、商業である。顧客さえ集まれば、デパートのように売り場を立体化し、狭い土地から収益を上げることができる。一方、農業は土地への依存が大きく、他の産業のようにはい

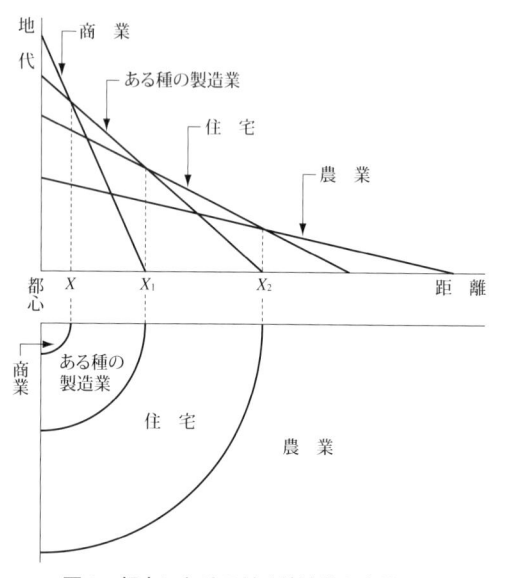

図1　都市における付け値地代と土地利用
高山（1989）による。

| キーワード | 都市計画法 | 収益還元法 | 地代 |
| | 集約的農業 | 生産緑地 | 市民農園 |

4．都市農業と農地問題

表1　東京都における主要農産物（2005年）

順位	品目	生産額（億円）
1	こまつな	35.6
2	ほうれんそう	18.2
3	なし	17.5
4	牛乳	14.3
5	トマト	14.5
6	キャベツ	8.8
7	だいこん	9.9
8	えだまめ	9.5
9	ばれいしょ	7.3
10	きゅうり	6.6

注）花きを除く
東京都産業労働局（2007）により作成。

かない。効率の高い農業を行うためには、農地を集積して、広大な土地で営農を行う必要がある。一方、商業は都心から離れたところでは、人口も少なく集客が期待できないことになる。したがって、業種ごとに異なる付け値地代曲線を描くことができ、地代（収益性）が最大の業種が、都心からの距離によって同心円状に立地することになる（図1）。

都市の郊外の農家にとって、農業を行うよりも賃貸マンションや駐車場を経営するほうが、農業を行うよりも収益性が高かった。農協系統の金融も広範な農村から集めた貯金による賃貸住宅ローンも不動産投資を後押しし、大都市圏を中心として農地転用が進むことになった。

（3）都市農業の実態

バブル景気のころは、大都市圏での地価高騰の原因は農家が農地を売らないからだと、都市農業が批判にさらされていた。そのような状況で、1991年に生産緑地法が改正され、都市農家が農業を維持していくためには、原則として30年営農が義務付けられる生産緑地の指定を受ける必要性が生じた（写真1）。その結果、市街化区域内の農地が「保全する農地」と「宅地化する農地」に峻別された。

都市では、どのような農業が行われているのであろうか。東京都では、こまつな、ほうれんそうといった葉菜類の生産が多い（表1）。これらは、日持ちがしないので、鮮度が要求される軟弱野菜であり、輸送距離が短く消費者に近い都市農業に有利な品目である。さらに重要なことに、これらの野菜は、生育期間が短く、周年栽培が可能であり、年間6～7回も収穫することができる。都市では、農地の規模拡大が困難であり、転用圧力も強いため、土地生産性を高めた集約的農業が行われている。

（4）市民農園の普及

都市における新たな農地利用のあり方として市民農園が注目されている。市民農園とは、非農家の市民が趣味を目的として、小区画の農地を借りて農作業を楽しむ空間である。

農地の貸借は、基本的に農業委員会の許可が必要であり、非農家が農地を利用することは困難であった。その例外的な措置として1989年に特定農地貸付法、1990年に市民農園整備促進法が制定され、市民農園は急速に普及するようになった。2006年現在、全国で3,246農園、159,694区画、1,101 haが開設されている。都市住民にとっては、生き物や土に親しむことにより心身ともにリフレッシュされ、収穫の喜びを味わうことができる。そのため人気が高く、東京23区の平均倍率は3.4倍と、多摩地区よりも激戦となっている。

市民農園には、年間5,000～10,000円程度という利用料金でのレクリエーションや保養の機能があり、子どもたちや大人に生物や食べ物、農業に関する理解を深めるという教育的機能もある。さらに、都市においては、少ない緑地空間を市民農園が補い、都市の気候緩和やオープンスペースによる災害時における被害防止が期待される。しかし、公有地化が進んでいるドイツのクラインガルテンとは異なり、農地所有権は農家が保持しており、相続発生時などに市民農園が閉鎖されることもある（樋口，1999）。また、市民農園の所在地が自宅から遠い場合には、手入れがほとんどなされないという課題もある。

写真1　宅地に囲まれている生産緑地
2005年東京都世田谷区にて撮影。

（高柳長直）

第12章　都市形態の変容

1．公共交通体系

(1) 都市と路面電車

　都市形態に大きな影響を与えるのは、公共交通体系である。公共交通として最初に発達したのは、路面電車である。資本主義の発達は、労働者の都市集中をもたらし、結果として通勤圏は、徒歩圏から公共交通に依存する圏域へ拡大したのであった。

　路面電車は当初、民間企業によって設立、経営されていたが、行政の財政的な都合と公道を走る電車という公共性から1910年前後から公有化されていった。一般に「市電」と呼ばれるのは、路面電車の多くが行政によって経営されていたためである（廣岡編, 1987）。

　1970年代になると住民の所得水準が上昇し、各家庭に自家用車を装備するようになった。いわゆるモータリゼーションである。モータリゼーションの進展は、利用者の公共交通機関離れを引き起こした。それに加えて、十分に整備されていない都市の道路を利用する自家用車が急増したために、慢性的な渋滞が発生した（今尾, 2001）。

　路面電車はこの渋滞の原因とされ、住民から廃止を求める声が大きくなっていった。また行政も自動車の普及により路面電車の利用者が減少したことから、多数の都市で路面電車を廃止した。現在では日本に残る路面電車の経営体は19になっている。

　表1に示したように、世界的には日本の路面電車の数は多いように見える。しかし例えば自動車王国であるアメリカ合衆国でも、日本より多い34の路面電車が運営され、ドイツに至っては経営体は66もある。また1995年と比較してみるとわかるように、アメリカやヨーロッパでは、路面電車がLRT（Light Rail Transit）という名称で復権しつつある。これらの路面電車の特徴は、都市政策の中に路面電車が位置付けられ、都市中心部には自動車が入れず、歩行者と路面電車専用となったトランジットモールになっていることであろう。また路面電車の郊外の停留所には駐車場が設置され、パークアンドライドによって、容易に都心部へ移動することができるようになっている点も特徴である。

　路面電車利用促進に向けて、日本でも多くの努力がなされている。例えば、JR富山港線を継承した富山ライトレールでは、駅の横でバスが発着するようなバスアンドライドを行うとともに、利用機会を増やすために、運転本数をJR時代の4倍程度にした。さらに駅を増やし、中にはスーパーマーケットに隣接した駅も開設されている。また長崎電気軌道では、利用しやすいように運賃は全区間120円均一である。経営が厳しい路面電車が多い中で、低運賃により利便性を高めている運営は注目できよう。

(2) 大都市圏と鉄道

　都市は、資本主義の発達とともに工業化・産業化を進め、それに伴い労働者を吸収していった。労働者の都市集中は、都心部での人口及び企業の過密を招き、労働者の住宅を郊外へ追いやっていった。

　三大都市圏では、都心部の過密に対応して、郊外住宅地の開発が行われ、それと平行して、私鉄の新線が放射状に建設された。第二次世界大戦後の高度経済成長期にはニュータウンの建設が始まり、これ

図1　日本の路面電車・LGT（2013年）

表1　主要国の路面電車経営体数（1995・2013年）

年	1995	2013
ドイツ	65	66
アメリカ合衆国	21	34
日本	19	22
フランス	10	28
イギリス	10	12
イタリア	8	14
スイス	8	12
中国	4	5

A world of trams and urban transit のWebページ資料により作成。
注）観光用保存線と近郊電車は除いた。

キーワード　モータリゼーション　LRT　パークアンドライブ　　　　　　1．公共交通体系
　　　　　　上下分離　コミュニティバス　第三セクター

に呼応して、通勤用の郊外鉄道の建設も進んだ。
　21世紀になり郊外の新線建設は一段落したが、人口の都心回帰と絡んで、三大都市圏では都心部において新線の建設が進んでいる。東京では、2008年に日暮里・舎人(とねり)ライナーや地下鉄副都心線が開業するとともに、小田急電鉄では輸送力増強のために、2018年3月に複々線化工事が完成予定である。大阪では、京阪中之島線の建設が行われ、2008年に開業した。さらに、阪神なんば線が2009年に開業し、近鉄奈良から阪神三宮（神戸）まで近鉄と阪神の相互直通運転が行われるようになった。
　近年の都市圏における鉄道整備は、郊外へ向けた放射状のネットワーク形成による路線拡大よりも、既存の都市圏内部における鉄道密度の拡充に力点が移ってきている。この変化は、都市圏の鉄道交通を検討する際に気をつける必要があるだろう。

（3）地方都市圏と鉄道

　大都市圏では鉄道の基盤整備が進む一方で、地方都市圏では鉄道の廃止が相次いでいる。また残っている鉄道も経営が厳しく、JR、私鉄を問わず、存廃論議が多くなされているところである。とりわけ第三セクター鉄道の経営は、経営基盤を形成している地方自治体の財政的問題が影響して、より深刻な状況となっている。
　このように地方都市圏の鉄道が数多く廃止されるようになった背景には、鉄道廃止が国の認可制ではなく、運営者の届出制へ変更されたことが大きい。その中で、国は地方都市圏の鉄道を維持するために、鉄道の線路や設備を自治体が所有し、運営を企業が担うという上下分離方式の導入を進め始めている。

（4）都市交通の利便性

　都市交通の利便性追及は、JRとなった国鉄を含めて、現在に至るまで多様な試みがなされてきた。例えば、東日本旅客鉄道が導入した「イオカード」という磁気カードにより、乗客は切符を買わなくても自動改札機を通過できるようになった。その後、技術革新により、磁気カードはICカードに代替され、JRと私鉄の両者とバス料金の一元化が実現しつつある。この傾向は大都市圏のみならず、高松や松山などの地方都市圏においても見られる。

（5）都市とバス

　鉄道が通じていない大都市圏内や、鉄道の密度が小さい地方都市圏では、バスが重要な公共交通手段となっている。それにもかかわらずモータリゼーションの進展や人口減少により、バスの利用者数は減少傾向にあり、その結果、多くの都市でバス路線の廃止が進んでいる。バス路線の廃止においても、以前のような国の強い制約がなくなったために、路線を容易に廃止することが可能となった。
　民間路線バスが撤退した地域では、地方自治体が直接、あるいは民間に委託する形でコミュニティバスや代替バスを運行している。また極端に乗客が少ない場合には、乗り合いタクシーの形態で、公共交通機関を存続させている。

（6）公共交通体系の今後

　従来、公共交通機関は自動車に代替され、衰退する一方であった。しかし温室効果ガス問題や道路混雑の問題など、自動車が地域環境へ大きな問題を引き起こしていることを市民が認識し始めた。その結果がLRTの新設、鉄道やバスの復権に現れている。そもそも公共交通体系は、採算性で成り立つものではない。ヨーロッパでは公共交通への赤字補てんを認めている。公共としての自治体や、主権者である市民がこの問題をどのように認識するかが、公共交通体系を維持できるかどうかを左右するのである。

（山本匡毅）

図2　首都圏の新線
東京メトロWebページ資料による。

2．都市の変化と水害

(1) 都市化と水害

日本では1990年代以降、都市部において豪雨による洪水が多発するようになった。積算雨量の増加によって河川から水が溢れ出すという要因だけでなく、都市的土地利用が進んだ結果、河川や池沼、湿地帯から水を貯めたり、逃がしたりする機能が失われていった結果だとも考えられる。日本の河川はそもそも勾配が急であり、平野部に多くの人口が集中している。こうしたことが洪水の発生時に、都市部の被害が甚大なものとなる原因ともなっている。

都市型水害とは、大雨時に、市街化された流域で行き場を失った雨水が都市部の小河川に集中し、都市部の地表に水があふれたり、地下空間に浸水したりすることによって、都市機能を麻痺させる現象である。都市計画事業として下水道が整備されつつあるが、集中豪雨は、時としてその機能の限界を越える。1970年代に地盤沈下地域で見られた、満潮時の内水氾濫現象が排水整備対策で解決されたのとは異なる、新たな水害対策が必要となっている。

大都市では人口の集中と土地利用の高度化が進んできたが、そうした資産の集中が、洪水による都市型水害による被害を深刻な問題とさせている（図1）。

写真1　2004年7月・福井豪雨（福井市）
国土交通省河川局Webページ資料による。

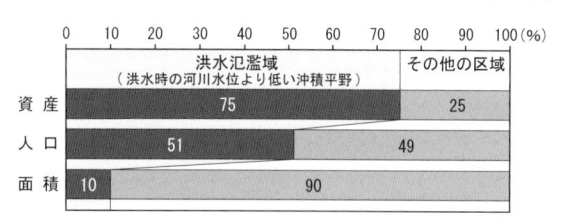

図1　洪水氾濫域に集中する資産と人口
国土交通省河川局Webページ資料による。

(2) 洪水による被害

1990年代後半からは、毎年のように洪水による被害が国内の大都市で発生している。その主な特徴は、大都市の都心部で排水難から地下街に浸水することと、地方都市の市街地で河川の増水により堤防が決壊し、浸水域が広がったことである。

1999年の6月には福岡で、7月には東京で、地下街の浸水によって犠牲者が出た。2000年9月の東海豪雨では名古屋の地下街が浸水した。2004年の10月には台風の上陸により東京の地下鉄や横浜の地下街が浸水した。都市における地下空間の開発は便利である一方で、水害対策が必要となっている。

2004年は新潟県、福島県、福井県で大きな水害が発生した。この年は1年を通じて気温の上昇傾向が続き、真夏日が観測史上最長を記録した。梅雨前線の停滞や台風上陸増加の影響で被害が続出した。

新潟県の水害は2004年7月12日から13日にかけての集中豪雨がもたらしたもので、新潟県三条市、見附市、長岡市などで11カ所以上の堤防が破堤、決壊、越水し、山地丘陵部では急斜面が崩壊した。避難体制の問題もあって被害が拡大した（赤桐，2004：佐藤・中根，2004：杉山・宇根，2004）。

福井県の豪雨災害は福井市とその周辺で発生した（写真1）。2004年7月18日の明け方に短時間で降った集中豪雨は、足羽川の洪水を引き起こした。上流の美山町では100 mm近い時間雨量を記録し、福井市内でも75 mmほどの時間雨量となった。上流部からの増水に平野部での降水が加わり、市街地においても河川が破堤した。小河川も内水氾濫し、福井市内の多くの場所で浸水した。足羽川は中・上流域でも浸水被害を起こしており、集中豪雨の被害は甚大なものとなった（青木，2004a，2004b：長尾，2004：廣内・堀，2004）。

2004年は、新潟、福井だけでなく、多くの地域で水害が発生した。西日本から関東、新潟県にかけて住宅被害が大量に発生し、死者・行方不明者が10人以上の県も多い（図2）。このことは異常気象という自然環境的要因だけでなく、普段からの防災意識の向上を都市部の住民に迫るものとなった。

(3) 洪水対策

都市部における洪水は、自然環境とは離れた都市

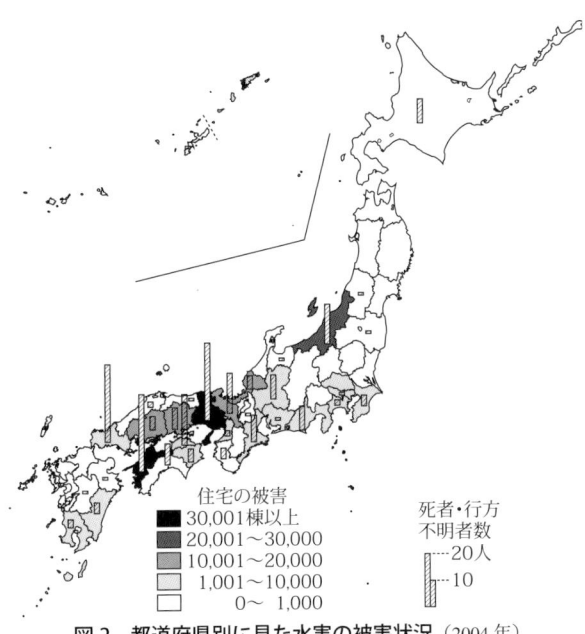

キーワード	都市化　洪水　洪水対策
	ハザードマップ　気候変化　集中豪雨

図2　都道府県別に見た水害の被害状況（2004年）
国土交通省河川局Webページ資料により作成。

的土地利用の場所であっても、地形などに規定された立地条件を反省させることになる。歴史的な洪水対策として里山や遊水池の保全が見直され、治水対策としての森林保全に目が向けられるなど、自然環境における貯水機能が再び脚光を浴びている。

また、行政の、土木事業としての防災対策や住民による避難の心構えといった準備に加えて、水害ハザードマップによる危機意識の醸成が重要となってきている。ハザードマップは都市型水害の増加に伴って各地で整備されるようになった。

さらに、2005年5月の水防法の改正によって、全市町村で洪水ハザードマップの作成・公表が義務付けられた。ハザードマップの配布によって、住民がそれを閲覧できるだけでなく、自治体のホームページ上でハザードマップが公開されて、より多くの人々に災害危険度を知らせることができる（図3）。

ただし、日常生活のなかでの防災意識が高まり、各地域における伝統的な水害を含む防災組織が機能することによって、地域社会の安全が管理されることを忘れてはならない。水害の危機管理のためには、平常時から天気予報に注意するとともに、ハザードマップに記載されている予想された浸水域、避難経路、避難場所を認識しておきたいものである。

(4) 気候変化と水害

地球温暖化に伴う気候変化が予想される時代を迎

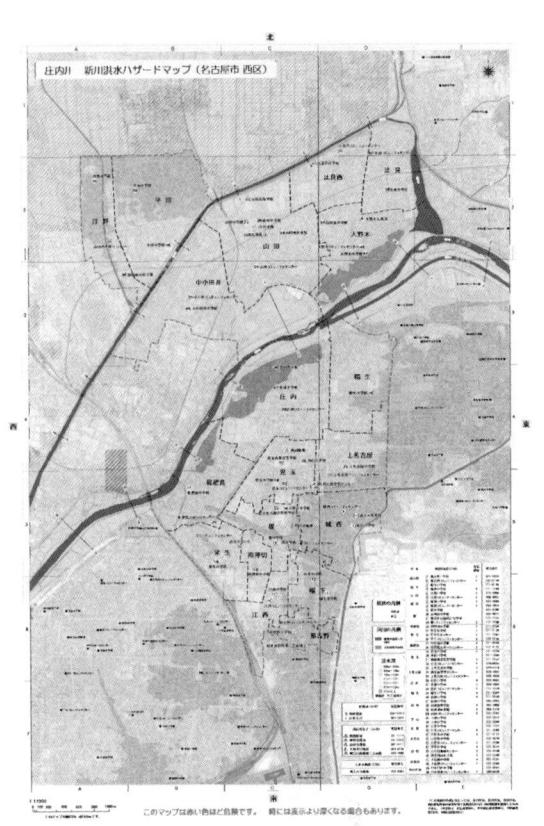

図3　洪水ハザードマップの公表（名古屋市西区）
名古屋市Webページ資料による。

え、海岸部の大都市を中心に改めて水害対策が迫られようとしている。日本の大都市は臨海部の河口部に立地しているため、洪水の危険性が高い。気候変化による集中豪雨の発生は、一時的に大量の排水を都市部で必要とし貯水能力の限界を越える場合もある。そこに海面上昇が加わると被害も深刻なものになることが予想される。

温暖化による海面上昇に備え、治水の安全度を高めるために諸外国では防潮堰や高潮堰が再建されようとしている。過去の水害の経験を踏まえて、安全度を高める事業が着手されている。治水対策は堤防やダムなどの土木事業に限らない。被害を最小化するための土地利用や住まい方の転換が図られている。河川の沿岸では災害危険区域を指定し土地利用規制する例もある。ハザードマップの有効利用も、こうした対策の拡充に寄与することになる。

水害対策のハード面とソフト面を兼ね備えてこそ、治水の安全度が高まるということがわかる。気候変動で予想されるリスクの上昇にも、対応できるような施策が実行されつつある。

（香川雄一）

3．コンパクトシティ

（1）コンパクトシティ論争

　世界の大都市では、市街地への人口の集中度合いによって、消費されるエネルギーが変わり、CO_2の排出量が大きく異なる。市街地が拡大し、自動車交通が主な交通手段となるヒューストンやロサンゼルスなどの都市では、人口一人当たりのエネルギー消費量が大きく、電車などの公共交通機関が発達した香港や東京などの都市では、人口一人当たりのエネルギー消費量は小さい。このような人口一人当たりのエネルギー消費量の算出をもとに、都市規模はコンパクトであることにメリットがあると、ヨーロッパでは論じられてきた。

　1980年代からコンパクトシティ政策を進めているオランダでは、居住密度の高さや機能の複合化には利点があると考えられる一方で、住環境の面では騒音や交通混雑、地価の上昇、オープンスペースの削減、景観阻害、犯罪の増加、プライバシーの侵害などといった負の影響も懸念されている。すなわち、コンパクトシティ政策は、都市の多様さや多機能化には有利であるが、地域における環境問題を引き起こすことが指摘されている（海道, 2007）。

　アメリカ合衆国の都市に比べて、公共交通機関の発達した日本の大都市は、比較的コンパクトとされているが、モータリゼーションの進行に伴い、市街地は拡大している。日本の都市のなかでも、近年コンパクトシティを目指す都市があり、ここではまず市街地の変化について検討する。

（2）市街地の外延化と人口密度の低下

　図1は、人口が50万人以上の日本の都市における、1975年から2005年までのDID面積と人口密度の変化を示したものである。50万人以上のすべての都市においてDID面積が増加しており、これは市街地の拡大を意味している。DID面積の増加が顕著なのは、札幌市、仙台市、千葉市、横浜市、神戸市、福岡市である。これらの都市では、1975年から2005年までに人口が著しく増加し、新たな住宅地の造成によって市街地が拡大してきたのである。

　高度経済成長期の日本の都市は、市街地の過密が大きな問題であった。地方から大都市への人口集中が進み、大都市では人口増加に対応するため、郊外に住宅地を造成してきた。関東では、大規模に住宅地の造成が進められたのは、図1中の八王子市や相模原市、横浜市、千葉市である。これらの都市ではDID面積は増加しており、人口密度も上昇した。関西では、堺市や神戸市において大規模な住宅地開発が進められ、DID面積は増加した。しかし、これらの都市では、関東の場合とは異なり、DID人口密度は低下した。1980年代以降、東京への一極集中が進み、郊外を含めた東京の都市圏の人口が増加する一方で、京阪神の大都市圏では人口の増加が緩やかになり、市街地の人口密度は低下したのである。

　図1中の地方都市では、市街地の拡大によりDID面積は増加したが、人口密度の上昇した都市はなく、DID人口密度の低下した都市は、札幌市、新潟市、岡山市、北九州市、鹿児島市である。人口規模の大きい都市は、公共交通機関の整備によって、拡大する市街地への対応は可能であるが、中小都市の場合には、周辺部の住宅地から発生する交通需要への対応が大きな問題となり、地方都市のなかには、市街地をコンパクトにしようとするところもある。

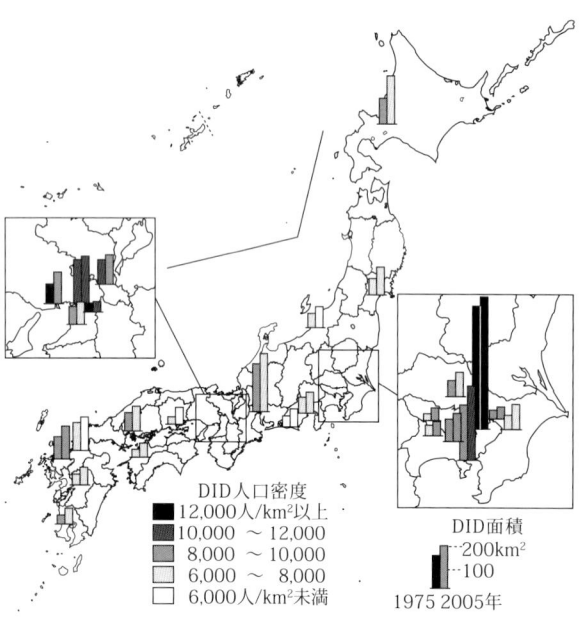

図1　人口50万以上の都市におけるDID面積と人口密度の変化（1975・2005年）
注）2005年の人口50万人以上の都市を対象とした。
1975年の数値は2005年の市域に組み替えて算出した。
国勢調査により作成。

DID人口密度
- 12,000人/km²以上
- 10,000 ～ 12,000
- 8,000 ～ 10,000
- 6,000 ～ 8,000
- 6,000人/km²未満

DID面積
200km²
100
1975　2005年

（3）コンパクトなまちづくり

　都市周辺部への住宅地開発によって、中心市街地

| キーワード | コンパクトなまちづくり　地球温暖化　DID |
| | 浸水地域　人口密度　市街化調整区域 |

3. コンパクトシティ

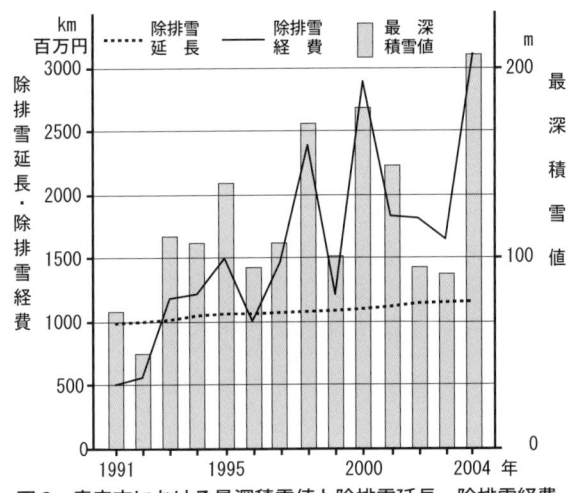

図2 青森市における最深積雪値と除排雪延長・除排雪経費の推移（1991～2004年）
山本編（2006）により作成。

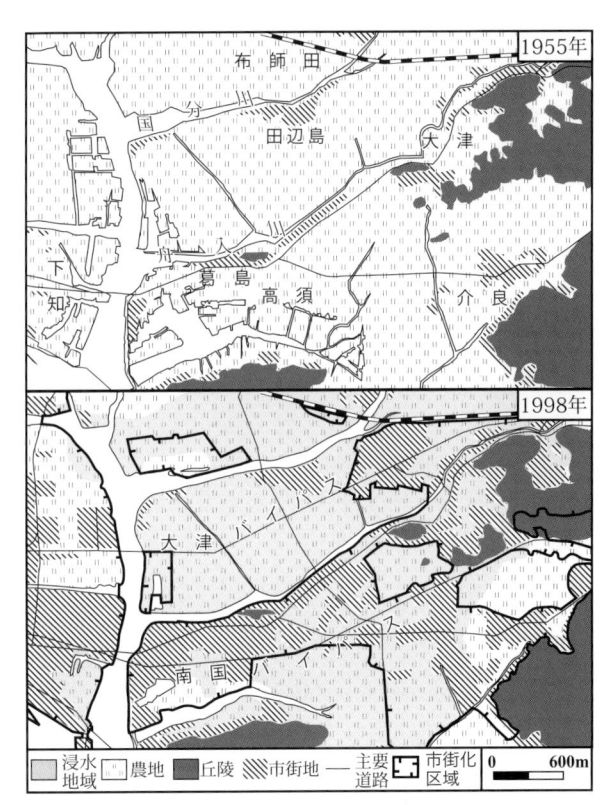

図3 高知市東部地域における市街地の拡大と浸水地域
高知市総務部総務課（2000）により作成。

の空洞化など様々な課題を抱える地方都市においては、コンパクトなまちづくりが急がれている。ここでは、コンパクトなまちづくりを目指す都市の事例として、青森市と高知市をとりあげる。

青森市では、市街地の拡大に伴い、排除雪対象の道路が延長し、排除雪経費の増大が問題とされた。図2は、青森市における最深積雪値と除排雪費用の推移を示している。除排雪費用は、1991年には約5億円であったが、2004年には約31億円となり増加した。除排雪費用は、豪雪になると増えているが、このように増加してきたのは、周辺部への住宅地開発が進められ、除排雪対象の道路が徐々に延びてきたことが背景にある。2004年は約31億円となり、市民一人当たりでは約1万円のコストがかかったのである（山本編, 2006）。この除雪費用の削減を主な目的として、コンパクトシティが目指されている。具体的には、市街地を同心円状に三つに区分して、国道7号青森環状道路より外側の地域を市街化調整区域として、開発を認めない区域に設定したのである。この市街化区域と市街化調整区域との線引きは、次の高知市の場合にも重要となる。

高知市では、1998年9月24日から25日にかけて集中豪雨があり、床上浸水12,684戸、床下浸水7,065戸の被害があった（高知市総務部総務課, 2000）。1998年の集中豪雨は、水流が国分川の堤防を越え、大津、布師田、高須などの東部地域への浸水被害をもたらした（図3）。東部地域は、もとは農業地域であったが、1998年までには南国バイパス、大津バイパスの開通もあり市街地が拡大した（図

3）。また、下知や高須では水域が干拓され、海抜0メートル以下の土地も利用されるようになった。排水用ポンプは農業用であったため排水能力が劣り、浸水被害が拡大するとともに、土地の低さのために排水を困難にした。すなわち、遊水池的な役割を果たしていた農地の減少が、被害を拡大させた要因の一つである（藤塚, 2007）。

高知市では1998年の水害後、国分川堤防の改修をはじめとした水害対策を行うとともに、里山保全条例を制定するなど、周辺市街地における無秩序な市街地形成の制御を進めている。2003年に策定された『高知市都市計画マスタープラン』では、周辺市街地の無秩序な開発を防ぐために、コンパクトなまちづくりを中心的な施策とした。既に市街化したところでの雨水道整備が急務であり、市街化区域のみに都市化を集中させ、市街化調整区域との線引きの変更は行わないこととしたのである。図3に示されるように、市街化区域内にも農地は多く、このようなところの宅地化が進められる可能性は残されており、水害防止の観点から市街地化の動向を注意深く監視していかなければならない。

（藤塚吉浩）

4. 市町村合併

(1) 明治と昭和の市町村合併

地理学の観点からは行政域の大きくなることが、市町村合併である。市町村合併は、1990年代になって議論が活発となった。片柳（2006）によれば、1991年に地方分権改革の嚆矢となったパイロット自治体を提唱した臨時行政改革推進会議「豊かなくらし部会」が中間報告案で、地方分権改革の中で「基礎自治体」として既存の市町村を300から500程度に再編することを提案したという。これらの政府・行政、あるいは地方分権改革の動きと絡んで、2000年以降の市町村合併へと結びついていく。

このような市町村合併の動きは、2000年代になって始まったわけではない。最初の市町村合併は1888年から1889年にかけて行われた明治の大合併である。この合併では、1886年に制度化された尋常小学校などの行政事務を各市町村が担う必要性が出てきたために、それに合わせて行政規模が再編成され、市町村数は約5分の1に急減した。次いで第二次世界大戦後、行政事務処理の能率化と行政機構の簡素化を主たる目的として、1953年に町村合併促進法が制定され、昭和の大合併が行われた。その結果、図1のように市町村の数は法律の制定前と比べて約3分の1に減少している。

(2) 平成の大合併

平成の大合併は、第三の市町村合併である。明治の大合併は、行政需要に対応して市町村の基盤を確立すること、昭和の大合併は行政事務処理を簡素化することに目標があったのに対して、平成の大合併は深刻化する地方財政の危機に呼応して、行政地域の拡大により規模の経済を発生させ、自治体経営の合理化を通じて行財政を効率的にし、地方財政危機を回避させることが主たる目的となっている。

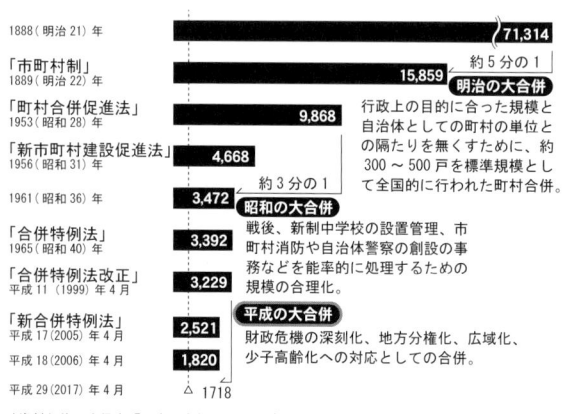

平成の大合併の主目的が行財政の維持にあるということから、合併後の市町村は議員や職員の削減によって自治体行政を合理化し、財政力強化が起こらなければならない。このことについて、佐々木（2006）によれば、10万人から30万人が市町村の最適規模であるという。この定義に対して、地理学からは平成の大合併以後の面積規模は人口規模と密接な関係がなく、表1のように多くの自治体が500 km²という広大なものになるという指摘がなされている（森川, 2002）。この面積は、例えば政令指定都市である北九州市の面積に匹敵する。

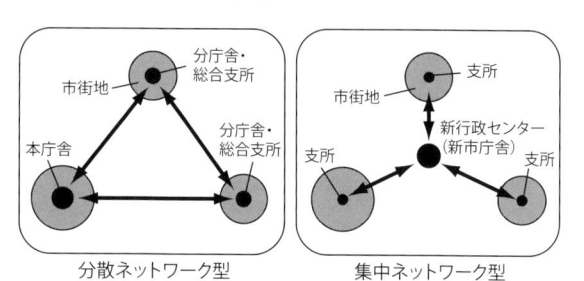

表1　市町村合併による面積の変化

現在の人口規模(2000年)	「市町村合併パターン」に示された市町村				現在の市町村		A／B
	平均人口	平均面積 A	市町村合計	(%)	平均面積 B	市町村合計	
0.1万人未満	184,214	770 km²	30 km²	(1.3)	89 km²	50 km²	8.7
0.1〜0.3万人	84,612	765	203	(8.6)	126	286	6.1
0.3〜0.5万人	91,701	712	290	(12.3)	119	387	6.0
0.5〜0.7万人	95,736	692	293	(12.4)	124	389	5.6
0.7〜1万人	113,616	598	341	(14.5)	99	445	6.1
1〜2万人	144,235	553	537	(22.8)	97	700	5.7
2〜3万人	172,913	539	196	(8.3)	116	257	4.6
3〜5万人	184,045	538	192	(8.2)	111	262	4.8
5〜7万人	204,617	422	93	(4.0)	108	132	3.9
7〜10万人	234,551	424	63	(2.7)	111	91	3.8
10〜15万人	275,246	374	49	(2.1)	109	83	3.4
15〜20万人	298,727	604	18	(0.8)	139	39	4.3
20〜30万人	394,611	557	21	(0.9)	183	41	3.1
30〜50万人	486,942	487	22	(0.9)	254	43	1.9
50万人以上	867,968	506	6	(0.3)	370	22	1.4
合計			2,354	(100.0)		3,227	

資料：市町村合併問題研究会編（2001）『全国市町村合併地図』ぎょうせい、地方財務協会（2002）『平成12年度市町村別決算状況調』地方財務協会による。森川（2002）による。

図1　市町村合併の歴史
佐々木（2006）および総務省Webページによる。

図2　合併市町村における都市構造
片柳（2006）による。

キーワード	明治の大合併　昭和の大合併　臨時行政改革推進会議
	地方財政危機　合併特例債　アクセス問題

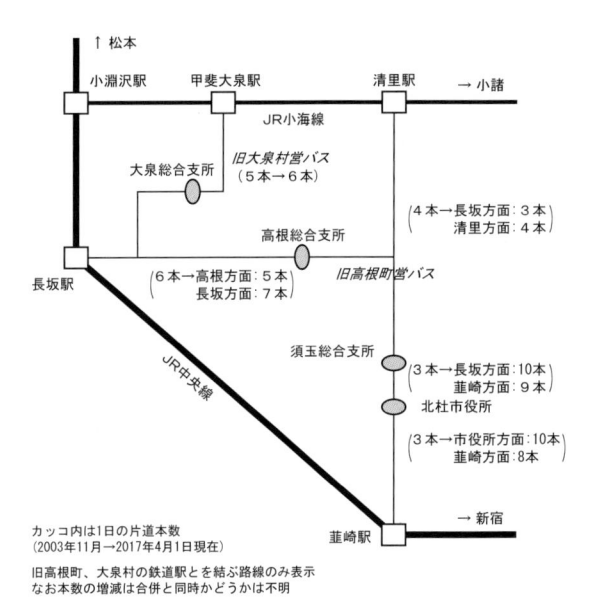

図3　新市庁舎へのアクセス
児井（2006）および北杜市Webページにより作成。

したがって市町村合併の結果、行政地域が拡大し、そのために自治体経営のコストが上昇した結果、逆に財政支出増大の可能性がある。平成の大合併のモデルケースといわれる兵庫県篠山市のように、この合併のメリットであった合併特例債を多く発行し、過剰とも言える公共施設を建設した。その結果、財政状況が厳しくなっている事例が発生している。

これまでの考察から市町村合併は、今回の平成の大合併のみならず、他の大合併についても行政サイドの必要性から推進しており、地域住民の利便性向上との関係は少ないと考えられる。そこで以下は、地域住民の暮らしと市町村合併がどのように結びついているのか考える。

（3）市町村合併の影響

地域住民と市町村との関係で地理学的に重要な問題は多岐にわたる。行政地域の広域化によって生じる地域問題の一つが、住民票や戸籍謄本の取得や行政関係の申請に際して必要な市町村の本庁あるいは支所へのアクセス問題である。

市町村は、合併を進めるにあたって法定合併協議会を設置し、その中で、新市町村の本庁舎、支所の立地を選定する。本庁舎の立地選択に当たっては、中心地構造に応じた検討がなされるが、場合によっては規模の大きな市町村が優位になり、当該自治体の本庁舎が、そのまま新市庁舎になったこともある。これらをモデル化すれば図2のようになる。

地域住民の生活圏をベースとした市町村合併であれば、中心地となっている市町村の既存庁舎を活用し、また周辺市町村の既存庁舎を支所とすることが、財政効率性という観点と、利便性という観点から望ましい。ところが今回の平成の大合併では、市町村合併をするに当たって、合併特例債の発行が優遇されたため、これを原資として、既存の市町村庁舎を本庁舎に使わず、新設したケースも散見される。この場合には、中心地構造と一致しているわけではないため、地域住民が利用するためには、不便となる可能性がある。

ここでは2004年11月1日に発足した山梨県北杜市を事例にして検討してみよう。北杜市は、須玉町、高根町、長坂町、白州町、明野村、大泉村、武川村が合併してできた新市であり、2006年3月15日に小淵沢町が加わり、現在の形となった。この地域の交通手段は、主として自家用車であり、補完的機能として、JR中央本線、JR小海線、路線バス、市民バスがある。

この市の特徴は、新市庁舎を既存の町村庁舎を使わず、使用されなくなった高等学校の校舎を使用することにしたことである。そのため行政機能の配置が中心地構造と一致しておらず、総合支所のうち駅から日常的に歩いて到達できるのは、小淵沢支所と長坂支所だけである。他の総合支所へは、路線バスや市民バスを使うことになる。ところが図3のように、これらの運転本数は著しく少ない。

このように市町村合併の問題は、行財政の効率性という点が重視される。他方で地域自治区などの自治組織の枠組みは作られたものの、地域住民の自治という点が看過され、また住民サービスという点ではアクセシビリティが不十分であるということが浮上している。このような事例から、平成の大合併は、住民の生活に重きを置かず行われたといえる。

平成の大合併では、もう一つ別の問題も指摘されている。住民生活あるいは住民自治の観点が合併後の地名に反映されず、歴史的な地名を無視する形でカタカナの地名をつけたところ、土地に由来しないものを新自治体名に用いるケースが出てきた。市町村合併がさらに進むと考えられている状況の中で、地理学は土地と歴史の関係をつなぎ合わせ、地域の歴史にふさわしい新しい地名を考えていくという課題にもこたえる必要があるだろう。

（山本匡毅）

第13章　産業再生

1．巨大都市圏の産業集積

(1) 三大都市圏のサービス産業の動向

　日本の巨大都市圏は東京・名古屋・大阪の三大都市圏である。これらは、巨大都市圏という意味において、とりわけ欧米先進国の巨大都市圏と共通する特性を具備していると同時に、後発資本主義国家群としての東アジア・東南アジアの巨大都市圏と共通する面も少なくない。さらに、ともに日本の巨大都市圏の国家（国民社会）・国民経済における機能の違いに起因するさまざまな個性も有している。世界都市としての東京、準世界都市としての大阪、そして「産業首都」名古屋である。そこで、このような日本の三大都市圏の機能分担を念頭において、各々の産業集積を考察する。

　まず、就業者数で大都市圏の産業の規模を示すならば、2005年の東京圏（埼玉・千葉・東京・神奈川）の就業者数は約1,669万人、全国の27％を占める。これに対し、大阪圏（滋賀・京都・大阪・兵庫・奈良・和歌山）のそれは約955万人、同じく16％である。なお名古屋圏（愛知・岐阜・三重）は570万人で同じく9％程度である。東京圏・大阪圏に比べ規模はかなり小さい。三大都市圏で全国の就業者の52％を占めており、その集積の規模は巨大である。なお、1995年の三大都市圏への集中の程度は現在よりは小さかった。三大都市圏全体で49％程度で、10年間で集中の程度は3ポイント程度上昇している。東京圏・大阪圏の集中度は10年間で変わっておらず、この集中度の上昇は名古屋圏によるものである。全国の就業者数は1995年の6,702万人から2005年の6,151万人と、10年間に55万人も減少したが、その多くは三大都市圏以外の、いわゆる地方圏のものである。21世紀日本の小泉・竹中改革は、地方圏の産業を、全体として崩壊させたともいえる。

(2) 所得からみた三大都市圏の産業構造

　ここでは、その産業の内容はどう変わったかについて県民所得の面から考察する（図1）。

　まず、三大都市圏では、1995年を100とした総生産は、2005年に東京圏が103.8、大阪圏が98.3、名古屋圏が108.0で、名古屋圏の伸び率が最も高い。モノづくりの最後の砦名古屋圏の特性はこの面からも明らかであろう。次にその内容であるが、東京圏の場合、相対的に比重も大きく、1995～2005年に構成比率の増加を示したのは卸売・小売業、金融・保険業、サービス業、比率の下がったのは製造業、建設業、不動産業等である。全体的に不振の大阪圏においては、サービス業と金融・保険業以外はいずれも比率が低下し、長年にわたって大阪圏の主たる産業であった卸売・小売業も安泰とはいえない。名古屋圏の場合比率の増加したのは金融・保険、不動産、サービスの3部門で、名古屋圏の中核産業である製造業のシェアは低下した。三大都市圏共通して金融・保険業の比重が増加したが、これは小泉・竹中改革の最重点が1990年代のバブル経済後遺症の解決に置かれており、この面への政府の全面介入・支援が強力に推進された結果である。それゆえ民間セクターが自力で発展し、三大都市圏共通して比重を高めたのはサービス業のみである。

　21世紀の日本の巨大都市圏の産業を語るうえで最も重要な事実は、サービス業の集積であるといえるが、この領域の全貌を把握することは必ずしも容易ではない。表1は1996年と2005年において経済産業省の「特定サービス産業」に指定されており、時系列的分析の可能な物品賃貸業、情報サービス業、カルチュアセンター、フィットネスクラブ、結婚式場、映画館の6業種について、この10年間

表1　巨大都市圏のサービス産業の例（1996・2005年）

	事業所数			従業者数		
	1996(A)	2005(B)	B/A(%)	1996	2005	B/A(%)
東　京						
物品賃貸業	955	1015	106.3	24589	21791	88.6
情報サービス業	2630	2802	106.5	247279	350051	141.6
カルチュアセンター	161	112	69.6	1573	11273	716.7
フィットネスクラブ	687	573	83.4	22771	26826	73.9
結婚式場	438	428	97.7	36512	18802	51.5
映画館	400	207	51.8	3356	5296	157.8
大　阪						
物品賃貸業	568	565	99.5	11430	8459	74.0
情報サービス業	923	859	93.1	56156	57319	102.1
カルチュアセンター	137	169	123.4	755	12363	1637.5
フィットネスクラブ	412	339	82.3	12314	12111	98.4
結婚式場	707	317	44.8	21745	11420	52.5
映画館	534	108	20.2	1659	2630	158.5
名古屋						
物品賃貸業	343	431	125.7	4322	4970	115.0
情報サービス業	472	599	126.9	23300	48572	208.5
カルチュアセンター	6	66	1100.0	400	6386	1596.5
フィットネスクラブ	44	185	420.5	6359	5713	89.8
結婚式場	66	250	378.8	15519	9267	59.7
映画館	161	57	35.4	894	1469	164.3

経済産業省『特定サービス産業実態報告書』（東洋経済新報社『地域経済総覧』1999年版・2008年版所収）により作成。

キーワード	三大都市圏　情報サービス業　健康産業	1．巨大都市圏の産業集積
	カルチュアセンター　ホテル　喫茶店	

の変化を示したものである。東京圏と大阪圏の動向はほとんど同じで、情報サービス業やカルチュアセンターが大きく発展しているのに比べ、20世紀を代表するサービス産業である映画館の落込みは著しい。少子高齢化を反映して結婚式場も不振であり、健康産業の一環でもあるフィットネスクラブもまた社会に十分定着しているとはいえない。20～21世紀の日本経済・社会の構造変化に対して中立的なのは物品賃貸業（リース・レンタル産業）であり、この10年間安定している。これに対し名古屋圏においては、物品賃貸、情報サービス、カルチュアセンター等、新興のサービス産業の伸びが大きい。

（3）ホテル・飲食店・風俗店等の状況

　サービス産業は経済産業省以外も掌握している。ホテル、旅館、飲食店、喫茶店、理容所、美容所、クリーニング所施設等は厚生労働省の「衛生行政業務報告」により把握できるし、風俗営業所・パチンコ店・ゲームセンター等は警察庁の生活安全局が調査している。これらを利用して「特定サービス産業」以外のサービス産業の集積状況をみるならば、表2となる。三大都市圏とも共通してホテル客室数が増加し、旅館の客室数は減少した。東京圏は、1996～2005年での旅館の落込みが著しいが、その割にはホテルの客室数は増えていない。東京圏ではホテルのリニューアルと新設が続いているが、この動き

表2　三大都市圏のサービス産業の例（1996・2005年）

	東京			大阪			名古屋		
年	1996(A)	2005(B)	B/A(%)	1996(A)	2005(B)	B/A(%)	1996(A)	2005(B)	B/A(%)
ホテル客室数	139,852	164,701	117.8	55,760	96,392	172.9	29,061	37,183	127.9
旅館客室数	225,924	104,817	46.4	83,078	64,285	77.4	80,460	75,277	93.6
飲食店店舗数	406,331	415,068	102.2	243,473	245,027	100.6	131,086	122,168	100.8
喫茶店店舗数	65,098	73,828	113.4	37,278	51,072	137.0	25,724	34,897	135.7
風俗店店舗数	35,633	297,550	835.0	16,161	12,730	78.8	14,725	8,841	60.0
パチンコ店店舗数	4,729	3,981	94.1	2,525	2,320	91.9	1,615	1,323	81.9
ゲームセンター店舗数	4,317	6,849	158.7	1,823	998	54.7	1,536	909	59.2

厚生労働省統計情報部『衛生行政業務報告』・警察庁生活安定局資料（東洋経済新報社『地域経済総覧』1999年版・2008年版所収）により作成

は、東京が世界都市として機能し続けるためのインフラストラクチュアの開発整備と言っても過言ではない。ホテル客室数の増加率は大阪圏が最も大きく、この9年間に客室数が倍増している。世界都市としての機能を果たしていない大阪にとってホテルはやや過剰であり、これが大阪経済の地盤沈下の原因の一つともいえる。これらに比べ名古屋圏は旅館からホテルへの転換が最も遅れている。新幹線の充実によって、東京からも大阪からも日帰り業務圏に編入された名古屋圏にとって、ホテルは必ずしも有望な投資先ではなく、これが名古屋圏の宿泊施設の近代化・再編成を遅らせている原因かも知れない。

　各大都市圏の食の文化を維持しているレストラン・料亭等、あるいは都市住民の食生活を支える食堂等によって代表される飲食店は、1996～2005年でほとんど変化していない。生活必需的な機能であるだけに、強い生命力を有しているのかもしれない。これに対して喫茶店はこの9年間に三大都市圏共通して増加している。ただしその内容は、かつての社会的休養室・社会的応接室といった、雰囲気の豪華あるいは瀟洒な喫茶店ではなく、セルフサービス形式の機能的な喫茶店である。21世紀は、都市の喫茶店文化の変容の世紀かもしれない。

　東京圏で大幅に伸びたが大阪圏・名古屋圏で減少したものとして、風俗店とゲームセンターがある。その理由については検討を要するが、巨大都市圏のサービス業の集積の特性を見るうえで興味深い。

　巨大都市圏の産業集積というと、六本木ヒルズやアークヒルズ、あるいは新宿新都心の開発・再開発と高次都市機能の集積に目を奪われがちであるが、巨大都市圏の市街地で広く進行している産業集積の質の変化は、サービス産業部門の交替なのである（市川宏雄＋富士総研東京問題研究会，1995）。

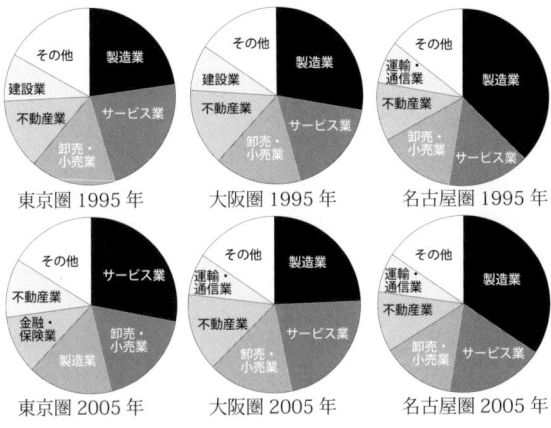

図1　三大都市圏の産業構造とその変化（1995・2005年）
経済企画庁経済研究所『県民経済計算年報』（東洋経済新報社『地域経済総覧』1999年版・2008年版所収）により作成。

（伊藤喜栄）

2. 中小都市圏の産業集積

(1) 中小都市圏の産業集積類型

中小都市圏の産業集積といってもそのタイプはさまざまある。図1は、アメリカ合衆国の経済地理学者マークセンが行った産業集積の類型である。

「マーシャル型」は、地域的な産業コミュニティを基盤に、地域企業が水平的で密な取引関係を結ぶタイプである。日本では、東京都大田区や東大阪といった大都市および浜松（静岡県）や諏訪・岡谷（長野県）などの地方都市の機械金属工業集積や、メガネフレーム製造の鯖江（福井県）やアパレルの児島（岡山県）といった地場産業地域が含まれる。他方で、「ハブ・アンド・スポーク型」は、大企業が中心となる、豊田（愛知県）や延岡（宮崎県）などの企業城下町タイプであり、「サテライト型」は、地域的な取引関係がほとんど存在しない分工場経済的な集積である。

中小都市圏の産業集積においても、これらの各種タイプの地域が含まれる。マーシャル型では、全国の産地と機械金属工業集積が主として相当するし、ハブ・アンド・スポーク型とサテライト型はその多くの地域が含まれると考えられる。このうち、以下では、集積利益の有無が企業の事業活動に強い影響を及ぼすと考えられる、マーシャル型の集積について少し詳しく見たい。なお、マーシャル型の名前は、イギリスの経済学者マーシャルに由来している。マーシャルはイギリスのケンブリッジ学派の創設者であり、19世紀末にイギリスの地場産業地域の観察を通じて「外部経済」という概念を生み出した人物である。そしてその記述は、産業の局所的集積に基づく諸種の費用節約だけではなく、技能継承や知識移転を促す産業雰囲気（＝産業風土）の存在など、今日のイノベーションや知識創造を重視する集積論につながる視点を有していたことで知られる。

(2) マーシャル型集積の課題

3章1でみたとおり、日本の産業集積は縮小傾向にある。従来の集積利益が当然視できなくなる中、多くの地域が構造的な変化を迫られているといえる。松原（2007）は、上記のタイプ別に、産業集積の課題を整理している（図1）。このうち、マーシャル型については、一部の成長企業の活力をいかにして地域的に取り込んでいくかが重要であるとしている。

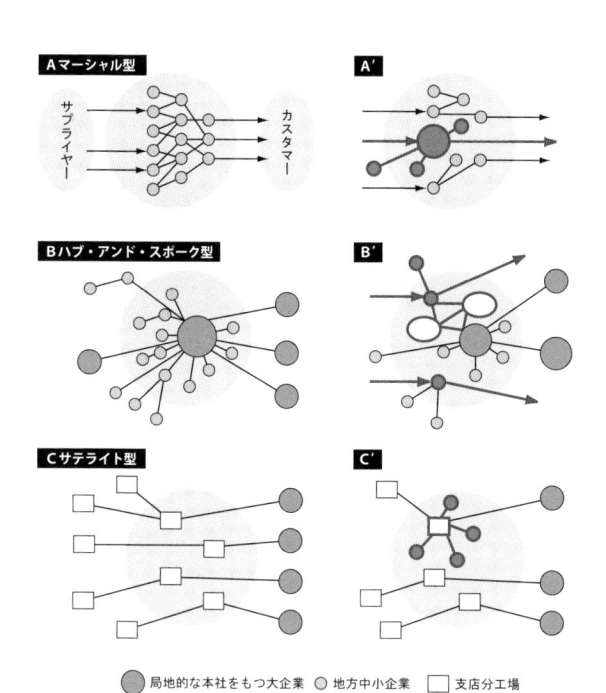

図1　産業集積の類型とタイプ別の課題
松原（2007）による。

マーシャル型集積は、中小都市圏に限らず、さまざまな問題を抱えている。中小零細企業がメインであることから、高齢化と後継者不足、受注先企業の海外への工場移転、海外製品との競合といった問題に直面する地域が多い。また市街地に隣接する地域については、住工混在問題（11章3）による影響も強く、集積利益の基盤を掘り崩すと同時に集積不利益が表面化するケースが増加している。

しかし、こうした状況においても、積極的な試み（新製品開発、新規取引先・新市場の開拓、独自技術の開発、営業の強化など）を行い成長する企業が一定層存在する。ただし、これらの企業は、産地の社会的分業を超えた広域的な取引関係を形成し（せざるを得えず）、地域的な結びつきが希薄となる場合が少なくない。域内での取引関係の（再）構築が望ましいが、それ以外でも－たとえば異業種交流会等を通じて、これらの企業の知識・ノウハウを他の地域企業に移転する効果など－、集積地域へのプラスの効果が生じる仕組みづくりが重要であろう。

(3) 全国の地場産業地域と繊維関連の産地

マーシャル型集積のうち、代表格の一つである産地型集積についてはどのような状況にあるのだろう

キーワード	産業集積類型　マーシャル型集積　産地
	地場産業地域　繊維関連の産地　産業集積地域

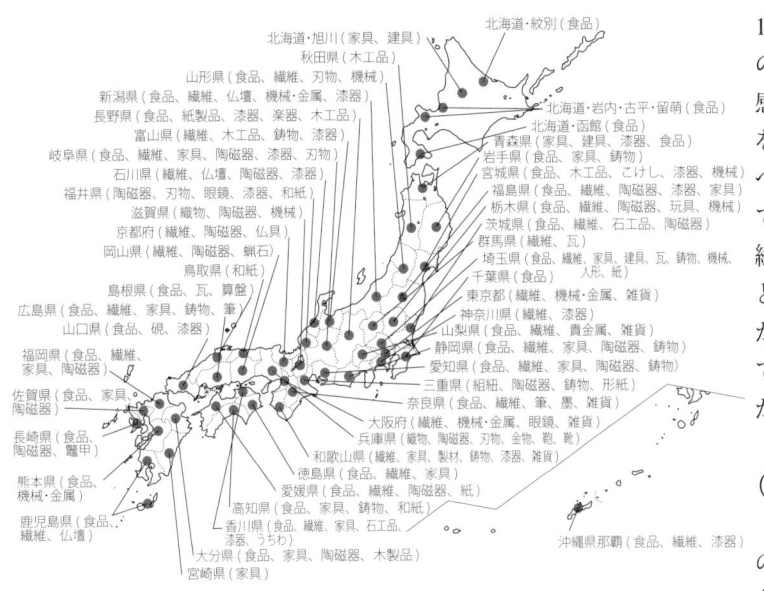

図2　全国の産地分布
全国中小企業団体中央会（2006）による。

か。なお、ここでいう産地とは、「中小企業の存立形態の一つで、同一の立地条件のもとで同一業種に属する製品を生産し、市場を広く全国や海外に求めて製品を販売している多数の企業集団」（全国中小企業団体中央会，2006）を指す。

産地は全国に散在しており正確な数を把握するのは容易ではないが、少なくとも500地域以上は存在するとされている。中小企業庁の産地概況調査（2005年）によると、年間売上額5億円以上の産地は、全国で578地域存在する（同調査に回答したのは486産地）（図2）。このうち、業種別で見ると、全体に占める量的比重が高く、なおかつ最も苦境に立たされているのは繊維関連の地域である。

産地概況調査によると、全国486産地の中で繊維関連の産地は89地域あり、これは全体のおよそ18％に相当する。また企業数では全体のおよそ27％を占めるなどその存在感は大きい。しかし、繊維関連の産地を取り囲む状況は、他業種の産地と比べてもとりわけ厳しい（図3）。すべての産地で企業数は減少しているが、繊維関連で顕著である。2001年を100とした2005年の企業数は、「繊維工業」が78、「衣服その他の繊維製品製造業」では73にまで減少していることがわかる。

（4）縮小する地域の新たな試み

こうした厳しい状況においても旧来のモノづくりの仕組みを変える試みが各地で行われつつある。例えば、愛知県一宮市を中心とする尾州毛織物産地では、FDC（一宮地場産業ファッションデザインセンター）が中心となり、高付加価値製品の開発に積極的に取り組んでいる。特に製品の企画開発力の向上に力を入れている。同産地では、フランス・パリのトレンド情報発信会社「ネリーロディ」社と提携し、企画開発の基となる情報を入手している。また、毎年パリで開催されるアパレル素材の国際見本市「プルミエール・ビジョン」の時期にあわせてパリ・ミラノでの情報発信（JBパリ・ミラノ展示商談会）を行うなど、世界を視野に入れた企画開発とモノづくりをはじめており、興味深い試みとなっている。

また、愛媛県今治市の後染タオル産地は、従来の問屋依存の流通形態を刷新し、自社ブランドを構築して、注目を集める企業が現れつつある（大田ほか，2006）。タオル業界は海外製品の輸入浸透率が2007年には8割を超えるなどきわめて厳しい状況にある。同業界は、急激な輸入増加を防ぐために繊維セーフガードの発動要請（2001～2004年）を国に対して行っていたが、結局、それが実現することはなかった。しかし、この一連の出来事がきっかけとなり、今治産地では、共通の意識が育まれ意欲的な取組が行われるようになった。2004年時点で、こうした企業は30社から40社あり、今治産地において一つの流れを生み出しつつある。

これらの例に産業集積地域のダイナミズムを看取することができる。

（立見淳哉）

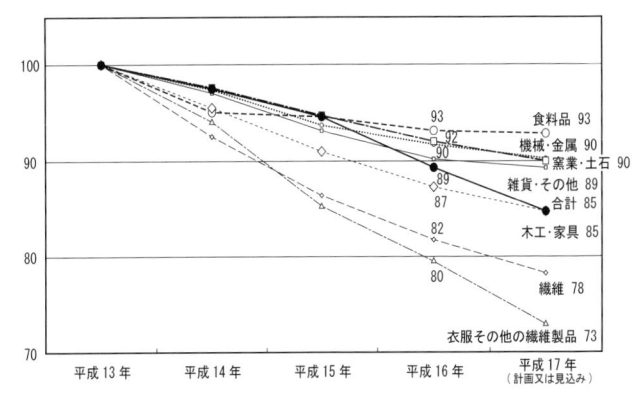

図3　産地の業種別企業数の推移（2001年を100とした指数）
全国中小企業団体中央会（2006）による。

3．地域産業政策

(1) 地域を取り巻く環境変化と地域産業政策

　経済のグローバリゼーション、少子高齢化、財政状況の悪化や規制緩和、地方分権など外部環境が大きく変化するなか、地域の自立性を高めるため、政策主体の一つである地方自治体は、独自の政策的取組を行っている。なかでも、産業振興は生産、消費、雇用、所得、税収を通じて地域経済や地域住民の生活の経済的基盤であり、地域に根付いた施策を講じる点では、地域の情報を多く有する地方自治体が国に比べて優位であることから、地方分権の動きと相俟って、その重要度を増しているといえよう。

　地方自治体が政策主体となって展開する産業政策には、政策目標との関連で、政策主体が、都道府県あるいは市町村単独のものから、より広域的な範囲での産業振興が必要とされる場合に対応して、これら地方自治体の連合体により策定されるものまである。また、その内容も地域資源の活用から、既成の地域産業の振興、さらには先端産業の積極的な導入・振興など地域の実情、目的に応じて立案されており、多種多様である。図1は、2007年に施行された「企業立地促進法」に基づき、同意された地域産業政策ともいえる基本計画である。その数は2010年10月現在、178計画となっている。このうち、工業のみを対象とした計画は、66計画にすぎなく、この他は農林水産業を対象業種に組み入れた計画である。また、対象とする工業も環境リサイクル・バイオ産業など将来を展望した業種も多くみられる。しかも、計画によっては、県域を越えた計画、県内を2～5地域に分けた計画など、20世紀まで見られた工業一色の画一的な状況とは大きく異なっている。その実現は、今後に待たなくてはならないが、21世紀に入って注目されてきた事例を取り上げ、現状と課題を示す。

(2) 三重クリスタルバレー構想

　この構想は、「三重県内での産業集積を活かし、一層の集積を呼ぶような戦略的な取組を行い、特定産業の集積をさらに発展させることで、本県の産業構造を国際競争に打ち勝てる多様で強靭なものにする産業政策」（三重県農林水産商工部, 2003）であるバレー構想の一つとして位置付けられたものであ

図1　企業立地促進法に基づく基本計画同意地域
(2008年5月現在)
企業立地支援センターWebページ資料により作成。

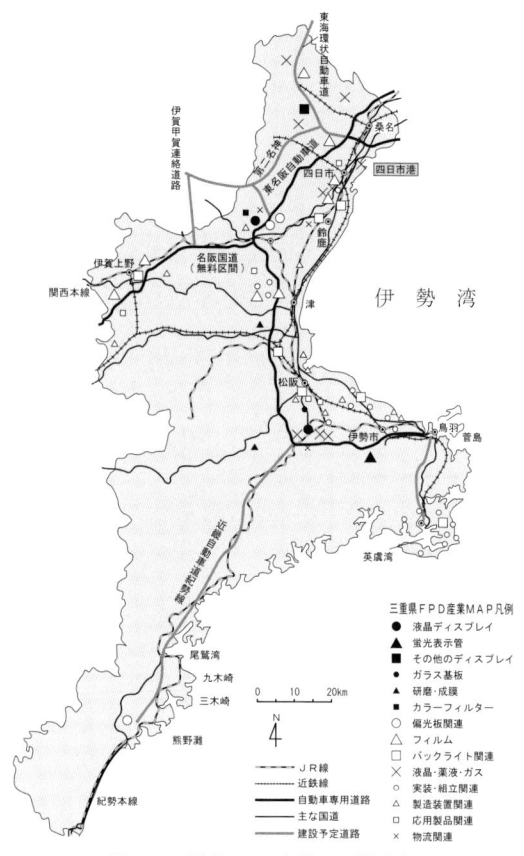

図2　三重県FPD産業の工場分布
三重県Webページ資料による。

キーワード	地域経済の自立　産業振興　産業集積
	企業立地促進法　企業誘致　地域再生

3. 地域産業政策

る。はじまりは、1995年から多気町で液晶ディスプレイ生産工場を操業していたシャープ（株）との、新たなフラットパネルディスプレイ（以下FPDと称す）の液晶大型工場の建設計画をめぐる、2000年の企業と県知事とのトップ会談であった。以後、誘致活動を進めるなか、県は企業誘致補助金を当時国内では最高額であった県市合わせて135億円と決定した。2002年に液晶テレビ工場の誘致が決定するとともに、2003年にはバレー構想におけるクリスタルバレー構想推進プログラムが策定された。

この構想は、県主導による既存集積を活用した企業誘致型の政策であり、企業と地域との関係は、地域に根を下ろし、地域経済と一体化を図るという地域密着型でなく、ビジネス重視が中心となっている。

このプロジェクトの進捗度は、FPD関連企業は、プロジェクト開始前に進出企業数は40社であったのが、2007年には70社79拠点となっている（図2）。ことに、構想の拠点である亀山市の場合、2006年10月時点でシャープ関連企業の総雇用者数は、約7,200人に上っているとされている。こうした雇用の拡大は、ビジネスホテルの新設やマンションの建設、住宅地の開発につながっており、その結果、人口も2004年の17063世帯、47,521人から、2007年には18,748世帯、49,110人と増加している。また、市内への通勤流入人口にも、2000年の約7,890人から、操業後わずか1年目の2005年には、約12,200人と増大をみている。しかし、短期間での変化により、都市基盤の整備の立ち遅れの顕在化や、外部からの人口の流入の増大による、牧歌的なコミュニティの崩壊の恐れ、いまや人口の4.5％を占める外国人との調和をどう図っていくかなど、多くの課題の発生が予測される。最後に、シャープ（株）1社を核とするファクトリータウンであることは、企業のビヘイビアーに左右されやすい状況である。しかも、その製品が先端産業という、国際競争の激しい分野に属しており、県・市の産業政策がいかに多角化を図っていくかということが課題である。

(3) 飯田・下伊那経済自立研究会議の動き

積極的な企業誘致により地域経済の自立を図ろうとする地域産業政策に対して、外発的な開発の可能性の低い地域では域内固有の資源の効率的な活用や、新たな企業や産業を地域内で創出することは地域再生・自立への第1歩である。しかし、それだけでは地域経済の持続的発展へは不十分である。その場合、政策の実施主体が地域内のモノ・ヒト・カネの流れを的確に把握し、新たに生み出される付加価値のうち、域内への分配の割合をどのように高めていくかも重要なポイントである。このような地域内経済循環を重視した考え方で地域の自立に取り組んでいる事例として、『通商白書2004年度版』にも紹介された飯田・下伊那経済自立研究会議の実践がある。

飯田・下伊那経済自立研究会議の『中間報告書』(2003)によれば、飯田市を中心とした南信州は歴史的な運命共同体であるという観点から、飯伊広域生活圏の1市14町村を対象に、長野県下伊那地方事務所が2002年に、地域の経済的自立のための研究会議を設置した。メンバーは地域の関係経済団体、行政機関である。中間報告書では、地域で生み出される所得が住民の必要所得に満たない（図3）こと、域内産業が生み出す所得に公的事業からの波及所得を足しても地域住民の必要所得に達しないこと、先行き公的事業からの所得の減少が予測され、産業起因所得を大きく増やすこと、そのためには製造業や農業が域外から獲得した外貨を、域内の循環をたかめる方向の重要性を指摘した。その後、自立化に向けての計画、事例等を連載し、啓発をはかっている。また、2008年4月からは、充足率の向上を目的に、域内企業の再配置に対応すべく、「企業立地促進法」の基本計画同意地域として政策を推進している。

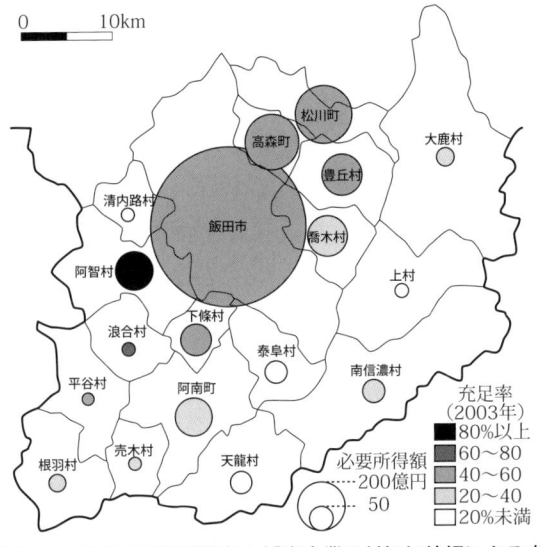

図3　市町村別必要所得額と域内産業の付加価値額による充足率

飯田・下伊那経済自立研究会議（2003）により作成。

（森川　滋）

4. 地域ブランド

(1) 食のメンタルマップ

カリフォルニア州の人は、コロラドには住みたいが、ユタにはあまり住みたくない、というように、人間は場所に対して好き嫌いの感覚を持っている（グールド・ホワイト，1981）。グールドが対象としたのは住生活であるが、食生活においても人間はメンタルマップ（選好地図）を持っている。特に、農産物は土地との結びつきが強いため、ビールや酪製品にみられる「北海道」や、牛乳や野菜にみられる「高原」など、特定の場所や生育環境で生産された食べ物に好印象が与えられる傾向がある（高柳，2004）。

ただし、自然環境や自然地名のみが、食べ物のイメージを決定づけているわけではない。日経新聞によると、日本の生鮮食品の中で、ブランド力を持っている上位10品目は、「松阪牛」や「夕張メロン」などとなっている（表1）。これらのうち9品目には地名がつけられ、6品目は県域よりも狭い地域を示すものである。同じような環境であっても、ブランド化して人々から高い評価を与えられるものがある一方、ほとんど知名度がないものもみられる。

(2) 品質のコンヴァンシオン

ブランドとは、もともと牛などの家畜を間違えないよう、区別するために押した烙印のことである。したがって、流通の過程で業者が商品を区別するために付けられた名称も、ブランドの一つである。しかし、消費者の支持を得て、ブランド力を高めるには、他の商品と識別できることが必要で、農産物の場合、品種、品質、消費者への訴求が重要である。では、農産物の品質とは何かということが問題である

表1　生鮮品のブランド力

順位	ブランド	生産地域
1	松阪牛	三重
2	夕張メロン	北海道
3	神戸牛	兵庫
4	名古屋コーチン	愛知
5	鹿児島黒豚	鹿児島
6	有田みかん	和歌山
7	越前がに	福井
8	松葉がに	山陰地方
9	浜名湖ウナギ	静岡
10	広島カキ	広島

『日本経済新聞』（2005.1.1.）により作成。

表2　品質のコンヴァンシオン

コンヴァンシオン	説　明
市場的	市場による強化（＝価格）
工業的	能率性や信頼性などから計測できる規格
世論的	メディア等による評価とブランドの認知
家内的	主体間の取引や生産関係に基づく信頼
公民的	社会的な公益に基づく連帯的意識

テヴノ（1997），Murdoch et.al.(2000)，立見（2000）を参考に作成。

る。近年、品質（quality）が「食」をめぐる地理学で重要なキーワードとなっており、コンヴァンシオン理論によれば食料品の品質の形成には、表2に示す五つのコンヴァンシオンが重要である。なお、コンヴァンシオンとは、コミュニケーションや取引を通じて形成される合意、慣習、ルールの総称である。

日本の農産物産地では、「品質」を高める取組がなされてきた。従来、形状、色、大きさ、キズの有無、甘味、酸味、栄養価などの面で、市場の要求にできるだけ応えようと努めてきた。工業化社会が進展する日本において、大量生産・大量流通を基本とするフォーディズム農業は、工業的コンヴァンシオンを重視してきたのである。しかし、これらは品質要素の一つの側面にすぎない。たとえ、厳密に計測して、食品の高品質をアピールしたとしても、必ずしも消費者が好印象を持つとは限らない。農産物や食品の品質は、極めて複雑な構造を持ち、市場的、世論的、家内的、公民的コンヴァンシオンも、品質の形成に重要な役割を果たしている。

(3)「夕張メロン」のブランド化

甘さというのはメロンの品質を決める重要な要素の一つであろう。しかし、「夕張メロン」の糖度は11～12度くらいで、実はそれほど高いわけではない。一般には、もっと高い糖度のメロンが出回っている。では、どうしてブランド化に成功したのであろうか。

初期の段階では、品評会などで受賞したり、街頭配布などの販売促進を行うが、必ずしも販売増に結びつかなかった。権威に頼る形での世論的調整はうまくいかず、むしろ家内的調整が重要であった。産地全体で、作柄に関わらず規格を厳格に運用する（図1）とともに、地区ごとにグループを組

| キーワード | ブランド化　メンタルマップ　コンヴァンシオン　品質　地域団体商標　フォーディズム農業 | 4．地域ブランド |

織し、協調と競争によって、品質向上と出荷品の規格遵守を促してきた。このような家内的調整を中心として夕張メロンの品質が形成されるようになり、市場価格も高くなった。それとともにマスメディアも着目して、世論的調整も図られるようになった。また、夕張メロンの類似品や偽物あるいは流通上の品質管理に起因する問題に対する苦情にも誠意を持って説明、本物の夕張メロンを再送して対応してきた。つまり、消費者との関係においても、丁寧な対応によって信頼を獲得するよう家内的調整が重視されてきたのである。

地域団体商標や地理的表示制度がスタートして、地域ブランドが地域経済再生の救世主のように着目されている。しかし、単なるネーミングではうまくいかないことは明白である。品質は、商品そのものに最初から内在しているのではなく、社会的な関係によって作られるのである。

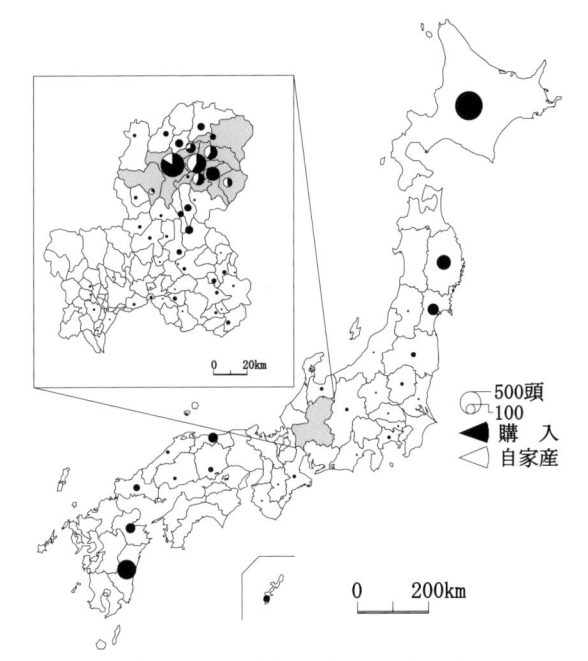

（4）地域ブランド農産物の広域化

ブランド化によって消費者の評価が高まれば、需要が拡大する。しかしながら、農産物は工業製品とは異なり、供給量を拡大するには限界がある。農業は土地への依存が強い上、植物や動物を育てるには時間がかかるなど、生物学的特性にも制約されるからである。その結果、地域ブランド農産物が生産される空間的範囲の拡大がしばしばみられる。

例えば、「飛騨牛」は、岐阜県のブランド牛肉であるが、旧国名が示す飛騨地方のみならず、美濃地方でも生産された牛肉も含まれる。また、「飛騨牛」の出生地は岐阜県内に限らない。北海道や宮崎県で繁殖された子牛が岐阜県内の農家で肥育されているのである（図2）。かつて、特定の地域で生産されていた農産物や食品が、生産地域の広域化によって、普通名称となったものも多い。「小松菜」「伊予柑」「奈良漬け」「高野豆腐」「野沢菜」など枚挙にいとまがない。「夕張メロン」のように、かたくなに生産範囲をJA夕張市管内に限定しているところもあるが、弱小な地域ブランド農産物は、逆に生産地域を拡大して流通量を増やすことで、知名度を上げる戦略をとっている産地もみられる。

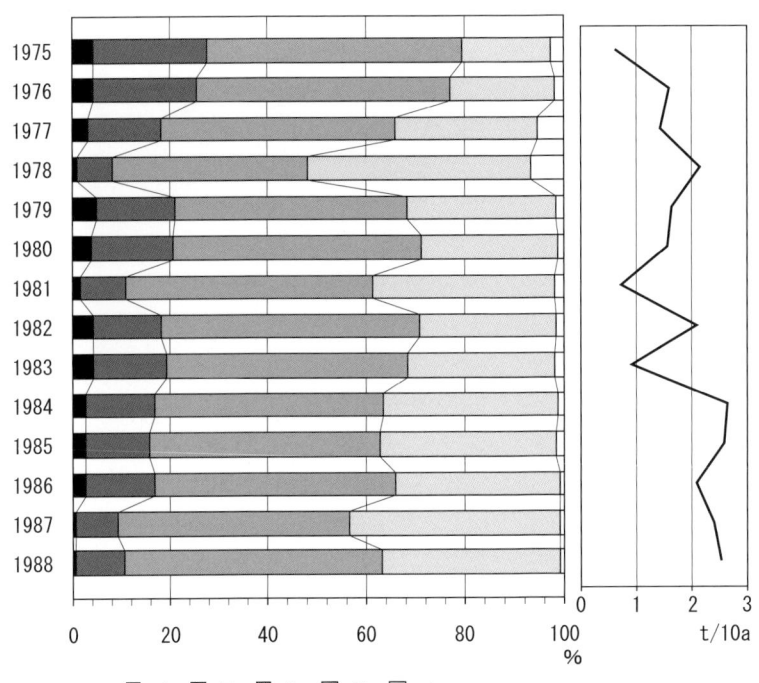

図2　高山市から出荷された牛の出生地
高柳（2007）による。

図1　夕張メロンの規格別出荷割合と収量の推移
JA夕張市の資料により作成。

（高柳長直）

第14章　コミュニティの衰退・再生

1. 地域社会組織としての町内会

(1) 町内会単位の地域社会組織

　最も身近な地域社会組織の単位として町内会や自治会がある。聞きなれた名称であるが、行政制度としては規定がなく、地方によって名称が異なったりその出自が不明であったりすることが多い。

　平成の市町村合併によって行政単位が拡大していく中、住民のニーズを汲み取る地域社会組織として期待される役割は大きい。地域社会の小単位で組織が必要になるのは、消防や衛生など生活に不可欠な問題に取り組む主体が必要であり、最近では治安や教育の面でも地域社会組織が再評価されている。

　そこで、町内会という地域社会組織がいかにして成立し、どのような種類のものがあるのか紹介する。

(2) 近代化と住民組織

　町内会は近代日本における都市化の進展に対する地域社会の再編成の過程で登場したと説明される（玉野，1993）。町内会の特徴として、一定の空間的範域に含まれる世帯がすべて加入することが原則の住民組織であることが挙げられる。これは原則であって、最近では実際の加入率は低くなってきているが、目標としては全戸加入が意識されている。

　急激な都市化によって変貌を余儀なくされた「スプロール地区」において、地域社会の変貌という危機に対して「共同防衛」の必要から新たな地域住民組織として町内会が結成された（玉野，1993）。そこでの担い手とされたのは、都市化によって大きな影響をこうむった都市の自営業者層であった。

　地域社会には、生活上の協力関係が存在する。一方で地域社会全体の社会的統合や秩序の維持のために地方自治体もある。地域住民にとって地方自治体は制度としてあるいは政策によって行政を進めていく存在である。しかし、地方自治体では届かない行政ニーズを補完し、地域住民からの要望を取り上げていく媒介項として地域住民組織が必要となる。

　町内会あるいは名称を変えた自治会や集落会は、都市化を代表とする地域社会の変容において、それに対処するために登場したのである。町内会が地域住民や地方自治体に対して、果たす役割は大きい。

(3) 町内会の制度化

　1940年9月の内務省訓令第17号では、町内会が制度となった。戦時体制の確立により、町内会は国民を統制し動員する機関として位置付けられ、全国的に整備された（岩崎ほか編、1989）。当時の町内会は行政機関と密接に連携し、祭祀や学事、兵事、保健、自警、消費、配給、調査の機能に加え、社会事業や各種団体、行政事務への協力を推進した。

　町内会が戦争協力組織として目の敵にされたのはこうした活動のためである。戦時下の住民の経済生活を統制し、そのための事務機構まで町内会には持たされていた。本来は地域住民組織としての機能も持っていた町内会は、戦時体制下で制度化されたために、戦後は廃止の対象となったのである。

　1947年5月に政令15号によって町内会は廃止された。さらに町内会長や町内会の事務員は従来と同一地域での公職の就任が4年間禁止された。戦時体制の協力組織としての機能は否定できないとはいえ、町内会の組織自体が壊滅的な打撃を受けることになった。しかし制度として町内会が廃止されたとはいえ、もともと制度的規定がないところに登場してきた町内会は、実質的には存続・復活していくことになる。その後も法律としては規定されないが、町内会はさまざまな名称を用いながら、最小の地域

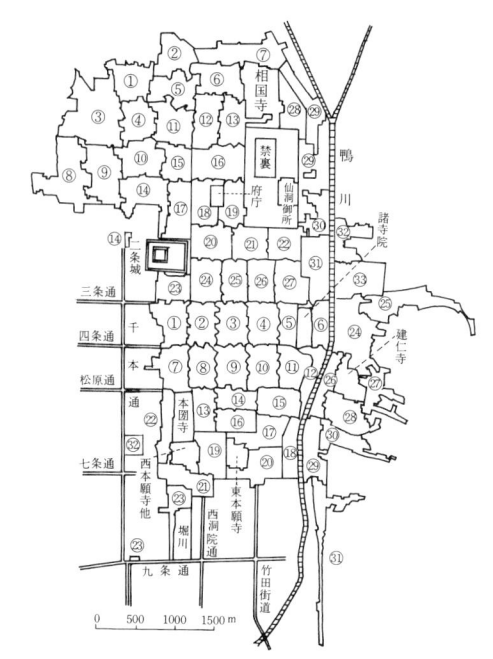

資料：『京都の歴史』第7巻、488頁（学芸書林）所収の図を転載。
三条通を境界に上京と下京に区分。

図1　京都における町内会成立期の地区構成
岩崎ほか編（1989）よる。

キーワード　戦時体制　住民組織　自治会　小学校区　コミュニティ　地域社会

1．地域社会組織としての町内会

表1　京都市における町内会の構成

町内会名	世帯数	隣組数	会長選任方法	市政協力員
竹屋町	27	3	投票による選挙	
山名町	15	1	順番	兼務
花開院町	35	4	選挙	
新美濃部町	49	6	順番	兼務
大北小路町	40	4	7年分をクジ引き	
西北小路町	56	5	投票による選挙	兼務
伊佐町	39	5	順番	兼務
樋之口町	22	3	順番	
曼陀羅町	18	2	順番	
硯屋町	25	2	話し合い	兼務
絞屋町	46	5	順番	
聖天町	54	5	組代表の話し合い	
百々町	26	2	順番	兼務
東西町	65	7	順番	
妙蓮寺前町	70	4	順番	兼務
大猪熊町	54	7	組代表の話し合い	
芝薬師町	31	4	選挙	
幸阿町	18	1	順番	兼務
東石屋町	44	5	順番	兼務
西石屋町	12	1	順番	兼務
慈眼庵町	38	4	順番	
藤木町	39	6	選挙	
北舟橋町	14	1	順番	兼務
堀川団地	96	8	順番	

岩崎ほか（1989）による。

単位の住民組織として継続していった。

(4) 自治会・町内会の現在

現在の町内会に期待される役割は、地域に密着した住民の要望の集約・調整である。連合町内会として行政単位に組織されることや選挙の際の集票組織として使われることもあり、地域社会単位の政治が見え隠れする。都市化のような地域変容に対して町内会が現れたのならば、地域社会組織を揺さぶる要因は今も数多くある。都心部の人口減少や高齢化による地域社会の衰退は、町内会に新たな対応を迫るものとなる。郊外の住宅地区でも、住宅開発の進展とともに地域社会組織が必要となり、時間の経過とともに住民は高齢化しつつある。集合住宅住民による自治会では、建て替えなどの問題や防災対策も課題となる。さらに、外国人労働者の流入により、新たな住民構成による地域社会組織が必要となる。

都道府県や市町村と異なり自明視されない地域単位であるがゆえに、とらえどころが難しい町内会ではあるが、地域社会における機能は重要である。

(5) 小学校区とコミュニティ

子どもから高齢者まで地域社会を結びつけるために、小学校区と町内会レベルの地域単位の連携がコミュニティの再生として意識されるようになってきている。地域社会の防犯や助け合いが希薄化していく中で、改めて町内会を見直す動きもある。少子化、核家族化による地域社会の空洞化を組織の再生によって防ごうとする試みが、各地で始まっている。

(6) 京都における町内会

近代以降の町内会の変遷を京都の事例で見てみる（岩崎ほか編，1989）。京都市の町内会は1897年の公同組合の設立までさかのぼる。京都市では1869年に成立した番組を基盤とする「学区」が町内会の組織単位である（図1）。地方制度の変更によって1889年に京都市が成立すると、市域より狭い範囲の行政事務や自治活動を担う地域単位がなくなった。そこで公同組合が町内会規模での地域組織として設置されたのである。

戦時体制下において公同組合は町内会へと発展的に解消された。戦時期の町内会は住民の経済生活を統制する組織でもあった。また行政の末端機能を担う組織として財政的援助も受けた。京都市においても町内会の事務員がいくつかの担当区域を受け持つ方式で雇われている。

戦争が終わるとGHQの方針によって町内会は禁止期間を経て廃止された。しかし京都市では市政協力委員制度を設けることによって町内会規模の組織との連携を図ろうとした。なぜなら市政協力委員には町内会の役員（大半は町内会長）がなったからである。さらに昭和30年代には「学区」単位の町内会組織の連合体として自治連合会も発足する。

京都市中心部では、住民構成や土地利用の変動が非常に激しかった。そうした生活空間の変容から、町内会や自治連合会が日常生活の安全を守ってきたともいえる（表1、図2）。これらにより、行政で担えない細かな機能組織の編成がみられる。

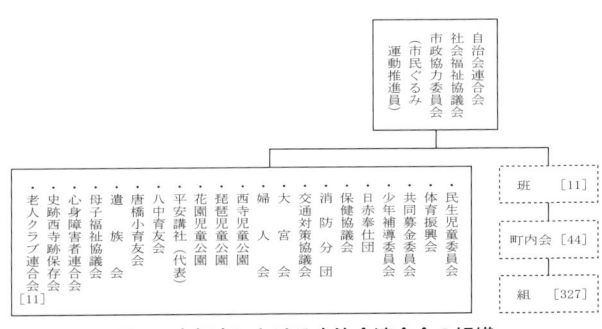

図2　京都市における自治会連合会の組織
岩崎ほか編（1989）による。

（香川雄一）

2．ニュータウンの高齢化

(1) 転機を迎える大都市のニュータウン

第二次世界大戦後、都市への人口集中による住宅不足の解消に効果的であったのは、ニュータウンとよばれる郊外の住宅地開発である。ニュータウンが開発されてからおよそ50年が経過し、それらのニュータウンでは、高齢化が進行している。

表1は、東京、名古屋、大阪のそれぞれのニュータウンである多摩、高蔵寺、千里の住民の年齢構成を示したものである。最も早くに入居開始されたのは、1962年の千里ニュータウンである。千里ニュータウンは、豊中市域と吹田市域の隣接したところに建設された。千里ニュータウンの場合、大阪市の都心と結ぶ鉄道や道路の整備が進められ、交通の便が良くなったため、人気が高い。当初入居した人々が居住し続けており、高齢化が進行した。豊中市域の千里ニュータウンでは、65歳以上が27.5％であり、75歳以上は8.9％である。

高蔵寺ニュータウンは春日井市域に建設され、1968年に入居が始まった。遊休地を利用した小規模な開発が続いており、千里ニュータウンに比べると65歳以上人口比率は低い。これは、公団の賃貸住宅の退去率が9～14％と高く、空き家に若い人たちが入居している（福原，2001）影響である。

多摩ニュータウンは、稲城市域、多摩市域、八王子市域、町田市域の多摩丘陵に建設され、1970年に多摩市域で開発されたところから、入居が開始された。入居開始時期によって市域の年齢構成は異なり、早くに開発された住宅地の多い多摩市域の65歳以上人口比率は15.2％である。

多摩ニュータウンでは、丘陵地の地形を利用して住宅地開発が行われた。車道を谷のところに配置し、歩車道が分離された。住宅地では車を気にせず歩けるように配慮したものであったが、バス停からは長い階段を上がる必要があり、車を運転できない高齢者には物理的な障害となっている（福原，1998）。

歩いて買い物に行けるように住区ごとに近隣センターが配置され、そこには小型スーパーマーケットと個別商店、集会所や駐在所、医院等の生活サービス施設が設置された。しかし、モータリゼーションの進行により、ロードサイド型店舗で買い物をする住民が多くなり、近隣センターの顧客は減少した。また、高齢化に伴い、脂質をあまりとらなくなるなどの顧客の嗜好の変化もあり、近隣センターでは、魚、肉、野菜などの生鮮食料品店の多くが閉鎖された結果、空き店舗が増加した。近隣センターに残っているのは、薬局、理容、美容、クリーニング等の、主にサービス店舗に限られている（福原，2001）。

(2) 地方都市のニュータウン

地方都市のニュータウンでは、大都市のニュータウンに比べて鉄道などの公共交通機関の整備は十分ではない。そのため、自動車への依存度が高く、高齢者の行動は強く制約される。本節でとりあげる高知市においては、周辺市街地に開発可能な地域があり、その地域で住宅地開発が行われてきたのである。

図1は、高知市の周辺市街地において開発された住宅地の年齢構成について示したものである。初期に開発された介良、加賀野井、瀬戸西町、瀬戸東町は65歳以上の人口比率は25％を超えている。これらの住宅団地の建設年は、介良の中野団地が1968年、加賀野井団地が1970年、瀬戸西団地が1970年、

表1　大都市ニュータウンにおける住民の年齢構成（2005年）

ニュータウン		人口総数	0～14	15～64	65～74	75歳以上
多摩	八王子市	89,924人	15.7%	73.8%	6.0%	3.7%
	多摩市	88,884	11.3	73.5	10.7	4.5
	稲城市	21,458	21.2	69.5	5.5	3.8
	町田市	6,270	24.4	68.7	4.1	2.6
高蔵寺	春日井市	46,911	13.6	70.5	10.2	5.1
千里	吹田市	54,079	12.6	63.1	15.4	8.7
	豊中市	27,823	10.6	61.9	18.6	8.9

国勢調査小地域別集計結果により作成。

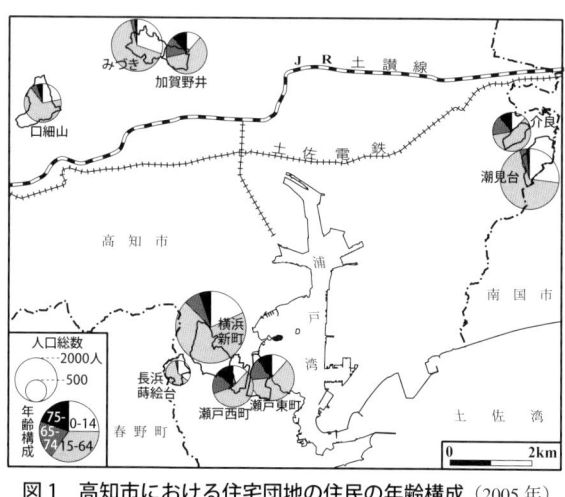

図1　高知市における住宅団地の住民の年齢構成（2005年）
国勢調査小地域別集計結果により作成。

キーワード　周辺市街地　丘陵地　モータリゼーション
　　　　　　高齢者　少子化　近隣センター

2．ニュータウンの高齢化

瀬戸東団地が1974年であり、開発後30年以上経過している。加賀野井の年齢構成についてみると、50歳代以上が多く、若年層がすでに世帯分離の時期を迎えており、少子化と高齢化の進行がわかる（図2）。

一方、加賀野井の住宅地に近接し、1995年に開発された観月坂団地のあるみづき（図3）の場合、0歳から14歳までの年少人口と30歳代から40歳代にかけてピークがあり、現時点では少子化や高齢化には無縁である。しかしながら、団地内には持ち家が多く、住民の入れ替わる可能性はあまり大きくない。住民の入れ替わりの少ない状況での20年後を考えた場合、年少人口は世帯分離の時期を迎え、まず少子化が進行する。次に、30年後には多くの住民が65歳以上となり、高齢化が進展する。加賀野井で起こっている問題は、新たに開発された住宅地でも将来起こりうることである。

こうした住宅団地の多くは丘陵地に建設されており、自家用車の利用を必要とする生活環境となっている。しかし、自動車の運転は、加齢に伴う運動能力の低下等により、難しくなってくる。

筆者は、2003年に高知市の周辺市街地の住民を対象に、居住環境についてアンケート調査を実施した（表2）。加賀野井の住民の多くが、居住地の環境について困ることは、住宅地の坂がつらいことや、商店が少ないことである。写真1のように、丘陵地に建設され、高齢化の進んだ当地区の場合、住宅地の坂の存在は、高齢者にとって物的な障壁なのである。他の住宅地においても、将来住民の高齢化や住宅の老朽化が進むと、居住環境の満足度は低下すると考えられる。さらに、自家用車の利用できない高齢者世帯にとっては、買い物や通院などの日常生活に支障をきたすようになり、今後いかに支援していくかが重要な課題となる。

高知市のような地方都市では、周辺部において住宅地開発が行われ、これが5章4でとりあげた中心市街地の人口を空洞化させる要因の一つとなる。そのため、12章3で示したように、周辺部の開発エネルギーを都市内部に向けようとするコンパクトシティが目標とされているのである。

（藤塚吉浩）

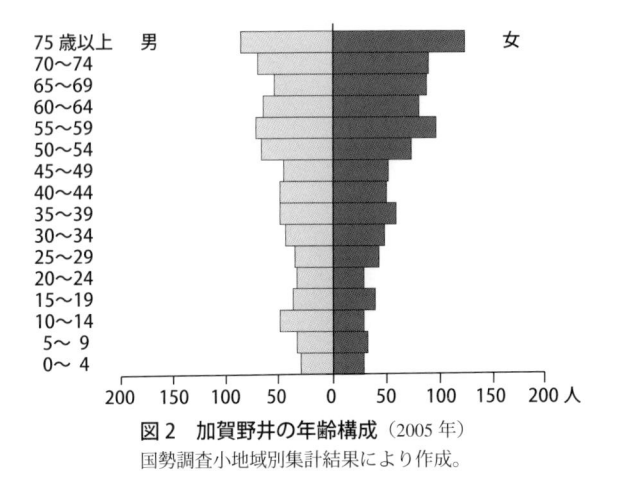

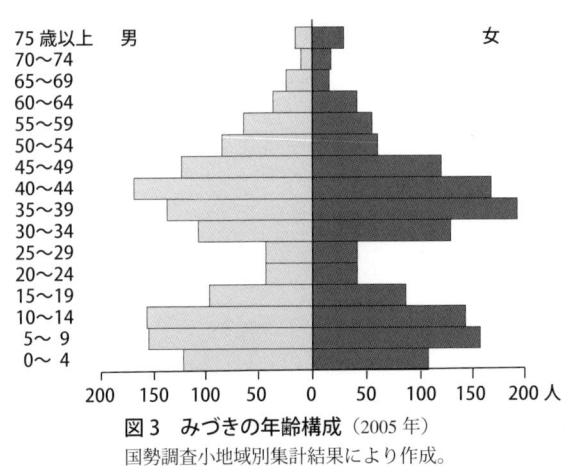

表2　加賀野井における居住地の環境について困ること

困ること（複数回答）	回答数	困ること（複数回答）	回答数
困ることはない	18	病院が遠い	3
バスの便利が悪い	3	商店が少ない	17
駐車場が狭い	0	職場が遠い	1
自家用車の運転が困難	0	学校が遠い	1
交通渋滞が起こる	4	その他	4
住宅地の坂がつらい	20	無回答	1
自治会活動が不十分	2		

藤塚（2005）による。

写真1　早い時期に開発された加賀野井の住宅地
加賀野井にて2003年撮影。

図2　加賀野井の年齢構成（2005年）
国勢調査小地域別集計結果により作成。

図3　みづきの年齢構成（2005年）
国勢調査小地域別集計結果により作成。

3．コミュニティと防犯

（1）犯罪機会

　日常活動における環境的な犯罪発生の引き金を見いだす理論である日常活動理論によると、動機を持った犯罪者、ちょうどよい標的、役に立つ監視者の不在が、犯罪発生の主要な条件とされる（矢島ほか編、2004）。プライバシーを重視するために、隣近所からみて敷地内の様子のわかりにくい家が多くなり、そのために窃盗被害にあう機会も多くなる。核家族化が進み、共働きの世帯が増え、家に昼間に誰もいなければ、窃盗の標的にされやすい。このような際に、犯行を見られる、あるいは、見られるかもしれないという程度であっても、それが犯罪行為を防止するための、役に立つ監視者となるのである（矢島ほか編、2004）。

　図1は、都道府県別に人口1万人当たりの犯罪の件数を示しており、これは警察機関等による認知件数である。関東、中京、関西、北九州の大都市圏では、犯罪件数が多い。1万人当たりの犯罪件数が最も多いのは大阪府の283件であり、特に空き巣などの侵入犯罪が増加している。次に多いのは愛知県の274件であり、自動車盗の件数が多い（成美堂出版編集部、2007）。一方、東北や北陸、山陰、東・南九州において犯罪件数は少ない。地方では地縁性の強さが役に立つ監視者の役割を果たしており、犯罪を抑止している。これに対し、大都市圏ではちょうどよい標的が多く、見知らぬ人の多いところでは、動機を持った犯罪者を見つける監視者が不在であり、これが犯罪件数の多さにあらわれている。

（2）京都市都心部における犯罪分布

　京都市都心部では、大きな戦災を被らなかったため、伝統的な町家が多く残り、歴史的なコミュニティが維持されてきた。向こう三軒両隣の町家では、隣組という緊密なコミュニティが形成されており、それが役に立つ監視者となっていた。

　しかし、京都市都心部においても、近年犯罪の発生が多くなってきている（図2）。特に、四条河原町や京都駅周辺などの繁華街では、犯罪の件数は多い。このような繁華街においては、居住者がきわめて少なく、役に立つ監視者が不在であることと、道に不案内な観光客など、ちょうどよい標的が多いのである。一方、上京区など伝統的な町家の多く残る地区では、向こう三軒両隣の緊密なコミュニティが役に立つ監視者となり、犯罪件数は少ない。

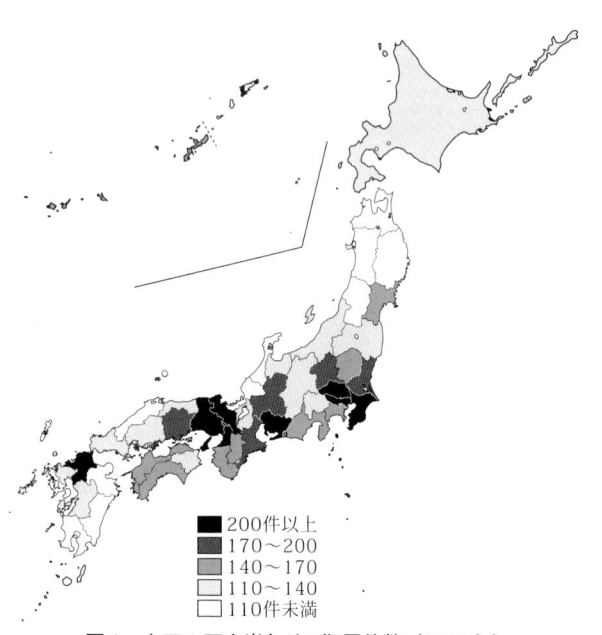

図1　人口1万人当たりの犯罪件数（2005年）
警察庁統計と国勢調査により作成。

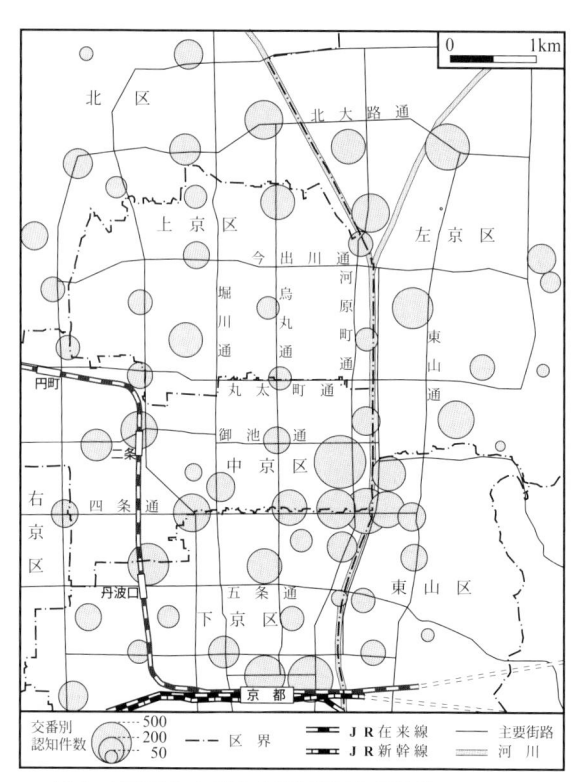

図2　京都市における交番別認知犯罪件数（2004年）
京都府警察の資料により作成。

| キーワード | 認知件数　犯罪動機　ちょうどよい標的　役に立つ監視者　防犯パトロール　防犯のまちづくり | 3．コミュニティと防犯 |

　京都市都心部では、1980年代から非居住機能の建物が建てられるとともに、町家が取り壊されてきた（藤塚，1990）。1980年代の地価高騰期には、投機的な不動産取引のために、都心部では人口が著しく減少した。地価の低下が進んだ1990年代後半頃から2000年代にかけて、都心部では共同住宅の建設が進められ、人口が増加してきた（2章3）。

　京都の伝統的な町家には、木製の格子が取り付けられている。それが景観的な特徴の一つであり、通風の確保にも役立っている。格子は、外から家の中は見えにくく、家の中から外はよく見えるつくりである。見通しを確保しようとすると、プライバシーの保護が難しくなるが、京都の町家の格子は、その双方が確保されており、住宅の防犯性が高いのである。さらに、周囲からの見通しも確保されているので、町家のある通りの防犯性は高いといえる。

　しかし、非居住用の建物が増えると、夜間の人通りは少なくなり、役に立つ監視者は少なくなる。また、近年多くなってきた共同住宅の場合、住宅の防犯性能は向上したが、通りへの見通しが十分とは言えない。1階部分は駐車場や駐輪場とされている場合が多く、通りへの見通しが十分ではない。分譲の共同住宅の場合は、1階の玄関で施錠されているため、侵入防止がはかられているが、賃貸の共同住宅では、不特定多数のものが戸口まで行くことができる。賃貸住宅では入居者の入れ替わりが多いために、入居者相互の監視は不十分である。そのため、賃貸の共同住宅への侵入盗が多くなっている。また、通りで行われる自動車等への窃盗も多発している。

(3) 防犯のまちづくり

　犯罪動機は消滅しないが、潜在的な犯罪者は、防犯のまちづくりによって払拭できる。では、どのようにすれば、犯罪を防ぐことができるのだろうか。図3は、八王子市の犯罪の分布を示している。八王子駅周辺の都心では犯罪件数が多いのに対し、南部の住宅地の北野台では犯罪件数は少ない。ここでは、防犯活動に積極的に取り組んでいる北野台の事例をとりあげる。

　北野台では、自治会を中心とした、地域住民による主体的な防犯活動が展開されている。不審者や犯罪に関する情報は、自治会のホームページなどを通して広く住民に提供される。北野台は一戸建て住宅が多く、住宅への侵入盗を防ぐために、見通しを

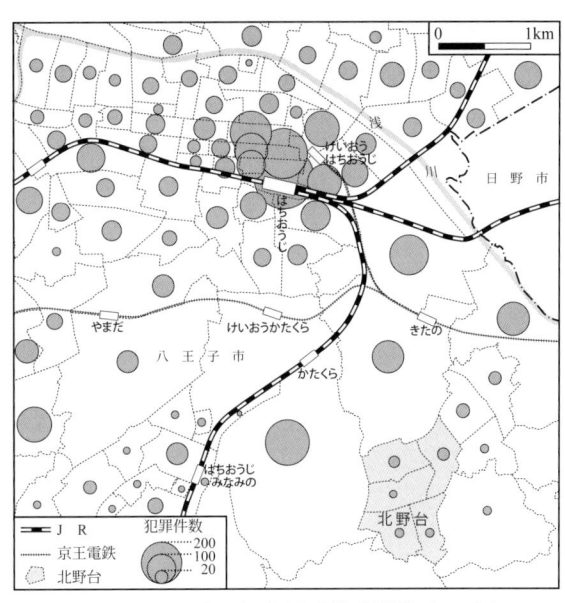

図3　八王子市における町別犯罪件数（2003年）
警視庁の資料により作成。

悪くしないための生け垣の剪定、ドアの二重ロック化、窓への防犯フィルムの貼り付け、裏口のチェーンロック、窓格子の取り付け部分の点検などの注意喚起が行われている。

　また、八王子署との連携組織である防犯協会に加盟する住民も加わり、防犯パトロールを実施している。徒歩でのパトロールは、防犯の帽子や腕章を付けた「てくてくパトロール会」のメンバーを中心に行われる。警察署員とともに大勢で「集団パトロール」をすることもある。「集団パトロール」の第1の目標は、できるかぎり大勢で目立つように行動して、地区の内外の人たちにその存在をアピールして、犯罪の抑止効果を高めるように行うことである。また、自家用車に防犯の磁気ステッカーを貼り付けて、地区内を巡回する「カーパトロール会」が活動を行っている。警視庁より青色回転灯の装備が認められた会員の車もあり、これらの車により機動的に広い範囲を徐行しながら巡回している。さらに、愛犬用の防犯グッズを携えて散歩する、「ワンワンパトロール会」が活動を行っている。

　以上のような北野台の防犯のまちづくりが示しているのは、住宅の防犯対策を高めることにより、ちょうどよい標的を少なくすること、動機を持った犯罪者に、頻繁に行われる防犯パトロールの活動を知らしめることによって、役に立つ監視者が様々なかたちで存在していることを認知させているのである。

（藤塚吉浩）

4. 歴史的町並みの保存

(1) 歴史的町並みの保存

　伝統的な町並みを守るための制度として、伝統的建造物群保存地区がある。これは、伝統的建造物群と一体をなして価値を形成している環境を保存する地区で、城下町、宿場町、門前町、在郷町などの歴史的な町並みや集落が指定されている。地区内では、建造物のファサードや外観保存のため、条例により現状変更を規制できるとともに、建築基準法の規定を緩和したり適用させないようにしたりすることもできる。国は保存地区のうち特に価値が高いものを重要伝統的建造物群保存地区として選定し、市町村の保存事業への財政的援助、指導や助言ができる。

　また、歴史的な町並みを保全する制度として、市町村の指定による景観条例がある。これは、外観だけを伝統的な建築様式にした建物や、伝統的な建材に替えて鉄筋コンクリートなどを使用した建物を指定することもできる。この場合、景観に配慮した建物への改修には、市町村などから補助金が出されることがある。こうした景観条例は、2005年に施行された景観法により、景観規制への法的根拠ができ、多くの自治体が景観計画を定めている。

　本節でとりあげる函館市では、景観法施行以前に、西部地区における伝統的建造物群保存地区と、市町村合併前の旧市全域を対象として歴史的景観条例が指定されていたのである。

(2) 函館市西部地区の変容

　函館は幕末に開港され、早くから西洋文化の影響を受けた西部地区では、洋風建築や和洋折衷住宅など歴史的建築物が現存している。明治以降発生した大火後、防火のための道路拡張と家屋改良が行われ、市街地が再開発された。陸繋島に位置しているため、市街地は函館山山麓から離れた北東側に拡大されてきた。外延的な市街地拡張の影響を受けて、中心商業地は、大正期には十字街、高度成長期には大門地区、そして五稜郭地区へと移っていった（藤塚, 2007）。さらに、美原地区などの周辺市街地において、ショッピングセンターなどが建設された。

　西部地区の十字街商店街では、空き店舗が多くなっている。近くの銀座通には、大正時代に建てられた鉄筋コンクリートの建物もあり、なかには再生利用する価値のある建築物も多い。函館市中心市街地活性化基本計画では、対象範囲を函館駅周辺の駅前・大門地区として（函館市, 1999）、かつての商業中心地である十字街は対象外となった。

　西部地区では、港湾関連産業が衰退し、雇用が大幅に減少したため、表1の失業率の高さにあらわれている。2005年の函館市の失業率は8.8％であるが、大町では12％を超えている（表1）。

　西部地区では、人口減少により高齢化が進んでいる（表1）。函館市の老年人口比率は23.9％で、豊川町以外の町では市全体の比率を上回っているが、元町と住吉町では特に高い。元町には長屋建の住宅が多く、そこに居住する高齢者が多いためである。

　また、年少人口比率は10％未満の町が多く（表1）、少子化の進行により、弥生小学校と西小学校が統廃合された。このため、大火後の復興建築である弥生小学校が一部を残して取り壊され、歴史的な建造物が失われた。こうした人口構成の偏りは、地域の物的状況にも影響するのである。

(3) 歴史的町並みの衰退

　産業活動の衰退と住民の転出は、西部地区の土地利用に大きな影響を与えた。2004年1月に船見町、弥生町、弁天町、元町、大町、末広町、豊川町において空家調査を行った函館市によると、195件の空き家のうち、老朽化のため60件が解体された。

　函館市西部地区の歴史的な町並みは、低層の和洋

表1　函館市西部地区の人口特性　　　（単位：％）

指標 年	人口増減率 2000〜2005	年少人口比率 2005	老年人口比率 2005	失業率 2005
函館市	-3.6	11.7	23.9	8.8
入舟町	-18.8	6.3	39.2	9.0
船見町	-16.6	8.2	33.7	9.9
弥生町	-14.8	10.9	31.5	9.9
弁天町	-4.1	10.1	30.3	7.1
大町	-9.1	8.4	29.7	12.5
末広町	-2.6	8.5	27.5	9.3
元町	-5.0	8.5	41.2	9.4
青柳町	-8.7	10.4	28.4	7.9
谷地頭町	-7.6	10.9	33.3	7.8
住吉町	-5.2	6.6	44.7	11.7
宝来町	-10.9	6.7	38.6	10.2
豊川町	6.9	9.6	23.6	8.4

国勢調査により作成。

| キーワード | 伝統的建造物群保存地区　伝統的建造物　歴史的景観条例　駐車場　高層共同住宅　景観法 | 4．歴史的町並みの保存 |

折衷住宅や和風住宅、近代洋風建築物などが連なって形成されている。建物が老朽化により取り壊され、町並みの連担性がなくなるのは大きな損失である。

建物が取り壊された跡地は駐車場になることが多く、駐車場については現地調査を行った（図1）。屋根のない駐車場は、大町から末広町にかけての電車通沿いに多い。末広町にはホテルや業務施設があり、駐車需要はある。一方、大町付近では、老朽化した建物が撤去され、未舗装のまま駐車場とされているものが多くみられた。積雪期に行った現地調査では、除雪されておらず駐車の形跡のない場所が多くみられ、大町付近では駐車場の供給が需要を上回っていると考えられる。

駐車場は、伝統的建造物群保存地区以外のところに多い。伝統的建造物群保存地区制度により文化財としての建物は守ることができるが、それ以外の地域では、町並みを守るのは容易なことではない。このように駐車場が多くなっているのは、老朽化した空き家から伝統的建造物へ類焼したことがあり、空き家を取り壊していることが主な要因である。

駐車場は町並みの連続性を無くすだけでなく、今後の土地利用に大きく影響する。1980年代には、全国的に不動産市場に資金が投入され、函館市西部地区においても、投機的取引のための高層共同住宅

写真1　大三坂にある伝統的和洋折衷住宅
元町にて2004年撮影。

が建設された（藤塚，1997）。経済が復調すると、暫定的な土地利用である駐車場のところに、景観を破壊する高層建築物が建設されるおそれもある。こうした駐車場の再利用は、都市再生への重要な課題である。

（4）歴史的町並み景観保全への課題

当地区では物的衰微がみられるが、再生の可能性もある。写真1は、重要伝統的建造物群保存地区の大三坂の景観を示している。

背景にあるのは、1980年代の地価高騰期に建設された民間共同住宅である。この敷地には、かつて伝統的建造物が存在したが、高層共同住宅建設のために取り壊されたのである。伝統的建造物群保存地区内にあるこのような高層建築物は、連続する低層の町並み景観を破壊しているのである（写真1）。

一方、写真1の前景にあるのは、1階が和風、2階が洋風の伝統的和洋折衷住宅である。2戸で1棟の建物であるが、カフェのオーナーが自己資金により、条例による補助金を受けて、建物全体を改修したのである。この建物は地域の文化に貢献したことが評価され、2004年に歴風文化賞を受賞した。

伝統的建造物群保存地区内の伝統的建造物は文化財として守られるが、歴史的町並みは地区外にも存在する。広範囲を対象とした歴史的景観条例により個々の建物を守り、創り出すことはできるが、面的に広がる町並みを守るためには十分ではない。歴史的町並みを守るためには、ひとつひとつの建物を改修して守るとともに、地区の変容のなかでの町並み保全の必要性について考えなければならない。

（藤塚吉浩）

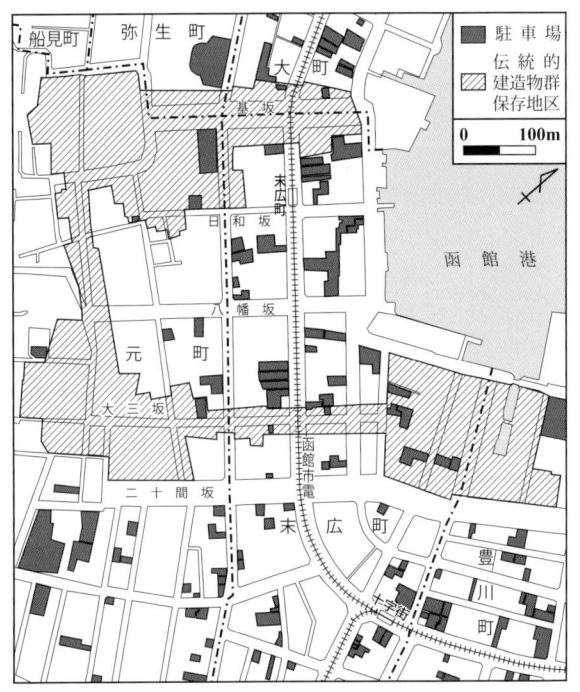

図1　函館市西部地区における駐車場の分布（2006年）
現地調査により作成。

第15章　地方分権と地域政策

1．地方分権化の進展

（1）地方分権と中央集権

　日本では、約40年以上前から地方分権の推進が求められている。地方分権が全国に拡がったのは、当時の神奈川県知事であった長洲一二の影響が大きいと言われる。長洲は1978年7月に開催された首都圏地方自治研究会の中の基調講演において、「地方の時代」を提唱した。従来の地方自治は三割自治と呼ばれ、税源や権限が国の規制に拘束され、自治体が主体的に行えるのはわずかに3割前後であったということを意味している。このような状況の中で、地方は国に対して反旗を翻したのであった。

（2）補完性原理の導入可能性

　それに対してヨーロッパにおける公共政策一般では補完性原理が貫徹している。補完性原理は、個人を基本としながら、基本的に基礎自治体を政策主体とみなし、基礎自治体ができない部分を広域自治体が、さらにそれを担うことができない部分を国が担当するというように上位政府が政策を補完するというように考える理念である。なお日本の場合には、基礎自治体を補完するために、NPOや市民活動が用いられることが多い。

　補完性原理は、中央集権体制によって荒廃した経験を持つドイツを中心として、現在では、EU諸国に広く浸透している。キリスト教思想を起源とする補完性原理は、個人を基礎とし、コミュニティ、地域、広域、国というように重層的な構造を有している。

　日本の地方自治制度は、補完性原理とは逆のシステムとして機能してきた。「上意下達」という言葉のように国が都道府県のことを決め、都道府県は基礎自治体のことを決めるという伝統が続いてきた。その点で、ヨーロッパのような地方自治システムの構築は種々試みられているが、その実現は難しい。

　これまで様々な改革が行われたものの、地方分権が遅々として進まない状況がある。日本は、明治以降の富国強兵政策の中で培った中央集権体制から脱していないと言わざるを得ない。日本が本当の地方分権を進めるためには、日本的に補完性原理を受容し、本質的な意味で地方自治を理解することが求められている。

（3）地方分権化のターニングポイント

　日本の地方自治制度は、長い間にわたって国による制約が大きく、いわゆる三割自治という言葉に代表されるように、税収が大きい地方自治体は、地方財政制度の中でその果実を国に移転され、地域の均衡ある発展のためにナショナルミニマムを実現するべく、地方交付税や国庫支出金などによって財政の均等化を図ってきた。また地方自治体は税収に対して、権限が少なく、都道府県では8割が、市町村で4割が国の関与がある機関委任事務であった。

　この制度は、1995年に設立された地方分権推進法に基づく地方分権推進委員会において議論され、5次にわたる「勧告」が行われた。その成果として、1999年7月8日に地方分権一括法が成立し、分権型社会の一歩を踏み出したのである。

（4）地方分権一括法の評価と課題

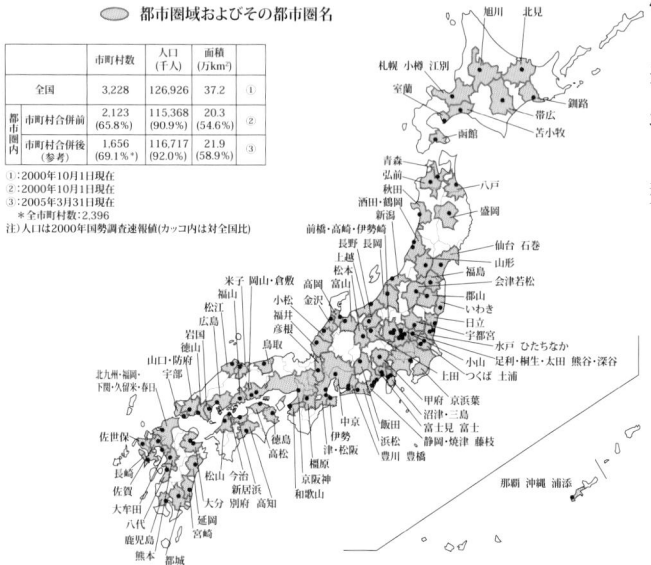

図1　日本における82の生活圏
森地・『二層の広域圏』形成研究会編（2005）による。

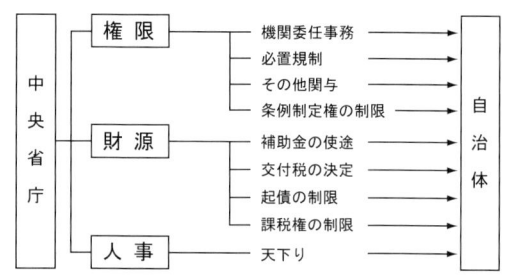

図2　従来の国による自治体に対する拘束
並河ほか（1999）による。

キーワード　地方の時代　補完性原理　法定受託事務　自治事務　NPM

1．地方分権化の進展

地方分権一括法は、2000年4月1日に施行された。中央集権型国家といわれた日本において、機関委任事務が廃止され、法定受託事務として自治事務のように自治体の仕事として、「自律」的な業務となったことは、画期的であったと評価してよかろう。

しかしながら地方分権一括法は、先の地方分権推進委員会の意向を十分に汲んだものではなかった。委員会に参加していた西尾（2007）は、以下の6点を問題点として挙げている。第一に地方税財源の充実確保が不十分、第二に法令等による義務付け、枠付けの緩和、第三に事務権限の移譲、第四に道州制の導入等の地方自治制度の再編成、第五にコミュニティレベルを中心とした住民自治の拡充、最後に憲法が規定する「地方自治の本旨」の具体化である。

(5) 地方分権の時代

日本で本格的に地方分権が進み始めたのは、1993年の国会における「地方分権の推進に関する決議」に始まると考えられる。その後1995年に、日本では初めての本格的な地方分権立法である地方分権推進法が制定され、これを実現するべく地方分権推進委員会が設置された。

この委員会は5次にわたって勧告を提出し、2001年6月に最終報告書を提出し、その過程の中で前述のように地方分権一括法が成立した。それまで国の下請け機関としての自治体という意味合いが強かった機関委任事務が、自治体の裁量が強くなった法定受託事務に、それ以外の自治体の事務は自治事務として、完全に自治体の権限として認められた。

地方分権一括法の成立は画期的なものであったが、一面では官製分権のような不十分なものでもあった。その最大の課題は税財源の委譲である。本来、国から地方への権限委譲に際しては、税財源の委譲が必然的に伴う。ところがこの地方分権では、税財源はそのままで権限の委譲を中心として行われた。

結局、三位一体の改革以後も財源を中心として地方分権の推進は芳しい状況ではない。これを受けて、2007年4月に設置された地方分権改革推進委員会において新たな地方自治の形が検討されたが、政府から目立った対応はなされていない。

(6) 自治体経営とNPM

地方分権の推進は、地方財政危機と裏腹の関係にある。地方財政を健全にするために地方分権を進め、自治体経営の効率化を目指している。その背景には、国と地方を合わせて2016年度末に1073兆円（見込み）の長期債務があることがあげられる。

このような自治体経営の効率化のために、市場メカニズムを用いた行政の簡素化が図られており、日本でも欧米流のニュー・パブリック・マネジメント（NPM：New Public Management）が導入されつつある。具体的には、公共事業へのPFI（Private Finance Initiative）の導入や、公共施設の管理への指定管理者制度の導入などが代表的事例である。これらは企業的経営の自治体運営への導入であり、アメリカ合衆国やイギリスにおける新自由主義的な規制緩和の潮流を受けて、公共部門の官から民への移行を決定的にした。

近年では、病院経営や文化施設の運営などへのNPMの導入により業務継続性の不安定化などをもたらし、その結果として非正規就労などの雇用の不安定化を助長するなど、NPMは市民生活へ影響を与えている。

(7) 地方分権と市民自治

地方分権の本質は、市民自治の拡充によって、地域住民が地域のあり方を決めることができるようになるという、まさに憲法に規定された地方自治の本旨を実現することにほかならない。ところが現実の地方分権改革は、財政の効率化を追及し、市民自治の拡充よりも市民生活の不安定化をもたらしている。

地方分権化を進めていくにあたって、行財政改革が必要なのであれば、その必要性と意義を行政と住民は積極的に議論し、双方の理解の上で実行していかなければ、行政と住民の相互不信だけを残すという不幸な結果になる可能性が大きい。そのようにならないための地方自治が求められている。

（山本匡毅）

	中央集権	地方分権
国と地方の関係	国は絶対・優位	相対・対等
政策の基準	パターナリズム	地域住民の選好
分配への配慮 (1)	結果の平等	機会の平等
分配への配慮 (2)	ナショナル・スタンダードの確保	ナショナル・ミニマムの保障
政策の基本構造	規制と保護	自由裁量・自己責任
政策体系	画一	多様
政策形成過程	トップ・ダウン	ボトム・アップ
地方の財源	国からの財源移転	地方の自主財源

図3　中央集権と地方分権
林（2006）による。

2．構造改革特区

（1）構造改革特区成立の経緯

　日本の地域経済は地方圏の衰退と大都市圏の発展という二極化の様相を呈し始めている。とりわけ東京一極集中に伴う地方圏の経済的停滞は著しく、2000年以降では地域間所得格差に拡大局面もあった。その中で、政府は経済の構造改革によって問題を打開し、地域活性化を目指すようになった。その典型的な政策が構造改革特区である。構造改革特区は、2002年9月に地域的（あるいは部分的）な規制緩和を通じて地域経済の活性化を行うという「構造改革特区推進のための基本方針」が決定され、それを踏まえて、同年11月に「構造改革特別区域法」が国会に上程され、同年12月に可決されたもの（2002年法律第189号）を基礎としている政策である。

（2）構造改革特区の系譜

　構造改革特区は、一部地域の規制緩和を通じて、規制緩和自体の有効性を明らかにし、その成果の上で全国での規制緩和をするという「社会実験」である。本制度の原点は、北欧で1980年代から展開されたフリーコミューンとされる。フリーコミューンは、地方の仕事における国の法律や規制から適用を除外するために、自治体が上位政府に既存の法律が妨げてきた実験的な事業を行うことを申し入れるという、一種の地方分権改革の提案である。構造改革特区と北欧のフリーコミューンは、特定の自治体が提案・申請することによって、認定された自治体は政策の社会実験が認められる点が類似している。

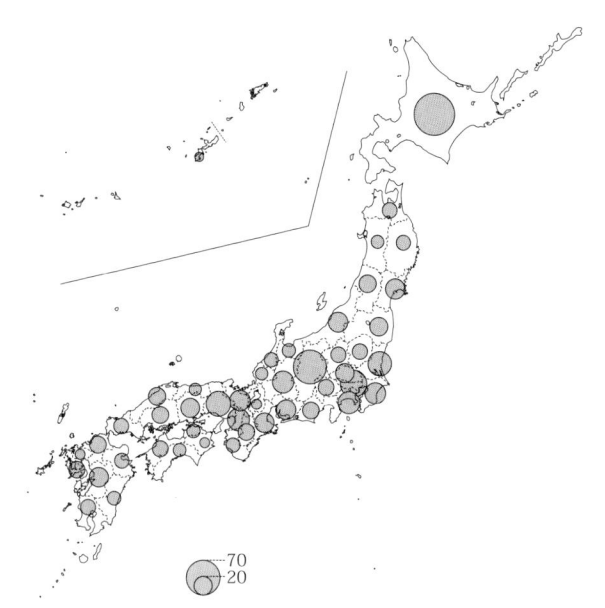

図2　都道府県別構造改革特区の認定件数（第1～14回）
御園ほか編（2008）により作成。

（3）構造改革特区の推移

　構造改革特区が打ち出された当初は、自治体も不自由に感じている規制を取り払おうとして、積極的に構造改革特区へ提案していた。ところが第3次になると構造改革特区提案への熱意が冷めてくる。

　構造改革特区提案第6次以降は、自治体のアイディアの枯渇があり、提案数は横ばいとなっている。また構造改革特区と地域再生計画の峻別がうまくついておらず、地域戦略を立てる上で、政策スキームをいかに活用するのかが明確ではない。さらに構造改革特区としての規制緩和策が魅力的ではなくなり、自治体の申請数が減ったこともあろう。ただ一つ言えるのは、財源まで触れる地域再生計画に比べると規制緩和だけを目的とする構造改革特区は、自治体の内部、中小の市町村でも活用しやすい点である。

　2011年には政府の新成長戦略に対応して、総合特区制度が施行された。さらに2016年に国が主導する地域的規制緩和である国家戦略特区制度が実現した。これらの政策は、地域の競争力強化や活性化を目指している。

（4）構造改革特区の問題点

　自治体は何回もの提案で、アイディアを出しにくくなってきている。しかし構造改革特区の原点は、

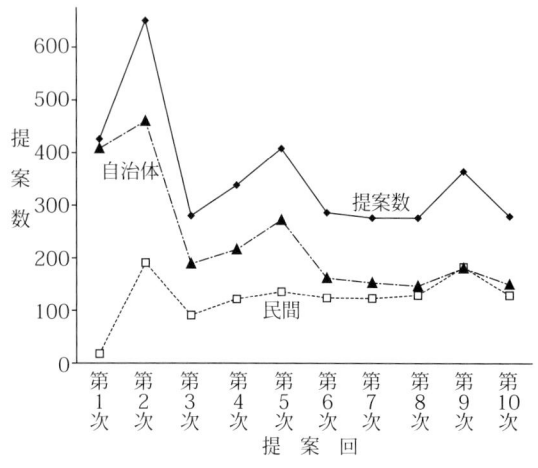

図1　構造改革特区提案数の変化
並河（2007）により作成。

キーワード　構造改革特別区域　社会実験　フリーコミューン　地域再生計画　フリーライダー

2．構造改革特区

住民に提供する行政サービスを運営するときに支障となる規制を緩和してもらい、住民福祉の向上と地域活性化を図ることが本来の目的のはずである。そうであるならば、自治体は住民とよく話し合い、あるいは住民や地域団体は積極的に地域課題を政策提案し、今ある地域問題を見つめ直し、構造改革特区を活用していく必要があるだろう。確かにこれまでの構造改革特区では、次のような問題点が出ていた（並河，2006）。

① 実現率の低下と提案の小粒化
② 提案のメニュー化とその部分的実現
③ 都道府県の権限についての問題
④ 急速な全国展開による意欲の喪失
⑤ フリーライダーの続出による提案意欲の喪失
⑥ 地域再生法等の類似した政策の展開

このように課題は顕在化しているが、現在運用されている構造改革特区の根拠法となっている構造改革特別区域法は、5年の時限立法であり、2007年12月に運用期限切れとなっていた。そこで新たに構造改革特別区域法の一部を2009年に改正し、従来の構造改革特区を活かしていく方策とした。

(5) 構造改革特区の三つのモデル

特区政策モデルは三つの類型から成り立っている（西村監修，2007）。第一に全員参加型政策立案モデルである。これは、構造改革特区の制度がすべての人に機会を開放されたことから、国民、企業、非営利組織、自治体などの各主体が自由に政策提案することが担保された。それを、全員参加型政策立案モデルという。このモデルは、「政策参加の障壁の除去と参加意欲の向上を図るための装置」が不可欠である。例えば、自治体レベルで住民、企業、非営利組織などが自由に構造改革特区を実現できるようにした仕組みとして、愛媛県の県版特区制度である「えひめ夢提案制度」というものがある。「えひめ夢提案制度」とは、構造改革特区と地域再生計画の提案制度を重ね合わせたものである。国の構造改革特区や地域再生計画制度の場合は、地域再生計画の認定に際して交付金があるが、愛媛県の場合には原則として補助金はつかない。ただし県が持っている既存の補助金を活用できるように紹介していることから、全員参加型政策立案モデルの実現を担っている。

第二に合理的判断ゲームモデルである。このモデルの特徴は、特区提案された案件について、規制所管官庁は個別の合理的判断をもって検討せざるを得ない強制的な場面を設定した点である。原則として提案者からの政策提案はすべてが検討の価値があると仮定し、内閣官房が代理人として規制所管官庁との間で政策調整を行い、それらはすべて国民の前に出されるというものである。この典型事例は、徳島県上勝町である。上勝町の立場は、何か問題があれば対応が遅く、理解してくれない徳島県よりも、自分の力で作ることができる構造改革特区の提案に纏め、それを実行することであった。山村で超高齢化した地域社会である上勝町では、発生する地域課題は緊急性の高いものが多い。特区提案であった休業したタクシーの代替案もそれに含めることができよう。町役場が機動的に対応すれば、内閣官房を活用し、特区を実現できるという事例である。

第三に地方自治体関与型制度改革モデルである。このモデルの特徴は、規制特例による事業の実施に地方自治体が関与することで、特区による弊害が生じた場合の被害の拡大防止や、速やかな原状回復等の対応を確保した点である。この事例は、三重県を中心に実施した技術集積活用型産業再生特区に見られる。この特区は、四日市臨海部工業地帯の空洞化の阻止、地域に蓄積された人材・技術の有効活用、21世紀の産業モデルとしての再生を目的としたものであった。民間企業14社、三重県、四日市市、四日市港管理組合が参加して実現したが、その後特区の全国化による規制緩和がなされた。

(6) 構造改革特区実現のポイント

構造改革特区の実現過程を検討すると、どの自治体でも強いリーダーシップを持ったキーパーソン、あるいは地域集団が特区認定まで自治体を引っ張り上げているという姿が垣間見える。このキーパーソンは、民間の人であるか自治体職員であるかは問わない。いずれも地域課題を強く認識し、それを解決する必要性を感じている人たちである。

自治体は、地域に暮らす住民のパートナーであり、構造改革特区を使えば、地域の生活の質がさらに向上する可能性を持っている。今、地域で何が課題であり、どのような政策手段があるのか、自治体職員と住民が一緒になって議論し、地域振興策を作り上げていくことが求められている。それを実現する手段として構造改革特区を用いた地域づくりがあり、結果として豊かな地域社会を実現していく可能性がある。

（山本匡毅）

3．地域政策の経緯

(1) 地域政策の変遷

日本の地域(開発)政策の展開は、1950年の「国土総合開発法」の制定に始まる。以来、この法律は、2005年の「国土形成計画法」に変更されるまでの間、経済発展のための工業の地域分散やそれに伴って生じた地域問題への対処や地域の再編を目的に、全国総合開発計画や各種の地域開発・整備計画策定の基本法として重要な役割を果たしてきた。

国の地域政策の根幹ともいえる国土全域を対象とした全国計画は、「国土の均衡ある発展」を理念に、1962年の「全国総合開発計画」(全総)から始まって、1969年の「新全国総合開発計画」(新全総)、1977年の「第三次全国総合開発計画」(三全総)、1987年の「第四次全国総合開発計画」(四全総)、1998年の「21世紀の国土のグランドデザイン」(五全総)まで、7年から10年の間隔で見直され、5次にわたって策定され、中央集権的体制の下で、日本の地域政策の基軸としての役割を果たしてきた。

表1　戦後の主要な地域政策と地域関連法の経緯

年	地域関連法	下位法
1950	国土総合開発法	
1956	首都圏整備法	
1960	国民所得倍増計画	
1962	全国総合開発計画	
		低開発地域工業開発促進法
		新産業都市建設促進法
1963	近畿圏整備法	
1964	工業整備特別地域整備促進法	
1965	中部圏開発整備法	
	経済社会発展計画	
1969	新全国総合開発計画	
1971		農村地域工業導入促進法
1972		工業再配置促進法
1977	第三次全国総合開発計画	
1983		テクノポリス法
1987	第四次全国総合開発計画	
		総合保養地域整備法
		民間都市法
1988	多極分散型国土形成促進法	
1992		地方拠点法
1998	21世紀の国土のグランドデザイン	
1999		地方分権一括法
		PFI法
2002		新産都・工特法廃止
2005	国土形成計画法	
2006		工業再配置促進法廃止

注) 斜字体は、関連法を示している。

これら総合計画は、経済の後発工業国から発展し、先進工業国として成熟化に向かうなかで、地域の再編・整備をすすめ、成熟化した国家として地域システムの形成を図ってきたことがうかがわれる。

(2) 「全総」・「新全総」と地域整備

「全総」・「新全総」の両開発計画は、日本が明治初期の前近代的な国から近代的な国へ発展するなかで生じてきていた、後発国が持つ二重性を有する不均等な状況を解消するための、空間的な側面における再編・整備政策であった。

1960年の就業人口に占める第1次産業人口の割合は32.6％と、第2次産業人口の29.2％を上回っていた。そのため、「国民所得倍増計画」では、高度経済成長を達成させるための課題として、産業構造を農業から工業へ転換させるとともに、工業構造の高度化に対応した産業基盤の充実、農業と工業間格差および企業規模の格差、これらの地域間格差の縮小が指摘された。そこで、産業政策では、農業の近代化や中小企業の近代化を推進する施策がとられた。「全総」における「地域間の均衡ある発展」を理念とした、大都市の過大化の防止と地域間格差の是正は、この流れの一環であった。したがって、低開発地域の工業化は農業から工業への転換を求めたものである。また、三大工業地帯から離れた地域での「新産業都市」の指定と産業基盤の整備は、工業の大都市から地方への分散だけでなく、工業構造の高度化、とりわけ重化学工業化の推進のための受け皿としての意味を有していたといえる。

「新全総」は、高度経済成長を持続するための経済・社会全体にわたる近代化を目的とした「社会経済発展計画」を受けての地域政策である。この政策は、「開発の基礎条件整備による開発可能性の全国土への拡大・均衡や地域特性を生かした開発整備による国土利用の再編効率化」を目的としており、国土利用の近代的・合理的再編を目論（もくろ）んだものである。計画の具体化は、新ネットワークの整備（高速道路・新幹線・国際港湾・国際空港）、遠隔地大規模工業基地の建設、工業再配置における大都市からの工場移転と誘導地域での工場立地、大都市の再開発、農村地域への工業導入など、地域指定とそこでの産業基盤を中心とした公共投資によって進められた。

| キーワード | 新産業都市　工業再配置　定住構想　東京一極集中　多極分散型国土　国土形成計画 | 3．地域政策の経緯 |

これらの両計画は、地域問題をいかに解決するかという先進国型の地域政策ではなく、途上国の開発における経済成長のための工業化政策の受け皿としての地域整備であった。したがって、新産業都市の場合、大都市圏の周辺部で優位にあった地域では工業化が進んだが、大都市から離れた国土の縁辺部では、その後の産業政策で多くの適地指定を受けたものの、現在も工業用地への誘致が行われている。

なかでも、当時、最後の大規模工業基地と言われた「むつ小川原地域」は、開発計画決定から30年経過した現在でも、この間、開発主体の破綻や開発をめぐっての様々な問題が累積されているにもかかわらず、企業誘致に努めている。

なお、政策の主流ではなかったが、地域整備の面からは、1960年代以降、大都市圏整備につながる近畿圏整備法、中部圏開発整備法が、既に制定されていた首都圏整備法に加えて制定された。また、1960年代の人口の都市集中によって著しい人口減少をみた地域に対して過疎地域対策措置法が制定され、過疎問題が政策の対象となってきたほか、広域生活圏の設定が計画課題として取り上げられた。

(3) 地域システムづくりに向けた地域政策

工業の地方分散政策により、三大都市圏への人口の転入超過や一人当たりの県民所得格差の変動係数は、1962年をピークに減少し、1973年の第1次オイルショックにより急速に減少し、格差縮小、および、大都市への転入人口の減少が生じた。また、急速な工業化、都市化によって、伝統的な地域社会が崩壊し、国民の生活環境は急激な変化にさらされた。さらに、公害問題をはじめとする環境問題が顕在化した。このようななかで策定されたのが「三全総」である。この計画は、これまでの地域政策が、工業開発を中心とした発展途上国型政策であったのとは異なって、居住環境の整備など生活面を重視した福祉的性格を有するものであり、先進国型の成熟した社会における政策への転換がうかがえるものであった。

具体的には「定住構想」と呼ばれるものであり、50〜100世帯を生活圏の基礎単位（居住区）として、複数の居住区をもって定住区とし、定住区が複合して定住圏を形成するものである。定住圏は生活の基本的圏域であるとした。その整備は広域生活圏の施策を基礎とした。その上で、各県にモデル定住圏を設定したが、新たに公共投資を行うものでなかった。

このように「三全総」が生活圏整備に向かうなかで、1980年代以降サービス経済化・ソフト化に象徴される産業構造の質的変化、経済のグローバリゼーションの進展は東京一極集中を生じさせた。そのため「多極分散型国土形成促進法」、及び「地方拠点法」が制定された。これらの法律では、首都圏・大阪圏・名古屋圏の大都市圏のうち、首都圏では業務核の設定と整備、さいたま副都心に代表される副都心の形成、そのほか大阪・名古屋圏では大阪、名古屋の中心部の整備と機能の立地が進んでいる。また、地方中核都市の整備、モデル定住圏となった地方中心都市での整備が進められており、地方分権化を含意した地域システムづくりが進行している。

しかし、この開発・整備に当たって、小さな政府を主張する、新自由主義の考え方により、実施主体が、政府・自治体といった公的セクターから第三セクターあるいは民間企業に移行している。その結果、1929年の世界恐慌以降行われてきた福祉政策的な地域政策は、その意義を問われるとともに、大きな転換の時期を迎えた。21世紀に入って、2005年、日本の地域政策はそれまでの「国土総合開発法」を改定し、その名称も「国土形成計画法」に改められた。図1は国土形成計画の根幹ともいえる新しい国土像として自立的な広域ブロックの圏域を示したものである。この圏域内での都市圏・生活圏域が検討されている。

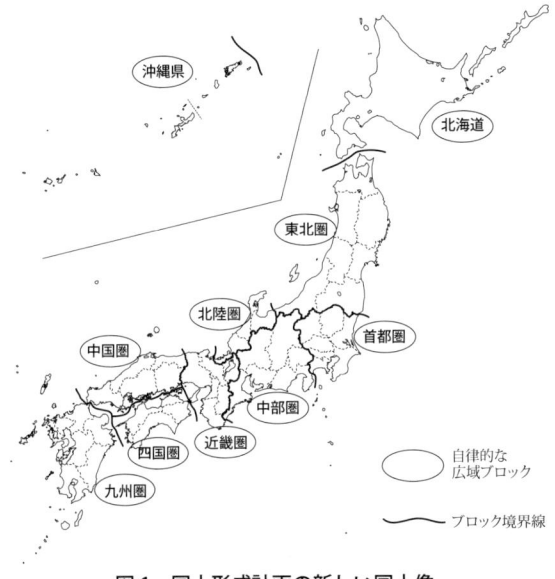

図1　国土形成計画の新しい国土像
国土審議会計画部会（2007）により作成。

（森川　滋）

4．グローバリゼーションの中の地域政策

(1) 地域政策の経緯

第二次世界大戦後に導入された日本の地域政策は産業立地政策と強い関連をもってきた。ところが、1980年代半ばから登場した経済のグローバリゼーションによって産業の空洞化が始まり、これを受けて1990年代半ばには産業立地政策が大きく転換することになった。

従来の地域政策は、大都市における過密の抑制や地域間格差の是正という目的により、事業所の立地規制や地方分散に主眼をおいていた。主として国民経済というマクロな面から対象に接近し、立地の規制や誘導では一定の成果をあげている。しかし、それが目指していた目的の達成にはなお相当の距離があることは、すでに多くの論者によって指摘されているとおりである。

国境をこえた産業立地の展開は、地域政策が前提としてきた国民経済という枠組みから、グローバル経済という枠組みへの転換を促す主要な要因の一つとなっている。産業立地政策が地方分散を主軸とした公正基準を重視していた地平から大都市がもつ比較優位性を評価して効率基準に重点をおき、産業政策への傾斜を深めてきたのも、こうした動向を受けてのことであろう。それは、これまでグローバリゼーションというキーワードで語られてきたことの具体的な表現に他ならない。

とはいえ、地域政策は単なるフィジカルな手段による経済発展を唯一の目的とする政策ではなく、むしろ開発の抑制や現状の保全を含む総合的な福祉水準の向上のための政策であるという基本的な性格を想起するとき、現在の動向を追認するだけで果たして妥当であろうか。これは、グローバリゼーションが進む21世紀初頭において直面する重要な問いである。

(2) グローバリゼーションの中の地域問題

東アジアとの生産・流通システム面でのネットワーク化が進むことによって、国土形成計画（1950年に制定された国土総合開発法が2005年に国土形成計画法に改正された後、これに基づいて策定される計画）の策定過程でも、アジアとの関わりにとりわけ注意が払われている。こうした点からみても、日本の地域政策に、国民経済の枠を越えた視点が導入されようとしていることがわかる。

世界のなかでも経済成長が顕著に進む東アジアでは、資源・エネルギー問題を引き起こしている。多量の消費（あるいは浪費）は、エネルギー源獲得をめぐる国際競争を加速させている。さらに化石燃料の多量使用は、CO_2の発生量を増大させて地球温暖化を加速させるように作用する。経済成長・エネルギー・環境をめぐるトリレンマを克服するという課題は、東アジアにおいてこそ当面の重要な問題となっている。

加えて、経済成長が続く東アジアの諸国では、国

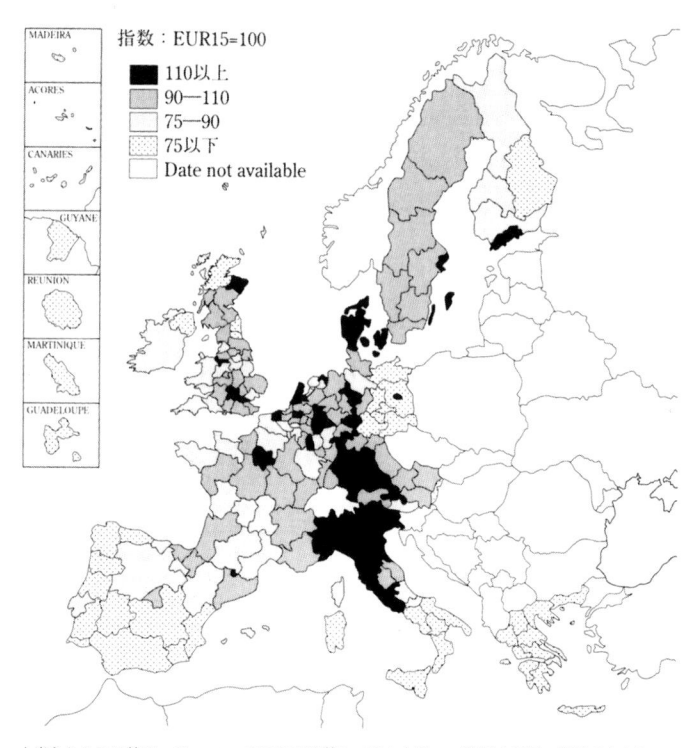

一人当たりGDP値は、EurostatのPPS調整システムを用い、購買力平価の調整がなされている。EURの一人当たりGDPの平均値を100として、データは指数化されている。

図1　EUにおける一人当たり地域GDP（1996年）
European Commission (1999a), map1. により作成した。アームストロング・テイラー（2005）による。

キーワード	グローバル経済　EUの地域政策　重層的な地域計画	**4．グローバリゼーションの中の地域政策**
	分権化　地域のイニシアティブ　CED	

内の地域間格差が増大しつつある。これらの国でも地域問題が発生しているから、地域政策が求められる素地は十分存在しているとみることができよう。日本が、高度経済成長期に直面した問題にほぼ40年ほど遅れてこれらの国々が直面しつつある。

　日本において、一国レベルの地域政策が果たす役割が低下したという事実に照らしてみるならば、これらの国においてもまた一国レベルでの地域政策に限界があるとみるのが妥当であろう。そのため、東アジアという広域圏の中で、地域問題をどう扱うかという問題が生じてくる。EUが、その域内を対象として形成したような地域政策を東アジアで形成し得るか、という問いがこれに付随する。東アジアについては、ここで進む生産・流通のネットワークに焦点のあたることが多いが、地域政策からみるとまた別の問題が横たわっていることになる。

(3) 日本における地域政策の課題

　東アジアのスケールで地域問題を捉えると、日本一国で地域政策を検討していた内容をそのまま延長しただけでは不十分なことがわかる。国土形成計画でアジアを扱う場合に、シームレスアジアといった表現を用いているが、これは生産・流通のネットワークに焦点をあてた見方で、東アジアスケールで地域問題を捉える視点ではない。これは、日本における地域政策がグローバルな視点をどう取り込むかという課題につながっていく。

　これを考察する上で参考となるのが、EUの地域政策である（図1）。EUに加盟する西ヨーロッパの諸国では、加盟前からそれぞれ地域問題に直面して、各国固有の地域政策を展開させてきた。そうした実績の上にたって、新たにEUという枠組みで地域問題を把握し、国民経済をこえたレベルでの地域政策を実践している。その特徴は、対象空間が拡大したことに伴うより広域的な政策形成がみられる一方で、コミュニティを対象としたCED（Community Economic Development）をとりあげていることである（表1）。産業立地や社会基盤整備など広域を対象とした政策形成はこれまでの地域政策の延長線にあるといってよいが、これと対をなしてコミュニティを対象とした政策を構築し、両者を統合的に運営しようとしている点に新機軸がうかがえる。

　日本においては、1990年代半ばにおいて中央政府が分散政策を放棄したという経緯を踏まえると、これに代わって地域のイニシアティブで地域問題に取り組むという方向が見えてくる。これまで日本では、中央政府による地域政策に焦点があたっていたが、今後は地方政府が主導する地域計画（EUが実践しているようなコミュニティレベルから府県をこえた広域圏までをカバーする重層的な地域計画）を構想するという課題が登場してきた。その際、それを実現していくために不可欠な条件が、地方政府のもつ権限の大きさであろう。21世紀に入って地方分権化の動きは進んできてはいるが、その進捗状況は、今日地域政策が当面する課題に取り組むには十分なものとはいえない。分権化の進展とこれを生かす主体の形成とがあいまって、今後の地域政策の可能性が規定されることになろう。

（秋山道雄）

表1　EUによる従来の地域政策（左欄）とCED（右欄）の対比

政策	上から下へのアプローチ	草の根からのアプローチ
世代間の平等	投資や仕事を引きつけるためのすばやく固定するアプローチである。短期的目標と政治的目的により動かされている。	政策の開発能力や試算を構築するための長期的アプローチである。永続的な仕事を創り出すことに重点がおかれている。
社会的公正	トリクルダウン方式への修辞学的愛着に関連する富創造倫理。賃金削減は富と（議論のある）仕事を創り出すために容認されるとみなされる。	社会的価値を見出す生産物やサービスを強調している。価値ある教育や仕事、生活しやすい賃金を含んでいる。
地理的な平等	競争的倫理、開放的交易、地域市場といったものが、（もしかしたら価値がある）他の地域への影響を無視して、外部への投資をひきつけることに焦点が置かれている。	取引のための公正な条件をもって、地域的かつ外へ向けての地域に根ざした経済を創り出す試みである。それは、ゼロサムとなる地域間競争を回避している。
参加	大機関投資家を法人として含むことに加えて、合法性を買うためにコミュニティの全体を代表するような関与。	計画から遂行まで再生の全段階にコミュニティが関与する。それは地方民主主義と結びついている。
全体的アプローチ	社会福祉や環境改善をもたらす経済開発である。目標とされた連関する計画だが、トリクルダウン方式の仕事は受容可能かもしれない。	地方の経済開発、社会状況や環境を工場させるための公正な統合的試みである。

アームストロング・テイラー（2005）による。

文献一覧

1章1
内橋克人 2006.『もう一つの日本は可能だ』文春文庫.
榊原英資 2007.『日本は没落する』朝日新聞社.
春山昇華 2008.『サブプライム後に何が起きているのか』宝島新書.
ピオリ，M. J.・セーブル，C. F. 著，山之内　靖・永易浩一・石田あつみ訳 1993.『第二の産業分水嶺』筑摩書房．Piore, M. J. and Sable, C. F. 1984. The second industrial divide : Possibilities for prosperity. Basic Books Inc.

1章2
浮田典良 1970. 地理学における地域のスケール－とくに農業地理学における－．人文地理 22：405-419.
浮田典良 2003.『地理学入門－新訂版－マルティ・スケール・ジオグラフィー』大明堂.
漆原和子・藤塚吉浩・松山　洋・大西宏治 2007. 世界の地域問題. 漆原和子・藤塚吉浩・松山　洋・大西宏治編『図説　世界の地域問題』2-3．ナカニシヤ出版.
高橋伸夫 1988. スケールの意義. 中村和郎・高橋伸夫編『地理学講座 1　地理学への招待』63-72．古今書院.
竹内啓一 1998.『地域問題の形成と展開－南イタリア研究－』大明堂.
吉野正敏 1961.『小気候－局地気象学概説－』地人書館.

2章1
伊豫谷登士翁 1993.『変貌する世界都市』有斐閣.
市川宏雄＋富士総研東京問題研究会 1995.『東京はこう変わる』59．東洋経済新報社.
浮田典良編 2003.『最新地理学用語辞典［改訂版］』大明堂.
加茂利男 2005.『世界都市：「都市再生」の時代の中で』有斐閣.
国土庁監修 1995.『国土統計要覧』大成出版社.
ディッケン，P. 著，宮町良広ほか訳 2001a.『グローバル・シフト－変容する世界経済地図　上－』古今書院.
ディッケン，P. 著，宮町良広ほか訳 2001b.『グローバル・シフト－変容する世界経済地図　下－』古今書院.
ノックス，P. L.・テイラー，P. J. 編著，藤田直晴ほか訳 1997.『世界都市の論理』鹿島出版会.
マルクス，K. H.・エンゲルス，F. 著，大内兵衛・向坂逸郎訳 1951.『共産党宣言』45．岩波書店.
山口岳志編 1985.『世界の都市システム－新しい地誌の試み－』古今書院.

2章2
加茂利男 2005.『世界都市：「都市再生」の時代の中で』有斐閣.
町村敬志 1994.『「世界都市」東京の構造転換－都市リストラクチャリングの社会学－』東京大学出版会.
ぴあ 2005.『ぴあ map：首都圏版　2005-2006』ぴあ.

2章3
青山吉隆編 2002.『職住共存の都心再生』学芸出版社.
巽　和夫・町家型集合住宅研究会編 1999.『町家型集合住宅』学芸出版社.
辰巳眞知子 2007. 国際観光都市京都と外国人観光客. 植村善博・香川貴志編『京都地図絵巻』22-25．古今書院.
藤塚吉浩 1990. 京都市都心部の空間変容－更新建築物の分析を中心として－．人文地理 42：466-476.
藤塚吉浩 1992. 京都市西陣地区におけるジェントリフィケーションの兆候. 人文地理 44：495-506.
Fujitsuka, Y. 2005. Gentrification and neighbourhood dynamics in Japan: The case of Kyoto. Atkinson, R. and Bridge G. (eds) Gentrification in a Global Context: The new urban colonialism. 137-150. Routledge.

2章4
経済産業省（コンテンツグローバル戦略研究会）2007.『コンテンツグローバル戦略報告書－最終とりまとめ－』.
スロスビー，D. 著，中谷武雄・後藤和子監訳 2002.『文化経済学入門－創造性の探究から都市再生まで－』日本経済新聞社．Throsby, D. 2001. Economics and Culture. Cambridge University Press.
立見淳哉 2004. 産業集積の動態と関係性資産－児島アパレル産地の「生産の世界」－．地理学評論 77：159-182.
立見淳哉・川口夏希 2007. ファッション産業－経済と都市文化をつなぐ－．塩沢由典・小長谷一之編『創造都市への戦略』311-325．晃洋書房.
Bathelt, H., Malmberg, A. and Maskell, P. 2004. Clusters and knowledge: local buzz, global pipelines and the process of knowledge creation. Progress in Human Geography 28: 31-56.
Kawamura, Y. 2006. Japanese teens as producers of street fashion. Current Sociology 54: 784-801.
Scott, A. 2000. L'Économie culturelle de Paris. Géographie, Économie, Société 2: 289-312.

3章1
中小企業庁 2006.『中小企業白書　2006 年版』ぎょうせい.
ピオリ，M. J.・セーブル，C. F. 著，山之内　靖・永易浩一・石田あつみ訳 1993.『第二の産業分水嶺』筑摩書房．Piore, M. J.

and Sable, C. F. 1984. The second industrial divide : Possibilities for prosperity. Basic Books Inc.

3章2
電気事業連合会統計委員会 2006.『電気事業便覧－平成18年度版－』(社) 日本電気協会.

3章3
高柳長直 2006.『フードシステムの空間構造論－グローバル化の中の農産物産地振興－』筑波書房.
中村靖彦 2001.『狂牛病－人類への警鐘－』岩波書店.

3章4
朝日新聞 2007年11月27日. 銀座で「時計戦争」高級ブランド進出続く.
　　http://www.asahi.com/fashion/shopinfo/TKY200711270291.html
国土交通省 2006. 平成17年度　旅行・観光産業の経済効果に関する研究.
　　http://www.mlit.go.jp/sogoseisaku/kanko/newsbackup/pdf/06_01.pdf
国土交通省 2007.『観光白書　平成19年版』コミュニカ.
鈴木　茂・奥村武久編 2007.『「観光立国」と地域観光政策』晃洋書房.
北海道経済部観光振興課 2003.『北海道観光入込客数調査報告書＜資料編＞平成14年度版』.
　　http://kanko.pref.hokkaido.jp/kankodb/kz-ksnko-link/301.H14/H14-irikomi-tyousa-siryo.pdf
北海道経済部観光のくにづくり推進課 2007.『北海道観光入込客数調査報告書＜資料編＞平成18年度版』.
　　http://www.pref.hokkaido.lg.jp/NR/rdonlyres/5FCA02F6-4863-49FA-BCBD-F52172A9C43B/0/18siryougaijinn070810.pdf
北海道通信日刊建設版 2007年12月25日. 持続、発展への活路　地域の格差解消へ－課題と役割－9.
　　http://www.dotsu.co.jp/LinkFiles/topics/2007/jizoku/071225.html
日本貿易振興機構 北海道貿易情報センター（委託先　財団法人国際貿易投資研究所）2006.『ニセコ地域における外国人の観光
　　と投資状況に関する報告書』. 　　http://www.jetro.go.jp/jpn/reports/05001141
JNTO（国際観光振興機構）2006.『JNTO訪日外客訪問地調査－外国人旅行者の国内訪問地データ－』国際観光サービスセンター.
JNTO（国際観光振興機構）2007.『国際観光白書 2007－世界と日本の国際観光交流の動向－』国際観光サービスセンター.

4章1
江成　幸 2002.「定住化」と「共生」をめぐる課題－ラテンアメリカ出身日系人－. 駒井　洋編『講座 グローバル化する日本
　　と移民問題　第Ⅰ期　第1巻　国際化のなかの移民政策の課題』131-159. 明石書店.
大垣市 2005.『大垣市統計書　平成17年度版』. http://www.city.ogaki.lg.jp/toukei/index.htm
大垣市 2007.『大垣市統計書　平成19年度版』. 　http://www.5.city.ogaki.lg.jp/WebBase.nsf/doc/toukeisholg/$FILE/02.pdf
福本　拓 2002. 大阪府における在日外国人「ニューカマー」の生活空間. 地理科学 57：255-276.
法務省入国管理局 2007.『平成19年度　在留外国人統計』入管協会.

4章2
外務省 2008.『日本の経済連携協定（EPA）交渉－現状と課題－』. 　http://www.mofa.go.jp/mofaj/gaiko/fta/pdfs/kyotei_0703.pdf
国際研修協力機構編 2006.『2006年度版　外国人研修・技能実習事業実施状況報告（JITCO白書）』国際研修協力機構.
国際厚生事業団 2008. 外国人看護師・介護福祉士受け入れ支援事業. 　http://www.jicwels.or.jp/html/EPA-top.htm
澤　宗則 2008. 日本のインド社会. 山下清海編『エスニック・ワールド－世界と日本のエスニック社会－』239-247. 明石書店.
法務省入国管理局 2007.『平成19年版　在留外国人統計』入管協会.
Castles, S. and Miller, M.J. 2003. The age of migration: International population movements in the modern world. 3rd ed. Palgrave-Macmillan.
Sassen, S. 2001. The global city: New York, London, Tokyo. 2nd ed. Princeton University Press.

4章3
浅野慎一 2004. 中国人留学生・就学生の実態と受け入れ政策の転換. 労働法律旬報 1576：20-29.
朝日新聞 2001年12月6日. 仕事求め首都圏生活－山形・酒田短大の中国人留学生約200人－.
栖原　暁 2002. 日本の留学生政策. 駒井　洋編『講座 グローバル化する日本と移民問題　第Ⅰ期　第1巻　国際化のなかの移
　　民政策の課題』161-205. 明石書店.
中央教育審議会大学分科会留学生特別委員会 2008. 第1回議事録・配布資料　資料6-1.
　　http://www.mext.go.jp/b_menu/shingi/chukyo4/gijiroku/020/08022520/005.htm
日本学生支援機構 2007. 平成19年度外国人留学生在籍調査結果. http://www.jasso.go.jp/statistics/intl_student/documents/data07.pdf
留学政策懇談会 1999. 知的国際貢献の発展と新たな留学生政策の展開を目指して－ポスト2000年の留学生政策－.
　　http://www.mext.go.jp/b_menu/shingi/chousa/koutou/015/toushin/990301.htm

4章4
外務省 2006.『政府開発援助（ODA）白書　2006年版』財務省印刷局.

特定非営利活動法人　国際協力NGOセンター（JANIC）2004.『国際協力NGOダイレクトリー2004：国際協力に携わる日本の市民組織要覧』特定非営利活動法人　国際協力NGOセンター（JANIC）.
埴淵知哉 2005. 国際的非政府組織における空間組織の編成. 地理学評論 78：87-112.
埴淵知哉 2007. NGOと「地域」との関わり－日本の地方圏に所在するNGOによる「地域からの国際協力」－. 地理学評論 80：49-69.
山内直人 2004.『NPO入門＜第2版＞』日本経済新聞出版社.

5章1
川島哲郎・鴨澤　巖編 1988.『現代世界の地域政策』大明堂.
ミュルダール，G. 著，小原敬士訳 1959.『経済理論と低開発地域』東洋経済新報社.

5章2
厚生労働省 2007.『厚生労働白書　平成18年版』.
日本政策投資銀行地域振興部 2007.『2007年度版　地域ハンドブック』日本政策投資銀行地域振興部.

5章3
高橋勇悦編 1992.『大都市社会のリストラクチャリング－東京のインナーシティ問題－』日本評論社.
成田孝三 1979. わが国大都市のインナーシティと都市政策. 季刊経済研究 1(3・4)：43-68.
成田孝三 1987.『大都市衰退地区の再生－住民と機能の多様化と複合化をめざして－』大明堂.
成田孝三 2005.『成熟都市の活性化　世界都市から地球都市へ』ミネルヴァ書房.
水内俊雄編 2004.『空間の社会地理』朝倉書店.

5章4
荒木一視・高橋　誠・後藤拓也・池田真志・岩間信之・伊賀聖屋・立見淳哉・池口明子 2007. 食料の地理学における新しい理論的潮流－日本に関する展望－. E-journal GEO 2：43-59.
伊東　理 2004. 1990年代イギリスにおける小売商業の地域政策と小売商業の開発（II）－小規模小売商業地区の動向とその再生をめぐって－. 関西大学文学論集 53(4)：17-37.
高知大学地域共同研究センター 1998.『高知市中心市街地における人口空洞化の現状と課題－都心とインナーシティにおける居住環境を中心に－』高知市企画財政部企画調整課.
藤塚吉浩 2000. 本四架橋後の地方都市中心市街地の変容－高知市における人口移動分析を中心に－. 地理科学 55：159-168.
矢作　弘・瀬田史彦編 2006.『中心市街地活性化三法改正とまちづくり』学芸出版社.

6章1
小林英夫 2003.『産業空洞化の克服』中公新書.

6章2
矢作　弘 1997.『都市はよみがえるか－地域商業とまちづくり－』岩波書店.

6章3
岡部　守編 2000.『農村女性による起業と法人化』筑波書房.
末吉健治 1999.『企業内地域間分業と農村工業化－電機・衣服工業の地方分散と農村の地域的生産体系－』大明堂.
高柳長直 2008. 農村工業としての結城紬織物業. 北村嘉行編『中小工業の地理学』78-87. 三恵社.

6章4
金子　勝・高端正幸編 2005.『地域切り捨て－生きていけない現実－』岩波書店.
日本経済新聞社 1999.『自治体破産』日本経済新聞社.
毎日新聞社会部 2006.『縦並び社会』毎日新聞社.

7章1
影山穂波 2004.『都市空間とジェンダー』古今書院.
館　かをる 1998. ジェンダー概念の検討.『ジェンダー研究』お茶の水女子大学ジェンダー研究センター年報 1：81-95.
国連開発計画 2006.『人間開発報告書』国連開発計画.
スコット，J. 著，荻野美穂訳 1992.『ジェンダーと歴史学』平凡社.
丹羽弘一 1998. 風景と場所の間　ジェンダーの風景，知，そして第三の場所. 荒山正彦・大城直樹編『空間から場所へ』162-174. 古今書院.
ハラウェイ，D. 著，高橋さきの訳 2000.『猿と女とサイボーグ』青土社.
Hanson, S. 1992. (Presidential Address) Geography and feminism: Worlds in collision? Annals of the Association of American Geographers

82: 569-86.

Pratt, G. 2000. Feminist geographies. Johnston, R. J., Gregory, D., Pratt.G. and Watts, M. (eds): The dictionary of human geography. 4th eds. 259-262. Blackwell.

7章2
竹中恵美子編 1991.『新女子労働論』有斐閣.
吉田容子 2007.『地域労働市場と女性就業』古今書院.

7章3
上野千鶴子 1990.『家父長制と資本制：マルクス主義フェミニズムの地平』岩波書店.
上野千鶴子・電通ネットワーク研究会 1988.『「女縁」が世の中を変える－脱専業主婦のネットワーキング－』日本経済新聞社.
湯沢雍彦 2003.『データで読む家族問題』日本放送出版協会.

7章4
経済企画庁編 1996『国民生活白書　平成8年度版』大蔵省印刷局.

8章1
大野　晃 2005.『山村環境社会学序説』農文協.
小田切徳美 2008.「限界集落」の実態と政策課題. 地域政策 27：6-14.
国土庁計画・調整局監修 1999.『21世紀の国土のグランドデザイン』時事通信社.
坂口慶治 1975. 京都市近郊山地における廃村化の機構と要因. 人文地理 27：579-610.
藤田佳久 1981.『日本の山村』地人書房.
宮本常一 1966.『村のなりたち』未来社.
Beshorner, H. 1903. Denkschrift über die Herstellung eines historischen Ortsverzerzeichnisses für das Königreich Sachsen, Dresden.

8章2
成美堂出版編集部 2007.『今がわかる時代がわかる日本地図 2007年版』成美堂出版.
中村昭彦・浅井忠雄・吉田博一・馬場廣太郎・中江公裕 1998. アレルギー性鼻炎の全国疫学調査－全国耳鼻咽喉科医および家族を対象として－. 日本耳鼻咽喉科学会会報 105：215-224.
依光良三 1995. 高知県の林業の現段階と課題. 高知県緑の環境会議山村研究会『「国際化」時代の山村・農林業問題－再建への模索－』73-102. 高知市文化振興事業団.
林野庁 2002.『平成14年度　森林・林業白書』林野庁.

8章3
朝日新聞社出版事業本部事典編集部編，高橋伸夫・井田仁康・菊地俊夫・志村　喬・田部俊充・松山　洋 文と監修 2005.『朝日ジュニアブック　日本の地理 21世紀』朝日新聞社.
久保田啓介 2007. 森の生態系を守る　上. 日本経済新聞 2007年5月20日31面.
砂場彰利 2007. シカの主な分布域の変化. 日本経済新聞 2007年5月20日31面.
高橋春成編 2001.『イノシシと人間－共に生きる－』古今書院.
藤塚吉浩 2007. 海を渡る獣害－高知県宿毛市沖の島の事例. 漆原和子・藤塚吉浩・松山　洋・大西宏治編『図説　世界の地域問題』142-143. ナカニシヤ出版.

8章4
石井素介 2007.『国土保全の思想－日本の国土利用はこれでよいのか－』古今書院.
伊藤達也 2006.『木曽川水系の水資源問題－流域の統合管理を目指して－』成文堂.
帯谷博明 2004.『ダム建設をめぐる環境運動と地域再生－対立と協働のダイナミズム－』昭和堂.
嶋津暉之 2007. 大規模ダム建設は必要なのか. 都市問題 98（6）：46-53.
西野寿章 1981. ダム建設にともなう水没村落の移転形態と村落構造－奈良県十津川村迫部落と福井県今庄町広野二つ尾部落の場合－. 人文地理 33：289-312.

9章1
石　弘之 1992.『酸性雨』岩波書店.
環境省編 2006.『環境白書　平成18年版』ぎょうせい.
環境省編 2007.『環境　循環型社会白書　平成19年版』ぎょうせい.
環境庁編 2000.『環境白書　平成12年版　総説』ぎょうせい.

文献一覧

9章2
環境省編 2006.『環境白書　平成18年版』ぎょうせい.
環境省Webページ　http://www.env.go.jp/air/life/heat_island/index.html
藤塚吉浩・細野　渉 2007. ソウルの都市発展と伝統的景観の保全－旧市街地を中心に－. 阿部和俊編『都市の景観地理　韓国編』12-21. 古今書院.

9章3
環境省編 2007.『環境　循環型社会白書　平成19年版』ぎょうせい.
高杉晋吾 2000.『産業廃棄物』岩波書店.

9章4
国土交通省土地・水資源局編 2007.『日本の水資源（平成19年版）』佐伯印刷株式会社.
新藤静夫・杉江弘行・唐　常源 1987. 地下水の存在にかかわる自然要因と人為要因－特に地中における物質の挙動を中心として－. 水資源研究センター研究報告 7：69.
畑　明郎 2004.『拡大する土壌・地下水汚染－土壌汚染対策法と汚染の現実－』有斐閣.
安田圭奈江 2007. 大阪の土壌汚染に見る公害湮滅の構造－大阪アメニティパーク（OAP）を事例として－. 畑　明郎・上園昌武編『公害湮滅の構造と環境問題』103-120. 世界思想社.

10章1
高田明典 2007. 群馬県吉井町上奥平における耕作放棄地の拡大とその背景. 地理学評論 80：155-177.
中島峰広 1999.『日本の棚田－保全への取組み－』古今書院.
西野寿章 2008.『現代山村地域振興論』原書房.
農林水産省農村振興局地域振興課 2004.『中山間地域等をめぐる諸情勢』.
　　http://www.maff.go.jp/soshiki/koukai/chikishinkou/chu_sogo/12/siryo2.pdf

10章2
淺野敏久 2008.『宍道湖・中海と霞ヶ浦－環境運動の地理学－』古今書院.
伊藤達也・淺野敏久編 2003.『環境問題の現場から－地理学的アプローチ－』古今書院.
環境省編 2007.『環境　循環型社会白書　平成19年版』ぎょうせい.
水内俊雄編 2005.『空間の政治地理』朝倉書店.

10章3
高橋秀行 2000.『市民主体の環境政策　下』公人社.
田中　充・中口毅博・川崎健次編 2002.『環境自治体づくりの戦略－環境マネジメントの理論と戦略－』ぎょうせい.
東　善広・長尾是史 2007. 赤野井湾流域における水環境再生の展望. 環境技術 36：113-118.
彦根市 2001.『彦根市環境基本計画および地域行動計画』.
OECD 1994.『OECDレポート：日本の環境政策－成果と課題－』中央法規出版.

10章4
オーバーテュアー, S.・オット, H.E. 2001.『京都議定書－21世紀の国際気候政策－』シュプリンガー・フェアラーク.
森田恒幸・天野明弘編 2002.『地球環境問題とグローバル・コミュニティ　岩波講座　環境経済・政策学　第6巻』岩波書店.
米本昌平 1994.『地球環境問題とは何か』岩波書店.
IPCC 2007.『IPCC第4次評価報告書　統合報告書』政策決定者向け要約（文部科学省・経済産業省・気象庁・環境省仮訳）.
　　http://www.env.go.jp/earth/ipcc/4th/interim.-j.pdf

11章1
伊藤喜栄 2006.『教養としての地歴学』日本評論社.
浮田典良編 2003.『最新地理学用語辞典［改訂版］』大明堂.
林　上・伊藤善和 1976. 愛知県一宮都市圏における中心地の地域構造. 人文地理 28：589-620.

11章2
伊藤喜栄 2004.『図説　日本の生活圏』古今書院.
昭文社 2007.『京阪神街の達人』昭文社.
ぴあ 2005.『ぴあmap：首都圏版　2005-2006』ぴあ.
平本一雄編 1993.『新たなる都市空間』ぎょうせい.

11 章 3

植田浩史 2007.『自治体の地域産業政策と中小企業振興基本条例』自治体研究社.
小田宏信 2005.『現代日本の機械工業集積－ME 技術変革期・グローバル化期における空間動態－』古今書院.
大阪市経済局 1978.『住工混合地域における中小工業の立地環境整備に関する調査報告書』.
工業集積研究会 2008.『大東市住工混在地域実態調査報告書　産業集積編』大東市.
関　満博 1990.『地域産業の開発プロジェクト－住工混在地域と中小零細工場－』新評論.
竹内淳彦 1996.『工業地域の変動』大明堂.
日本開発銀行設備投資研究所 1986.『大都市の再生－インナーシティ問題と住工混在地域活性化、都市型産業振興について－』.

11 章 4

高山正樹 1989. 都市の分布と構造. 赤羽孝之・山本　茂編『現代社会の地理学』185-196. 古今書院.
東京都産業労働局 2007.『東京の産業と雇用就業 2007』東京都.
野口悠紀雄 1992.『バブルの経済学－日本経済に何が起こったのか－』日本経済新聞社.
樋口めぐみ 1999. 日本における市民農園の存立基盤－川口市見沼ふれあい農園の事例から－. 人文地理 51：291-304.
ブライアント, C. R.・ジョンストン, T. R. R. 著, 山本正三ほか訳 2007.『都市近郊地域における農業－その持続性の理論と計画－』農林統計協会.

12 章 1

今尾恵介 2001.『路面電車』筑摩書房.
廣岡治哉編 1987.『近代日本交通史』法政大学出版局.

12 章 2

青木賢人 2004a. 福井水害体験記－講義「災害と自然地理学」が災害調査実習に. 地理 49（12）：45-54.
青木賢人 2004b. 福井水害を起こした雨. 地理 49（12）：55.
赤桐毅一 2004. 新潟県三条・見附・長岡・中之島・下田における 7・13 災害. 地理 49（12）：16-27.
国土交通省河川局 Web ページ　http://www.mlit.go.jp/river/index.html
佐藤照子・中根和郎 2004. 三条市における災害経過. 地理 49（12）：28-31.
杉山正憲・宇根　寛 2004. 土地条件図にみる新潟豪雨災害. 地理 49（12）：32-35.
長尾朋子 2004. 福井豪雨災害にみる水害防備林の立地と機能. 地理 49（12）：60-63.
名古屋市 Web ページ　http://www.city.nagoya.jp/shobo/cmsfiles/contents/ooooo12/12445/04_nishi_map1.pdf
廣内大助・堀　和明 2004. 福井豪雨による足羽川中・上流域の浸水被害. 地理 49（12）：57-59.

12 章 3

海道清信 2007.『コンパクトシティの計画とデザイン』学芸出版社.
高知市総務部総務課 2000.『平成 10 年 9 月集中豪雨災害』高知市.
藤塚吉浩 2007. 高知市における浸水地域の変化. 漆原和子・藤塚吉浩・松山　洋・大西宏治編『図説　世界の地域問題』144-145. ナカニシヤ出版.
山本恭逸編 2006.『コンパクトシティ－青森市の挑戦－』ぎょうせい.

12 章 4

片柳　勉 2006. 都市合併の類型から見た「平成大合併」. 地理 51（3）：24-35.
児井正臣 2006. 市町村合併と過疎地の自治体バス. 地理 51（3）：58-62.
佐々木信夫 2006.『自治体をどう変えるか』筑摩書房.
森川　洋 2002.「平成大合併」に対する批判的考察. 地理 47（11）：8-15.

13 章 1

市川宏雄＋富士総研東京問題研究会 1995.『東京はこう変わる』東洋経済新報社.

13 章 2

大田康博・粂野博行・立見淳哉・大貝健二 2006. 産地振興型公設試験研究機関（旭川，尾張，今治，京都繊維）. 植田浩史・本多哲夫編『公設試験研究機関と中小企業』217-259. 創風社.
全国中小企業団体中央会 2006.『全国の産地－平成 17 年度産地概況調査結果－』中小企業庁.
松原　宏 2007. 企業立地の変容と地域産業政策の課題. ARC 07.5：10-17.

13 章 3

飯田・下伊那経済自立研究会議 2003.『中間報告書』.
三重県農林水産商工部 2003.『クリスタルバレー構想』.

13 章 4

グールド，P. R.・ホワイト，R. 著，山本正三・奥野隆史訳 1981.『頭の中の地図－メンタルマップ－』朝倉書店.
高柳長直 2004. 産地ブランド農産物と地理的表示，熊谷　宏・清水昂一・白石正彦監修『農と食の現段階と展望』179-193. 東京農大出版会.
高柳長直 2007. 食品のローカル性と産地振興－虚構としての牛肉の地域ブランド－. 経済地理学年報 53：61-77.
立見淳哉 2000.「地域的レギュラシオン」の視点からみた寒天産業の動態的発展プロセス－岐阜寒天産地と信州寒天産地を事例として－. 人文地理 52：552-574.
テヴノ，L. 著，須田文明訳 1997. 品質から規格へ. アレール，G．・ボワイエ，R．編，津守英夫他共訳『市場原理を超える農業の大転換－レギュラシオン・コンヴァンシオン理論による分析と提起－』31-60. 農山漁村文化協会.
Murdoch, J., Marsden, T., and Banks, J. 2000. Quality, nature, and embeddedness: Some theoretical considerations in the context of the food sector. Economic Geography 76: 107-125.

14 章 1

岩崎信彦・上田惟一・広原盛明・鰺坂　学・高木正朗・吉原直樹編 1989.『町内会の研究』御茶の水書房.
玉野和志 1993.『近代日本の都市化と町内会の成立』行人社.

14 章 2

福原正弘 1998.『ニュータウンは今－40 年目の夢と現実－』東京新聞出版局.
福原正弘 2001.『甦れニュータウン－交流による再生を求めて－』古今書院.
藤塚吉浩 2005.『中心市街地の社会経済状況の統計的調査と活性化法策に関する研究－京都市，高知市，高知県八都市を事例として－』.

14 章 3

成美堂出版編集部 2007.『今がわかる時代がわかる日本地図 2007 年版』成美堂出版.
藤塚吉浩 1990. 京都市都心部の空間変容－更新建築物の分析を中心として－. 人文地理 42：466-476.
矢島正見・丸　秀康・山本　功編 2004.『よくわかる犯罪社会学入門』学陽書房.

14 章 4

函館市 1999.『函館市中心市街地活性化基本計画』函館市.
藤塚吉浩 1997. 函館市西部地区における歴史的町並み保全運動の展開. 浮田典良編『地域文化を生きる』188-200. 大明堂.
藤塚吉浩 2007. 函館市における中心市街地の空洞化. 漆原和子・藤塚吉浩・松山　洋・大西宏治編『図説　世界の地域問題』160-161. ナカニシヤ出版.

15 章 1

並河信乃・竹下　譲・後藤　仁 1999.『論点・地方分権』イマジン出版.
西尾　勝 2007.『地方分権改革』東京大学出版会.
林　宜嗣 2006.『新・地方分権の経済学』日本評論社.
森地　茂・『二層の広域圏』形成研究会編 2005.『人口減少時代の国土ビジョン』日本経済新聞社.

15 章 2

並河信乃 2006.『市民・自治体の政策実験』生活社.
並河信乃 2007.『構造改革特区は分権型社会を創るか』東京市政調査会.
西村清彦監修，御園慎一郎・大前孝太郎・服部　敦編 2007.『地域再生システム論』東京大学出版会.
御園慎一郎・大前孝太郎・服部　敦編 2008.『特区・地域再生のつくり方』ぎょうせい.

15 章 3

国土審議会計画部会 2007. 国土形成計画（全国計画）に関する案. http://www.mlit.go.jp/singikai/kokudosin/kokudosin-html

15 章 4

アームストロング，H.・テイラー，J. 2005.『［改訂版］地域経済学と地域政策』流通経済大学出版会.

索　引

[あ 行]

Urban Center　79
Urban Region　79
IPCC　76,77
アクセス問題　93
アジア出身留学生　27
アメニティ　74
EUの地域政策　117
異業種による農業参入　43
インナーシティ　34,35,36
エスニックコミュニティ　22,23,35
NGO　28,29
NPM　111
NPO　28,75
エネルギー消費　17
M字型就労　48
LRT　86,87
大型商業施設　41
大型店　36
オールドカマー　22
温室効果ガス　76,77

[か 行]

外国人観光客　11
外国人労働者　22,24,25,32,45
外資系企業　8,9,25
開発　29,72,73
外部経済　71,82
買回品　37,81
買回品供給機能　81
核家族　50
核燃料サイクル　17
過剰くみ上げ　69
河川管理　61
河川水利　61,68
河川生態系　60
河川法　61
家族　50,51
過疎地域　70
活動対象地域　29
合併特例債　93
家父長制　46,47
カルチュアセンター　95
環境悪化　74
環境運動団体　73
環境外交　76
環境基準　63
環境基本計画　75
環境政策　72,75
環境問題　3,5,28,72,73,76
観光産業　20
観光立国推進基本法　20
完全失業　34,35,44,45
基幹電源　17

企業誘致　99
企業立地促進法　98,99
気候変化　89
気候変動枠組み条約　77
基礎生活圏　79,80,81
喫茶店　95
規模拡大　18,70,84
休耕地　59
丘陵地　104,105
共存　59
京都議定書　77
局地的な失業問題　39
居住空間　47
近代的農業の再建　45
金融機関　8
近隣センター　104
空間的スケール　4,5
クールアイランド　64,65
クールシティ　65
グリーンツーリズム　71
グローバリゼーション　2,3,6,7,16,19,27,28,29,30,32,33,38,81,98,115,116
グローバル経済　116
ケアワーク　25
景観法　108
経済的衰退　34
経済連携協定　25
限界集落化　54
研修生　25
原子力発電　17
権力関係　46,47
小泉・竹中改革　2
広域生活圏　80,81
合意形成　61
郊外　79,81,84,104
公害反対運動　72,73
光化学オキシダント　63
「広義の資源」の配分　5
公共交通体系　79,86,87
工業再配置　114
工業再配置促進法　7,114
公共事業　42,43
公共投資　31
合計特殊出生率　32
耕作放棄地　59,70,71
高次都市機能　39
工場アパート　83
洪水対策　88,89
洪水　71,88,89
構造改革特別区域　43,112
高層共同住宅　109
高齢者　105
高齢者世帯　33

国際協力　28,29
国際拠点　29
国土形成計画　114,115
国土保全　55
国内自給率　16
ゴミの広域移動　66
コミュニティ　3,5,10,22,99,103,106,110
コミュニティバス　87
コンヴァンシオン　100
コンテンツ産業　12,13
コンパクトシティ　65,90,91,105
コンパクトなまちづくり　90,91

[さ 行]

サービス産業　41
最終処分場　66
里山　58,91
産業クラスター　14
産業構造　22,50,51,115
産業構造の変化　22
産業集積　14,15,82,94,95,96,97,98
産業集積地域　97
産業集積類型　96
産業振興　98
産業風土　82,83
酸性雨　62
三大都市圏　16,31,38,40,84,86,94,95,115
産地　19,97,100
産地型集積　15
CED　117
ジェンダー・エンパワメント指数　46,47,52
ジェントリフィケーション　10
市街化調整区域　84,91
時間的スケール　4,5
資源ナショナリズム　16
市場原理主義　2,3,7
市場の失敗　6
自治会　102,103,107
自治事務　111
市町村合併　92,93
ジニ係数　30,31
地場産業地域　97
地盤沈下　68,69
私費留学生　26,27
市民農園　85
社会実験　112
社会主義　2,7,46
社会制度　51
社会的空白地域　54
社会的貢献　28
社会的排除　37

索　引

社会的不利益　34
若年層の失業　45
収益還元法　84
獣害　57,58,70
就学生　25,26
住工混在　82,83,96
集積利益　15
重層的な地域計画　117
集中豪雨　88,89,91
周辺市街地　104
住民組織　102
集約的農業　85
主体　5,28
循環型社会　66,67
小学校区　103
上下分離　87
少子化　32,105
情報サービス業　94
昭和の大合併　92
食害　58
職住共存　10
食料自給率　18
植林　5,56,57
女性の起業　43
人口高齢化　33
人口置換水準　32
人工排熱　64,65
人口密度　70,90
新産業都市　42,114,115
浸水地域　91
森林組合　57
森林施業　56
水害　88,89,91
スギ花粉症　56,57
スギ人工林　57
生活圏　79,80,81
生活必需的施設　81
生産年齢人口　32,33
生産緑地　85
性産業　25
製造業の空洞化　44
生態系の変化　58
性別役割分業　48
世界都市　3,6,7,8,9,39
世界の工場　38
世界の都市システム　6
セグリゲーション　35
世帯収入　52
繊維関連の産地　97
戦時体制　102
創造産業　12

[た 行]

第二の産業分水嶺　14
第三セクター　87,115
第三のイタリア　14
大気汚染防止　63
大規模緑地　64,65
多極分散型国土　115
DID　90
多自然居住地域　55
多就業化　42
棚田　70,71
ダム　60,61
単独世帯　50,51
地域格差　3,42
地域間所得格差　30,31
地域経済の自立　99
地域再構築　3
地域再生　41,99
地域再生計画　112,113
地域社会　102,103
地域政策　31,115,116,117
地域組織　73
地域団体商標　101
地域のイニシアティブ　117
地域のスケール　5
地域ブランド　101
地域問題　2,4,5,30,31,115,117
地下水位　69
地球温暖化　5,17,63,65,67,71,76,77,89,90,116
知識資本主義　12
地質汚染　69
治水　60
地代　84,85
地表面被覆　64
地方財政危機　92
地方の時代　110
地方分権　98,110,111
地方分散　38,42
中山間地域　70,71
駐車場　85,109
中小企業振興　83
中心市街地　10,36,37,108
中心商店街　36,37,41
ちょうどよい標的　106,107
直接支払制度　71
著作権産業　12
賃金格差　48,49
定住構想　115
定住自立圏構想　79
転出入人口　44
伝統的建造物　108,109
伝統的建造物群保存地区　4,108
東京一極集中　34,45,115
都市化　72,73,75,84,88,91
都市計画法　79,84

都市圏　78,79,80,94,95,96
都心三区　9
都心部　10,11,34,103,106,107
トレーサビリティ・システム　19

[な 行]

二極化した職種　24
ニクソンショック　2,6,7
二元論的認識論　46
二酸化窒素　63
日常生活圏　80,81
日系ブラジル人　22,23
日本語学校　26
ニューカマー　22,23
ニューサービス産業　38
ニュータウン　34,47,49,104
認知件数　106
農工間所得格差　42
農地　84,85

[は 行]

パークアンドライド　86
廃棄物　66
配偶者控除　48
排出規制　63,66
排出削減　67
排出枠　77
ハザードマップ　89
晩婚化　51
犯罪動機　106
BSE　19
ヒートアイランド　5,64,65
非営利組織　28
ビジット・ジャパン・キャンペーン　20
ビジネスコミュニティ　78
非正規雇用　40,41,48,49,53
貧困層　52
品質　19,100,101
ファッション産業　12
フードデザート問題　37
フェミニスト地理学　46,49
フォーディズム　14
フォーディズム農業　100
福祉制度　53
物的衰微　34,109
不法投棄　66,67
プラザ合意　7,8,42,84
ブランド化　100,101
フリーコミューン　112
フリーライダー　113
文化産業　12
分権化　117
変動係数　30,31

法定受託事務　111
訪日旅行者　20,21
防犯のまちづくり　107
防犯パトロール　107
補完性原理　110
母子世帯　53
ホテル　95

[ま　行]
マーシャル型集積　96,97
マクドナルド化　19
町家　10,11
町家型集合住宅　10,11
マルティ・スケール・ジオグラフィ
　　4
未婚化　48,51
緑の政策　71
むらおさめ　55
明治の大合併　92
メンタルマップ　100
モータリゼーション　86,90,104
モノづくりの空洞化　38
最寄品供給機能　81

[や　行]
役に立つ監視者　106,107
野生動物　57,58,59
有機塩素化合物　69
用途地域　37

[ら　行]
離婚　52,53
立地移動　42
留学生10万人計画　26
留学生誘致　27
臨時行政改革推進会議　92
歴史的景観条例　108,109
歴史的町並み　10,108,109
労働力の国際移動　24
労働力不足　23
ローカル・バズ　12
ローレンツ曲線　30,31

Title: Regional Problems of Japan in the 21st Century

Contents

1. Introduction
(1) Focus and structure of the book
(2) Regional problems and geographical scales

Part 1 Globalization
2. World cities and international cities
(1) Possibilities and limitations of Tokyo as a world city
(2) Agglomeration of foreign enterprises in the central area of Tokyo
(3) Revitalization of the central area of Kyoto
(4) Cultural industries, knowledge creation and industrial agglomeration

3. Formation of the networks of production and businesses
(1) Shrinking industrial districts and delocalization of production networks
(2) Energy resource supply
(3) Food import and food safety
(4) Development of international tourism in Japan

4. International migration and communication
(1) Ethnic communities
(2) Foreign workers
(3) International students
(4) Activities of NGOs

Part 2 Socioeconomic disparity
5. Regional gap
(1) Regional income disparity
(2) Regional characteristics of the population structure
(3) Inner city problems in Osaka
(4) Decline of the central commercial district of Kochi

6. Regional characteristics of the job structure
(1) Deindustrialization and the transformation of the occupational structure in metropolitan areas
(2) Development of service industries and the transformation of the labor market in urban areas
(3) Change of industrial location and job problems in rural areas
(4) Regional characteristics of unemployment problems

7. Gender and regions
(1) Understanding regional problems from a gender perspective
(2) Women's labor problems
(3) The changing household structure and family problems
(4) Feminization of poverty

Part 3 Environmental Issues
8. Depopulation and the degradation of farmland and forest
(1) Barely viable community and deserted settlement
(2) Forest industry decline and the growing incidence of cedar pollinosis
(3) Environmental changes and damage caused by wild animals
(4) Dam construction and its impact on communities and the natural environment

9. Environmental degradation owing to industrialization and urbanization
(1) Air pollution
(2) Heat island
(3) Industrial waste
(4) Ground water problems

10. Environmental activities
(1) Agricultural multifunction and conservation of terrace paddy fields
(2) Locality of the environmental movement
(3) Environmental administration and citizen participation
(4) Response to global warming

Part 4 Regional revitalization
11. Structural changes in metropolitan areas
(1) Urban area and daily living area
(2) Living space in the Tokyo metropolitan area
(3) Urban problems and manufacturing districts: a residential-industrial mixed-use area
(4) Urban agriculture and farmland problems

12. Change of cities
(1) Public transport networks
(2) Urbanization and floods
(3) Compact city
(4) Mergers of municipalities

13. Industrial revitalization
(1) Industrial agglomeration in super-sized metropolitan areas
(2) Industrial districts in small- and medium-sized cities
(3) Regional development policies
(4) Regional brand marketing

14. Community decline and rehabilitation
(1) Neighborhood organizations as local associations
(2) Aging problems in new towns
(3) Community policing
(4) Preservation of the historical townscape

15. Decentralization and regional policies
(1) Promotion of the decentralization reform
(2) Special zones for structural reform
(3) Transition of regional policies
(4) Regional policies in economic globalization

あとがき

　いま福田康夫総理大臣の記者会見を見ながら、この「あとがき」をしたためている。小泉首相絶頂期にスタートしたこの研究会（一宮ゼミ）が、その一応の成果を本書にまとめるまでの足かけ3年の間に小泉・安倍・福田と日本のリーダーが3人も変わったことになる。

　「地域問題」・「環境問題」といった、すぐれて「政策」の手当てを暗々裡に前提としている課題を学問的に取り扱う場合、程度の差は様々あるが、いずれにしても一国のリーダーの政治姿勢に無関心であることは許されない。21世紀とともにスタートした小泉首相5年間の、新保守主義・新自由主義・市場原理主義による日本の社会・経済システム、とりわけ地理学により密接な関連を持つ地域システムの改造は、世間一般の理解を超えてはるかに根が深かったと思わざるをえない。そしてその後遺症の修復に手を焼いているという現実が、小泉の後の安倍・福田という2人のリーダーの短命という事実の背後に存在していると考えられる。

　小泉元首相が竹中平蔵に委ねた「市場原理主義」による構造改革は、日本にとって、かつての田中角栄の「日本列島改造論」による改革に匹敵する大きな節目であったと考えられる。われわれが本書のシンボルとして「21世紀」にこだわる根拠はまさにこの一点にあると言っても過言ではない。もちろん、このこだわりは、執筆メンバーの各々が、同じ程度に、または同じ性質のものとして共有しているわけではない。なかには21世紀を自然科学的な時間の認識と類似した、単なる時の経過と考える立場もある。また、地域問題についても、特段に政策に結びつけることなく、様々な局地的社会問題一般という見方をするメンバーがいないわけではない。しかし、ここでは研究会での様々な意見を集約する形で、敢えて本書のアクセントを20世紀日本と21世紀日本との間のパラダイムシフトを強調する点に置くことにした。このパラダイムシフトの背景・要因として、「ベルリンの壁崩壊」や日本の「バブル経済の破綻」等の大事件の存在を念頭に置いていることは改めて言うまでもない。

　さて、本書の編著者は伊藤喜栄と藤塚吉浩である。全体の構想、議論の流れは伊藤が受け持ち、具体的な一部編集技術にかかわる実務部分は藤塚が担当した。とりわけ藤塚の本書にかけるこだわりは強く、ある意味で藤塚の超人的な頑張りがなければ、おそらく本書は陽の目を見ることはなかったであろう。本書をまとめるに当たっての方法・手法については、必ずしも伊藤と意見が一致していたわけではない（そのこと自体は、お互い研究者である限りあり得るわけで、何ら不自然なことではない）にもかかわらず、ねばり強く本書の完成に向けての努力を重ねて頂いた。特記して深甚なる謝意を表したい。

　なお、本書は、大学のジュニアコースのテキストという意図のもとに作成されたものであり、この線に沿って、これまでの多くの先学の成果に学び、かつ図表等を数多く引用し再録させて頂いた。それらの中には本書の性格上、原著者のもともとの意図とは異なった解釈で利用させて頂いたものも含まれている。それはあくまでも本書の目的とレベルに対応したものであり、それ以外の含意は何もない。このことを記し、原著者に対する失礼をお詫び申し上げる次第である。

　最後に、本書『図説21世紀日本の地域問題』に込められた意図を正しく評価し、緻密に編集作業のつめを実行して出版にまでこぎつけて下さった橋本寿資社長をはじめ、古今書院の各位に厚くお礼を申し上げたい。

　本書が人文地理学に何らかのインパクト与え、広く社会に評価される地理学再生の一助になれば望外の幸せである。

2008年9月1日
伊藤喜栄

執筆者一覧

（五十音順・*印は編者）

秋山道雄　Akiyama Michio　8章4、9章4、10章3、10章4、15章4

*伊藤喜栄　Ito Yoshiei　1章1、2章1、2章2、6章1、6章2、6章4、11章1、11章2、13章1

香川雄一　Kagawa Yuichi　4章4、9章1、9章2、9章3、10章2、12章2、14章1
　　　　　滋賀県立大学環境科学部

影山穂波　Kageyama Honami　7章1、7章2、7章3、7章4
　　　　　椙山女学園大学国際コミュニケーション学部

清水沙耶香　Shimizu Sayaka　4章1
　　　　　日本学術振興会特別研究員

高柳長直　Takayanagi Nagatada　3章3、6章3、10章1、11章4、13章4
　　　　　東京農業大学国際食料情報学部

立見淳哉　Tatemi Junya　2章4、3章1、11章3、13章2
　　　　　大阪市立大学大学院創造都市研究科

*藤塚吉浩　Fujitsuka Yoshihiro　1章2、2章3、5章3、5章4、8章2、8章3、12章3、14章2、14章3、
　　　　　　　　　　　　　　　　14章4
　　　　　大阪市立大学大学院創造都市研究科

森川　滋　Morikawa Shigeru　3章2、5章2、13章3、15章3

山本匡毅　Yamamoto Masaki　5章1、8章1、12章1、12章4、15章1、15章2
　　　　　相模女子大学人間社会学部

吉田道代　Yoshida Michiyo　3章4、4章2、4章3
　　　　　和歌山大学観光学部

書　名	図説 21世紀日本の地域問題
コード	ISBN978-4-7722-4124-3　C1030
発行日	2008年10月25日　第1刷発行
	2018年 2月20日　第4刷発行
編　者	伊藤喜栄・藤塚吉浩
	Copyright ©2008　ITO Yoshiei, FUJITSUKA Yoshihiro
発行者	株式会社古今書院　橋本寿資
印刷所	株式会社カシヨ
製本所	株式会社カシヨ
発行所	古今書院
	〒101-0062 東京都千代田区神田駿河台2-10
電　話	03-3291-2757
ＦＡＸ	03-3233-0303
振替	00100-8-35340
ホームページ	http://www.kokon.co.jp

検印省略・Printed in Japan

いろんな本をご覧ください
古今書院のホームページ

http://www.kokon.co.jp/

★ 800点以上の**新刊**・**既刊書**の内容・目次を写真入りでくわしく紹介
★ 地球科学やGIS, 教育など**ジャンル別**のおすすめ本をリストアップ
★ **月刊『地理』**最新号・バックナンバーの特集概要と目次を掲載
★ 書名・著者・目次・内容紹介などあらゆる語句に対応した**検索機能**

古　今　書　院

〒101-0062　東京都千代田区神田駿河台2-10
TEL 03-3291-2757　　FAX 03-3233-0303
☆メールでのご注文は order@kokon.co.jp へ